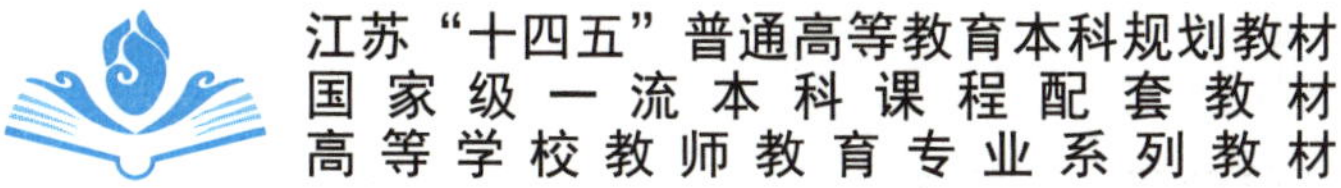

江苏“十四五”普通高等教育本科规划教材
国家级一流本科课程配套教材
高等学校教师教育专业系列教材

教师职业道德与教育法规教程

（第二版）

主　编　许映建　陈玉祥
副主编　蔡　俊　刘　霞

南京大学出版社

图书在版编目(CIP)数据

教师职业道德与教育法规教程 / 许映建，陈玉祥主编. -- 2版. -- 南京 ：南京大学出版社，2025. 1.(2025.8 重印)
ISBN 978 - 7 - 305 - 28866 - 1

Ⅰ. G451. 6;D922. 16

中国国家版本馆 CIP 数据核字第 2024ER9132 号

出版发行 南京大学出版社
社　　址 南京市汉口路 22 号　　　邮　编 210093

书　　名 教师职业道德与教育法规教程
JIAOSHI ZHIYE DAODE YU JIAOYU FAGUI JIAOCHENG
主　　编 许映建　陈玉祥
责任编辑 钱梦菊　　　编辑热线 025 - 83592146

照　　排 南京南琳图文制作有限公司
印　　刷 南京新洲印刷有限公司
开　　本 787 mm×1092 mm　1/16　印张 16. 25　字数 365 千
版　　次 2025 年 1 月第 2 版　2025 年 8 月第 3 次印刷
ISBN 978 - 7 - 305 - 28866 - 1
定　　价 45. 00 元

网址：http://www. njupco. com
官方微博：http://weibo. com/njupco
官方微信号：njupress
销售咨询热线：(025) 83594756

前　言

“育人的根本在于立德”，习近平总书记在二十大报告中明确指出：“办好人民满意的教育”“全面贯彻党的教育方针，落实立德树人根本任务，培养德智体美劳全面发展的社会主义建设者和接班人”“加强师德师风建设，培养高素质教师队伍”。为加强国家级一流本科课程“教师职业道德与教育政策法规”课程建设，课程团队在南京大学出版社支持下，先后组织参与了2021年5月14日南京大学陶行知教师教育学院主办的首届“教师职业道德与教育政策法规”课程建设研讨会和2023年5月26日南京晓庄学院教师教育学院主办的第二届“教师职业道德与教育政策法规”教学研讨会。两次研讨会有来自全国20多所师范类院校的领导、课程负责人和一线教师代表参与。研讨会上老师们围绕教师职业道德与教育政策法规课程体系、教学设计、课程思政、教学资源建设等问题提出了许多建议，本教材编者南通大学许映建教授和盐城师范学院陈玉祥教授在编写教材过程中吸收了研讨会的意见，两位编者笔耕数月，终于付梓。

一、教材的性质与任务

本教材是2020年首批国家级线上一流本科课程和2023年国家级线上线下混合式一流本科课程“教师职业道德与教育政策法规”的配套教材。“教师职业道德与教育政策法规”是落实“立德树人”根本任务、推进“课程思政”的重要课程，是师范生专业必修课程，也是国家教师资格考试和教师应聘考试的必考内容，还是在职中小学、幼儿园教师继续教育的必学内容。

本教材能帮助学生系统掌握教师职业道德与法律法规的基本要求；能提升学生的道德思维与法治思维能力，帮助学生对教师职场中的职业道德与法律法规问题进行分析与评价；能注重从教信念和大爱情怀的师德师魂与法治信仰培育，培养学生树立教师专业伦理信念，做到道德自律、法律自觉，立德树人、依法从教、以德育德。

二、教材的主要特点

(一) 坚持课程思政

2020年6月,教育部颁布了《高等学校课程思政建设指导纲要》,对如何开展课程思政提出了明确要求。教师职业道德与教育政策法规的内容本身就是课程思政的组成部分。因此,本教材编写中全面贯彻习近平总书记关于"三个牢固树立"、"四有"好老师、"四个引路人""四个相统一""六要"等重要论述精神;充分体现增强"四个意识",坚定"四个自信",做到"两个维护"的要求;认真践行社会主义核心价值观的要求。把教学内容与公民教育、道德教育、情感教育、价值观教育进行了有机整合,在案例选择、素材参考等方面坚持中国特色社会主义教育发展道路和方向,力求深刻领会习近平总书记对于教育家精神的精辟阐释,牢记为党育人、为国育才的初心使命,以人民教育家为榜样,以德立身、以德立学、以德施教。"做学生为学、为事、为人的大先生",为将我国规模宏大的教师队伍培养成为支撑世界上最大规模教育体系的"大国良师",承担起为师从教的职责使命,提供课程支持。

(二) 紧扣政策法规文件

教师职业道德与教育政策法规的教学内容有很强的政策性,必须与党和国家的要求高度一致。本教材编写以党的二十大精神和《中共中央　国务院关于弘扬教育家精神加强新时代高素质专业化教师队伍建设的意见》对新时代教师队伍建设的总体要求为指导,深入贯彻党的二十大和二十届二中、三中全会精神和2024年9月全国教育大会精神,坚决贯彻新时代党的教育方针,落实立德树人根本任务。本教材师德部分的编写以教育部等七部委出台的《关于加强和改进新时代师德师风建设的意见》为指导,以《中小学教师职业道德规范》(2008年)和《新时代中小学教师职业行为十项准则》(2018年)为内容,对师德方面的内涵与具体要求进行了解读。本教材教育法规部分,主要对《中华人民共和国教育法》《中华人民共和国义务教育法》《中华人民共和国教师法》《未成年人保护法》《预防未成年人犯罪法》《学生伤害事故处理办法》《中小学教育惩戒规则(试行)》《未成年人学校保护规定》等我国关于中小学教师务必掌握的主要教育法规进行了解读。

本教材还注重与教师教育的相关文件的对接,力争体现教育部中小学和幼儿园教师专业标准、《教师教育课程标准(试行)》、《中学教育专业师范生教师职业能力标准(试行)》(另有小学和幼儿园教师等职业能力标准)、《普通高等学校师范类专业认证实施办法(暂行)》等相关文件对"师德规范""教育情怀""教师能力""法治素养"提出的要求。

（三）助力教学改革

教材的有效性与教学方法的适切性高度相关，本教材在编写中注重推行教学创新，以混合式教学、案例教学、PBL 等教学方法为主，充分运用现代信息技术助力课程学习。教材秉持现代课程资源建设理念，按文本教材、二维码网络资源、慕课网络课程思路构建立体化教材。这样通过教材提供的教与学的参考资源包，文本、视频和网络多元立体式地呈现在读者面前，学生可以获得多元立体式的教学服务。教材在改革创新方面的举措有：

1. 线上教学设计

与本教材相配套，我们为学生和教师们创建了两个在线学习环境：南京大学出版社提供的“教师职业道德与教育法规教程”二维码资源平台和中国大学 MOOC“教师职业道德与教育政策法规”学习平台。平台提供给教师和学生有意义的学习资源。慕课平台设有师生互动的讨论板和课程直播间，用于师生答疑咨询互动和学习研究成果的展示与交流。使用步骤：手机下载安装 APP：中国大学 MOOC，搜索“教师职业道德与教育政策法规”课程，点击立即参加，即可登录学习。

2. 线下教学设计

本课程的线下学习可开展依据教材及慕课课程平台的线下自学、线下深度学习和线下实践学习等学习活动。线下深度学习和实践活动，可以结合个人深度学习与小组合作研究性学习，以小组形式就课程中的专题进行分工研究，最后小组或个人进行研究总结和成果展示汇报，欢迎教师与学生进入慕课讨论版或慕课直播间，参与学习咨询和学习成果的展示与交流。

3. 学习考核设计

本课程成绩考核可采用线上学习考核＋线下学习考核的混合式考核。线上学习考核的总评成绩由单元测验＋期末总测验＋单元作业构成。线下学习考核可以由面授考核＋深度学习考核等组成。要参考本课程考核要求可进入中国大学 MOOC“教师职业道德与教育政策法规”课程——点击“考核”栏目查阅。

三、教材使用对象

本教材适合各地方师范大学、师范学院、教育学院研究生、本专科生、专升本、专接本教师教育专业在校学生必修课程学习教材。同时针对师范生和非师范生及社会要参加全国教师资格考试和教师应聘考试学员应试复习使用，也可以供幼儿园、中小学在职教师和校长继续教育使用。

四、教材编写说明

本教材是在两本教材的基础上编写而成。陈玉祥教授此前主编了《教师职业道德》，由南京大学出版社 2016 年出版，后于 2020 年修订为第二版，该教材被评为江苏省高等学校重点教材；许映建教授编著《教育政策与法律教程》(慕课版)由南京大学出版社 2018 年出版。两本教材被几十所高校使用，广受师生好评。本教材师德部分的第一章、第三章和第四章由陈玉祥编写，第二章和第五章由泰州学院蔡俊编写。教育法规部分由许映建教授执笔。教材中部分案例和教材每章节二维码资源由南通大学公共教育教研室主任刘霞博士负责。本教材于 2024 年获评江苏“十四五”普通高等教育本科规划教材。

本教材在编写过程中参考和引用了同类的其他教材和相关的学术文献和课程资源，在此特致谢意。教材在撰写的过程中参考、借鉴和引用了诸多学者的研究成果和大量的文献资料，我们在页下做了标注。如果相关作者发现有不当之处，可直接与编者联系，予以矫正。尽管我们做了努力，本书仍然会存在这样或那样的不足，希望得到读者、专家的批评指正。

南京大学出版社的相关领导和编辑对本书的出版付出了辛勤的劳动，在此表示衷心感谢。本教材的二维码资源建设，离不开有关中小学教师和部分研究生、本科生的积极参与，在此向各位参与本教材编写和本教材二维码资源建设的老师同学们谨致谢忱。

“教师职业道德与教育政策法规”课程 2019 年被教育部认定为国家级精品在线开放课程，2020 年被教育部认定为国家级一流本科线上课程，2023 年被教育部认定为国家级线上线下混合式一流课程。截至 2024 年年底，该课程在国家智慧教育平台和中国大学 MOOC 平台已经十五次对全国免费开课，累计学员超 10 万人，该课程 2024 年 10 月形成课程知识图谱，加入课程 AI 助教，升级为智慧课程。本教材是编者 20 多年来对几万名本科生和研究生直接面授教学，近 10 年来对在线课程学习的 10 万名学生，30 多年来对在职中小学校长和教师数百场讲座的教学智慧的积淀和师德与法规教研科研成果的表达。南通大学教师教育类课程群的开发与实施建设成果，2017 年获江苏省教学成果特等奖，2018 年获国家级高等教育教学成果奖二等奖，本课程是其标志性成果。本课程教材将持续在网络平台上更新，如有意参与共建“教师职业道德与教育政策法规”课程联盟的学校或教师，欢迎与本教材编者或责任编辑联系。

许映建　陈玉祥

2025 年 1 月 6 日

目 录

微信扫码

课程介绍视频
配套慕课资源

第一章 教师职业道德概述

每一种职业都有一定的职业道德要求，教师职业也不例外。遵循教师职业道德规范，既有利于良好师生关系的形成，又有利于教育教学工作的开展，更是教师职业形象的保证。每一位教师都有责任提升自己的职业道德水平。

1. 了解本章“学习要求”，观看本章“微课视频”；
2. 查阅本章课程资源，参与本章深度学习；
3. 欢迎点击“单元测试”，测一测本章学习效果。

- 教师职业道德概述
  - 教师职业道德内涵
    - 道德的概念与特点
    - 教师职业的产生与发展及教师职业的特点
    - 教师职业道德的概念与特点
  - 教师职业道德的养成
    - 教师职业道德养成的内容
    - 教师职业道德养成的意义
    - 提高教师职业道德修养的途径与方法
  - 我国教师职业道德规范的历史沿革
    - 1984 年颁布的《中小学教师职业道德要求(试行草案)》
    - 1991 年颁布的《中小学教师职业道德规范》
    - 1997 年颁布的《中小学教师职业道德规范》
    - 2008 年颁布的《中小学教师职业道德规范》
    - 2018 年《新时代中小学教师职业行为十项准则》

第一节 教师职业道德内涵

一、道德的概念与特点

(一) 道德的概念

道德是一种社会意识形态，是人们共同生活及其行为的准则与规范。道德通常是在一定社会主流价值观引导下的非强制性行为规范。道德以善恶评价的方式调整人与人、个人与社会之间的相互关系，它通过社会舆论、内心信念和传统习惯评价人的行为，调整人与人之间以及个人与社会之间的相互关系。简言之，道德就是以善恶评价的方式调整人与人、个人与社会之间相互关系的各种规范的总和。

道德作为一种社会现象，并不是从来就有的，马克思主义道德起源论认为社会劳动是道德起源的基础。道德的形成主要来源有：

（1）社会关系的形成是道德赖以产生的客观条件。人的社会关系首先是一种劳动关系，是劳动活动推动了人的社会关系的形成和发展，是劳动把本来孤立的个体联系起来，形成相互依赖、相互协作的关系，这就是最初的社会关系。孤立的个人是不存在什么道德问题的。

（2）人的自我意识的形成与发展是道德产生的主观条件。当个人意识到自己的存在和利益，也意识到他人和整体的存在和利益，道德才会产生。

（3）劳动是道德产生所需要的主客观统一的社会条件。在劳动过程中，人们建立起比较经常而固定的各种社会关系，并认识到人与自然的关系和人与人之间的关系，从而产生了包括道德意识在内的各种意识。马克思和恩格斯在《德意志意识形态》中指出："观念、思维、人们的精神交往在这里是人们的物质关系的直接产物。表现在某一民族的政治、法律、道德、宗教、形而上学语言中的精神生产也是这样。""因此，道德、宗教、形而上学和其他意识形态"是"物质生活过程的必然升华物"①。在这里，马克思和恩格斯阐明了作为意识形态的道德的起源和本质，就在于社会物质生活条件之中。

（4）社会分工是道德从萌芽到生成的关键条件。随着生产和分工的发展，人们之间的社会关系及其相互交往复杂了，产生了每个人的个人利益和与之相交往的人们的共同利益之间的矛盾，从而产生了从道德意识上约束人的行为，调整各种利益矛盾，维系社会秩序的必要性，日久天长便形成了一些最简单的行为规范和准则，这就是最初的道德准则。

（二）道德的特点

1. 道德的客观性和主观性

道德的客观性，是指道德是客观存在的反映。主要表现在三个方面：

（1）道德的产生及发展有其客观物质基础和客观规律。一切社会和阶级的道德观念、道德规范都是建立在一定的社会经济基础之上，并反映着一定的社会经济关系的。随着经济基础的变化，道德或迟或早要发生变化。在一定社会的一定阶段出现这样的道德观念和规范，而不是其他的道德观念和规范，以及任何道德的兴衰过程，都是受一定的客观规律支配的。

（2）道德规范的内容带有客观性。任何道德规范都是对客观存在的道德关系的概括和总结。道德规范作为对人们行为的一种要求，它不仅仅是出于人们主观上的好恶，而且是一种客观上的义务。这种客观上存在的道德义务和道德责任反映到人们的头脑

---

① 马克思，恩格斯. 马克思恩格斯全集(第3卷)[M]. 北京：人民出版社，1976：29－30.

里，就构成了道德规范的客观内容。

(3) 道德评价的标准也是客观的。一种道德的性质是进步的、落后的还是反动的，一个人的行为是善的还是恶的，都有客观的评价标准，即看它对社会的发展，尤其对生产力的发展是起促进作用还是起促退作用，以及作用的大小。个人对一定行为的评价可能具有偶然性，但通过社会舆论表现出来的道德评价能反映一定社会物质生活条件对人们行为的要求，具有客观必然性。

道德的主观性，是指道德总是存在于主体的意识之中，因而道德总是对主体道德观念的反映。道德的主观性体现在两个层面：一是个体层面。个体的主观因素总是会反映到道德之中，因而使道德带上了主观的色彩。同时，个体在道德活动中，其主观作用也是显而易见的。二是道德统治者和道德教育者层面。道德统治者和道德教育者层面总是以他们的道德观念有组织、有计划地对人们施加着道德影响，这些影响无疑都是道德统治者和道德教育者主观意志的体现，因而也有着显明的主观性。

道德的客观性和主观性是统一的、不可分割的，不能只强调其中的一个方面，而忽视另一个方面。如果只强调道德的客观性而忽视它的主观性，道德规范就会变成宗教戒律，人们可以不对自己的行为负任何道德责任，进行道德自我锻炼和自我修养也就成了多余之事。这实际等于取消道德。反过来，只强调道德的主观性而否定道德的客观性，就会导致唯意志论，认为人们可以随心所欲地提倡或禁止某种道德，显然也是荒谬的。

2. 道德的利他性和利己性

利他性，就是自我牺牲的精神。普列汉诺夫曾指出："道德的基本问题不是对个人幸福的追求，而是对整体的幸福即对部落、民族、阶级、人类幸福的追求。这种追求和利己主义毫无共同之点。相反的，它总是以或多或少的自我牺牲为前提。"因此，道德行为都是对别人、对社会集体有益的行为。而凡是有利于社会集体的行为，都或多或少是对个人的节制，都要做出或多或少的自我牺牲。在任何时候，自私自利、损人利己都不能说是有道德的行为。一个人无限地、绝对地满足自己，都必然会引起别人和社会的不满和反对。即使是剥削阶级，他们以个人利益为中心，也会考虑个人利益和社会利益相结合，当然，他们这样有很大的虚伪性和欺骗性。利益和道德是对立统一的关系。利益是道德的基础，道德又反过来为一定的利益服务。但利益有个人利益和社会集体利益、眼前利益和长远利益之别。一个阶级的道德主要代表这个阶级的整体利益和长远利益，有时难免与其个别成员的具体利益发生矛盾。所以一个人要讲道德，有时就需要为社会的和阶级的利益而牺牲个人的某些利益。在这个意义上可以说没有个人牺牲精神就没有道德。

虽然，利他性是道德的基本属性，但是"人们在有利于他人和社会的同时，必将最终有利于他自己"①，这就是道德的利己性。道德的利己性有三方面表现：一是基于道德

① 庄三舵. 论道德回报[J]. 云南社会科学，2005(6)：52.

回报理论的利己。比如，国家给见义勇为者的奖励。二是基于道德享用的精神满足。比如，做好事的人经常会有较多的精神上的愉悦感。三是基于道德期待的个体自我价值的实现与自我道德的完善。一个有道德追求的人，当他不断践行道德行为时，他会有自我价值实现的满足感。

3. 道德的自觉性

道德的自觉性，又叫主动性，是指真正的道德行为一定是主体自觉自动的行为。如看见有人落水，不假思索，不顾个人安危，主动抢救，就是一个人道德自觉性的体现。道德依靠社会舆论、传统习惯、教育和人们的内心信念来维持，归根结底是通过人们的内心活动起作用的。社会舆论发生作用必须以人们在自己的内心中接受了或部分接受了这些舆论，并引起内心的矛盾斗争为前提。道德传统习惯也只有转化成个人的道德信念才能指导人们的行为。一般而言，道德行为都是主动的、自觉的行为，都是在一定的道德观念、道德规范、道德品质的支配下，在一定的道德义务感、道德责任心驱使下产生的有利于社会和他人的行为。一个人在被强迫的、完全不自觉的情况下，即在完全不了解自己行为的社会意义的情况下，偶然做些客观上对社会和他人有利的好事，是算不得道德行为。只有有意识地、心甘情愿地为社会和他人而牺牲个人利益的行为才具有道德的价值。

二、教师职业的产生与发展及教师职业的特点

(一) 教师的含义

广义的教师是指影响人成长的人。狭义的教师是指受过专门教育和训练，并在学校或其他教育机构中担任教育教学工作的人。1993 年我国制定《中华人民共和国教师法》，明确了教师的角色定位和教师职业性质："教师是履行教育教学职责的专业人员，承担教书育人，培养社会主义事业建设者和接班人、提高民族素质的使命。"由此，教师职业的专业性、使命性，第一次以法律条文的方式被明确下来。

(二) 教师职业的产生与发展

职业是指人们运用专门的业务技能，以获得物质报酬作为自己生活来源的一种工作。职业包括社会职责和业务能力。人类教育活动的出现是教师职业产生的前提。教师职业是由于生产力和社会需要的发展带来的，从农事百工中分化出来的人类古老的职业之一。在原始社会后期，有一部分人专门从事生产生活经验、祭祀、人伦礼仪的总结传承活动，他们的活动是人类最初的教育活动，也是教师职业的萌芽。

生产力的发展是教师职业产生的决定因素。社会生产的不断发展要求劳动者的素质不断提高，就必须有专门从事劳动者素质培养的教师。随着历史的进步和学校教育的发展，教师经历了从兼职到专职、从专门到专业的转变。人类社会进入现代社会以来，各国对教师职业的专业性认识不断加深拓展，教师职业的专业化发展已成为全球化的共同趋势。

（三）教师职业的特点

从对教师职业的专业性内涵和教育活动构成要素的分析来看，教师职业的基本特点主要体现在以下几点：

1. 职业活动的示范性

教师劳动相比于其他劳动的一个最大的不同点，就在于教师主要用自己的思想、常识和言行，通过示范的方式直接影响劳动对象。教师本人是学校里最重要的师表，是最直观的、最有教益的模范，是学生最活生生的榜样。教育理论与实践研究共同表明，教师的人格魅力是教师工作的重要手段，这也是教师职业与其他社会职业间的重要区别之一。在教育过程中，每位教师的人格修养、言行举止都对学生产生着无声而重要的影响。对于学生，相对于父母家人和其他社会成员，教师提出的要求更具有权威性。同时，学生的模仿性强，教师的仪表、为人处世的态度、个人兴趣爱好、价值取向、工作方式等，都会成为学生效仿的内容，对学生成长都具有示范性作用。也正因为如此，自古总结的为师之道，就有“以身立教、为人师表”，直到新世纪的今天，这仍是中小学教师基本的职业道德规范之一。

2. 工作任务的全面性和艰巨性

教师的职业劳动不仅要教书，而且要育人。教师要从培养人的目的出发，全面贯彻党和国家的教育方针和政策，使每个学生的身心都能得到全面和谐的发展。这要求教师不仅要掌握学科教学的知识，而且要掌握“教”的知识，还要了解学生的特点以及发展规律，了解不断发展的社会对人的要求，并把它贯彻到自己的教育教学中去。教师的工作包括教育教学工作、班级工作、科研工作等。这就决定了教师工作的全面性和艰巨性。

3. 工作方式的个体性和独立性

教师要集体备课、相互学习，但其目的是要使个人工作任务完成得更好，它不能代替教师个人的独立工作。学校的各科教学活动主要是通过教师的个人工作来独立完成的，每个教师的工作方式都各有其特点。教师虽然有固定的工作时间、工作任务和教学内容，但是每个教师的备课质量和教学效果在很大程度上取决于教师的自我要求、自我监督和创造性。教师的工作主要是脑力劳动，包括精神财富的占有和输出，这些都是由教师本人来完成的，带有明显的个体特点和独立性。

4. 工作对象的主体性、多样性和发展性

教师的工作对象是学生群体，每个学生都是有主体意识的个体，每个学生在身体、心理、智力水平和思维方式等方面都有自己的特点，每个学生的发展需要和发展潜力都有所不同，每个学生可能获得的发展也会不同。教师的工作必须针对这些不同有的放矢。教师的工作对象既不是没有生命的自然材料，也不是一般的有生命的动物，而是一群有思想、意志、情感的不断发展变化的活生生的人。他们之间存在着诸多方面的差别，每个人都是独特的个体，又都具有主观能动性。因此，在教育过程中，教师必须充分

尊重学生的主体性、多样性，始终以促进学生发展为目的。

5. 职业影响的长效性

十年树木，百年树人。较之于其他社会职业，教师劳动的成果推出，即合格人才的培养，则是一个更长期的过程。因为教师必须在遵循学生身心发展规律的基础上，促进学生身心各方面的不断发展。其间，教师不可拔苗助长，必须铭记“欲速则不达”的常理。再者，许多学生思想品德发展中的具体问题，往往很难一次解决，常会出现反复，需要教师运用集体智慧和个人创造性，做耐心、深入而持久的教育工作，而且，这一系列的工作往往难以收到立竿见影的效果，因此具有长期性。从教师劳动的终端结果看，学生一旦成为社会有用之才，参与到社会的发展建设中，我们再通过学生的作为和所创造的社会价值，来估量教师劳动的价值，那也是很难量化的。因此教师的劳动又具有长效性，影响着学生的终身发展，进而也影响着整个社会的持续进步。

三、教师职业道德的概念与特点

（一）教师职业道德的概念

职业道德是人们在一定职业生活中所形成和应当遵守的、与职业特征相适应的道德规范和准则，是一定社会的一般道德在职业生活中的具体表现。它通过从业人员的职业观念、职业态度、职业技能、职业纪律和职业作风以及它们的社会效果表现出来。不同的职业往往有不同的职业道德。职业道德具有以下含义：

（1）职业道德的内容反映了鲜明的职业要求。职业道德总是要鲜明地表达职业义务、职业责任以及职业行为上的道德准则。

（2）职业道德的表现形式往往比较具体、灵活、多样。它总是从本职业的交流活动的实际出发，采用制度、守则、公约、承诺、誓言、条例，以至标语口号之类的形式，这些灵活的形式既易于为从业人员所接受和实行，又易于形成一种职业的道德习惯。

（3）职业道德既调节从业人员内部关系，又调节从业人员与其服务对象之间的关系。

（4）职业道德既能使一定的社会或阶级的道德原则和规范“职业化”，又使个人道德品质“成熟化”。

教师职业道德，又称为“师德”。它源于教师的职业实践，是调整教师各种职业关系的行为准则的总称。教师的职业关系有四种基本类型，即教师与教育事业的关系；教师与学生的关系；教师与其他教师和教师集体的关系；教师与学生家长和其他相关人员的关系。

教师职业道德既反映社会道德的一般要求，同时又是针对教师职业活动领域中各种关系提出的规范要求。我国著名德育专家王逢贤教授认为，教师道德“不仅含有道德，也含有世界观、人生观、价值观、政治立场和态度、法纪观念和行为等。它不限于教育活动的需要，也是作为社会的公民和先进分子所应具备的素质”①。

教师的职业道德品质是指教师对职业规范认同、内化成个人的道德信念和行为品质。教师职业道德规范起初体现的是外在因素对教师职业行为的约束性，体现的是教师“应该怎样”，具有“他律性”，但当教师把道德行为规范或准则内化成教师的道德观念和行为品质时，则体现了教师个体内在的主动性和自觉性，具有了“自律性”。因此，教师职业道德是“他律性”和“自律性”的统一。在教育实践中，教师不仅要了解教师职业道德是外在的行为规范和准则，而且要将这些行为规范和准则内化为道德观念和行为品质，实现二者的统一。

（二）教师职业道德的特点

教师职业道德是社会多种职业道德的一种，具有职业道德的一般特点，诸如鲜明的行业性、较强的适用性、形式的多样性、内容的连续性等。但它也具有一定的独特性。

1. 先进性

教师职业道德的先进体现在两个方面，一是教师的道德要求比其他行业道德要更高些。学校是培养人的专门场所，教师不仅要用自己的学识去教人，更要用自己高尚的品格去感染人，实现“以德立身”“以德育德”。因此，教师有什么样的道德素养，无形中就会潜移转化地影响学生道德素养的形成，有着高尚道德情操的教师在与学生接触过程中对学生道德素养的提升会产生更大的效果。

二是教师职业道德要走在全社会道德的前端，要能引领整个社会道德的发展。从教师承担的“提高民族素质、为社会主义事业培养建设者和接班人”的重要使命看，教师必须做到“行为世范”，否则，教师无法完成这一社会使命。相对于其他行业道德而言，教师职业道德能引起社会更广泛的关注和更高的期望，教师有无限接近最高道德标准的责任。所谓“选择了教师，就选择了高尚”就是说的这个道理。因此，教师要通过与学生家长的交往，积极参与社会公益活动等，为社会公德和社会风气的提高发挥表率作用。

2. 全面性

首先是教师职业道德要求的全面性。教师职业道德也有人称“教师道德”，它既包括职业活动中的道德，也包括教师的个人道德和社会公德。其次是教师职业道德内容的全面性。教师职业道德的内容以社会主义核心价值观为统领，包括政治思想、思想意识、道德品质等方方面面的内容，有爱党、爱祖国、爱人民、爱劳动、爱科学、爱社会主义的内容，有爱岗敬业、教书育人、为人师表、终身学习等规范的内容，也有以社会主义荣辱观为基本行为准则的内容。因此，教师必须全方位加强自身的道德修养，才能做好教育工作。

---

① 王逢贤.师德建设的理论思考[J].中国教育学刊，1997(4):8－12.

3. 多层次性

教师职业道德有不同的层次要求。

第一层次是“师德底线”。师德最低层次的要求，叫师德底线。“师德底线”是指教师不能逾越触犯的师德规则，它是教师职业伦理行为的最低要求，它直指教师的外显行为特征，通常用否定式语言表述，属于“禁行性”的道德规范，如要求教师“不讽刺、挖苦、歧视学生，不体罚或变相体罚学生”“不得有违背党和国家方针政策的言行”等。对于师德底线，绝大多数教师是能够做到的，极少数违背规则的教师要受到相应的处分。

第二层次是“师德基准”。它是教师必须遵循的师德原则，是教师处理与教育事业的关系，与受教育者(学生)的关系，与其他教师集体的关系，与家长等人的关系，以及与自身发展的关系中必须遵循的基本要求。“对工作高度负责，认真备课上课，认真批改作业，认真辅导学生”等均属于“师德基准”的范畴，它处于高标准和底线之间，属于“普适性”“广泛性”的师德规范。

第三层次是“师德高标准”。它是教师职业伦理的最高要求和最理想的境界，是师德教育的总方向。陶行知的“捧着一颗心来，不带半根草去”，苏霍姆林斯基的“把整个心献给孩子”以及四川震灾中用身躯和生命保护和换来学生生命的老师们，他们所体现的就是这种无私奉献、献身教育的崇高的师德境界，它是“倡导性”“先进性”的高标准师德。

如果说，底线师德的践行是靠他律(外强制)来制约的，基准师德的践行则是靠自律(内强制)来规范的，而践行高标准师德是一种自动化的(无强制)行为，是“第二本能”的体现。正如那些地震中出生入死救护学生的老师答记者问时所说的“当时什么也没想，就想着救人了”正是对这种境界的印证。因此，在师德教育中要确保底线，力争高层次高标准践行师德。但是，这并不意味着教师职业道德高不可攀，从其基本规范的要求来看，它首先有基础性，是每位教师通过努力可以达成的；其次，教师应志存高远，在教师职业道德的修养中，应执着追求最高的理想境界，严谨自律，以身立教，为人师表。

4. 发展性

教师职业的专业化发展，不仅意味着教师职业整体的专业性要求不断提升，同时意味着从事教师职业者的个体素质须不断发展。人们对教师应守之“道”的认识和理解，也是不断变化发展的。

春秋以前，教师职业道德虽然已经出现，但很不系统，往往夹杂于政治道德之中。春秋时期，孔子办私学，广收门徒，提出了许多有关教师职业道德方面的要求，并以《论语》一书集中反映了出来。其中较为著名、对后世影响较大的有：“默而识之，学而不厌，诲人不倦，何有于我哉?”这体现了一种有关“学”“诲”的师德。“其身正，不令而行；其身不正，虽令不从。”“不能正其身，如正人何?”这体现了一种“以身作则”“言传身教”的师德。此外还有热爱学生、有教无类、不耻下问、知过而改、因材施教、循循善诱等有关教师职业道德方面的著名言论，形成了我国教育史上第一个教师职业道德规范体系。

百家争鸣时期，荀子、墨子、孟子等对教师职业道德体系的发展又提出了一些见解，如荀子在强调教师要以身作则的同时，又提出教师须具备的四个条件："尊严而惮""耆艾而信""诵说而不陵不犯""知微而论"，实际就是在德行信仰、能力、知识等方面对教师提出了更高的要求。

汉代的董仲舒把"三纲五常"作为教师职业道德的核心要求，又说"善为师者，既美其道，有慎其行"，指的是教师的道德品质、知识才干、言谈举止等。唐代韩愈将师德列于对教师要求的首位，云"弟子不必不如师，师不必贤于弟子，闻道有先后，术业有专攻，如是而已"。

宋元明清又对教师的职业道德做了进一步的发展。如朱熹提出把"博学""审问""慎思""明辩""笃行"作为教师的道德规范。明末清初的王夫之则认为"德以好学为极""欲明人者必须先自明"。

新中国成立后，教师是工人阶级的一部分，是人类灵魂的工程师，担负着培养社会主义事业接班人的艰巨而光荣的任务。社会主义的教师职业道德批判地继承了古代师德的优秀遗产，以共产主义道德的基本原则和行为规范为指导，从根本上区别于以往的教师职业道德。2008 年教育部组织修订的《中小学教师职业道德规范》，其基本内容继承了我国的优秀师德传统，并充分反映了新形势下经济、社会和教育发展对中小学教师应有的道德品质和职业行为的基本要求。2018 年教育部又出台了《新时代教师职业行为十项准则》，是对 2008 年《中小学教师职业道德规范》的补充，体现了教师职业道德的发展性。

第二节 教师职业道德的养成

一、教师职业道德养成的内容

道德养成是人的道德活动形式之一，是个人自觉地将一定社会的道德要求转变为个人道德品质的内在过程。不同社会、时代和阶级的道德养成有不同的目标、途径、内容和方法。教师职业道德规范，只有为教师个体所掌握，并在教育实践中将之转化为外在的职业行为习惯、内化为个体的精神品质时，其价值才得以实现。这一将"教师道德"转化为"教师德性"的过程和状态，即教师职业道德养成。它是教师将社会对教师群体的统一要求，以个性化方式达成的结果。教师职业道德养成的内容包含两个方面：一是职业道德意识养成，二是职业道德行为养成。具体说来，教师职业道德养成的内容主要包括职业道德理想、知识、情感、意志、信念和行为习惯六个方面。

（一）树立远大的职业道德理想

职业道德理想是职业道德要求的重要组成部分。有了崇高的职业道德理想，才能产生模范遵守职业道德的行为。职业道德理想是社会理想在职业选择和实践中的具体体现，在人们的社会生活中占有重要位置。

确立崇高的职业道德理想，一是要把个人志愿与社会需要结合起来；二是要正确处理教师职业选择与教育才能的关系；三是要正确看待教师的社会地位和待遇；四是要正确看待教师工作的苦与乐。

只有这样，教师才能树立崇高的职业道德理想，忠于人民的教育事业。职业道德理想体现了教师职业道德要求的本质。

（二）掌握正确的职业道德知识

职业道德知识指人们对于客观存在的职业道德关系以及处理这种关系的道德原则、规范的认识。它包括职业道德观念的形成和职业道德行为判断能力的提高。

学习和掌握教师职业道德知识是教师职业道德修养的首要环节和最初阶段。职业道德知识是职业道德情感产生的依据，是职业道德意志锻炼的内在动力，是决定职业道德行为倾向的思想基础。事实证明，在教师职业活动中，有些人之所以出现违反职业道德的不良行为，其重要原因之一就是缺乏对教师职业道德的基本认识，缺乏起码的教师职业道德评价与选择能力。加强教师职业道德修养，提高教师职业道德认识水平，首先要从教师职业道德理论、原则和规范等基本知识的学习入手，其次要把职业道德理论学习和职业道德实践紧密地结合起来，在具体的教育活动中促进教师职业道德认识水平的提高。

（三）陶冶高尚的职业道德情感

职业道德情感是指人们对现实生活中职业道德关系和职业道德行为的好恶情绪，如人们通常对高尚的职业活动产生敬仰和尊重，对违反职业道德的行为产生愤恨和憎恶之情等。教师只有培养起真诚的职业道德情感，才会真正从内心热爱自己所从事的职业，潜心钻研业务，尽职尽责地做好本职工作。教师职业道德情感包括以下几方面内容：

（1）职业正义感。职业正义感是一种最基本、最高尚的道德情感。它要求教师以公正平等的态度处理人与人、人与社会之间的职业道德关系，维护国家、集体和人民群众的正当合法权益，并同一切危害国家、集体和人民群众的行为作坚决斗争。

（2）职业责任感。职业责任感是教师在职业道德活动中形成的对他人或社会应负责任的内心体验和道德情感，它既是职业道德行为的出发点，又是激励教师实现某种职业道德目标的动力。

（3）职业义务感。职业义务感是教师在履行自己职业责任的过程中产生的一种使命感。职业义务是社会道德义务的一部分，是社会道德义务在人们职业活动中的体现，是劳动者对本职工作、他人和社会所承担的道德上的使命和义务。教师只有具备了强烈的职业义务感，才能真正热爱工作，否则就会敷衍塞责。

（4）职业良心感。职业良心感是教师对自己的职业道德行为、对自己同他人及社会职业道德关系的自觉意识和自我评价能力，是一种对职业关系和职业活动是非、善恶的内心体验。它是教师职业责任感和义务感的发展，并与教师对职业道德行为的选择和职业道德实践紧密相连。职业良心对教师的职业活动具有重要的调节作用。

(5) 职业荣誉感。职业荣誉感是教师自觉承担职业道德责任、履行职业道德义务之后，对社会因此而给予的肯定评价和褒奖赞扬所产生的喜悦和自豪等情感体验。职业荣誉的衡量不是以个人的财产、特权和地位为标准，而是以对人民、对社会进步事业所做出的实际贡献为标准。教师履行好自己的职责和义务便能受到社会的赞许和尊敬，就能得到崇高的职业荣誉。教师职业所提倡的职业荣誉是同正直、谦虚的美德结伴同行的，它排斥一切虚假和伪善。

(6) 职业幸福感。职业幸福感是教师在履行职业责任及其义务、获得职业荣誉之后所产生的一种自我满足和愉悦的情感体验。它是教师从事职业活动最强大的精神动力和根本目的。在社会主义社会，教师应把参加职业活动、履行职业责任和义务视为自己生存发展的首要条件，并以此获得实实在在的职业幸福。每个教师都应该摒弃利己主义和享乐主义的人生观。

(四) 磨炼坚强的职业道德意志

职业道德意志是人们在履行职业道德责任和义务的过程中，所表现出来的克服困难和障碍的能力和毅力。它是职业道德行为持之以恒的重要精神力量，也是职业道德观念内化为人们职业道德品质的重要因素。它一方面表现在人们的道德意识活动中；另一方面表现在人们能够排除各种困难和阻力，坚定不移地执行由职业道德动机所决定的职业道德行为。

是否具备坚强的职业道德意志是衡量教师职业道德素质高低的重要标志。只有道德意志坚强的人才能有力地控制自己的道德情感和道德行为。教师职业道德意志是产生职业道德信念和养成职业道德行为习惯的前提条件，是职业道德知识和情感转化为职业道德信念和行为的中介环节，也是教师培养良好职业道德品质的重要条件。

(五) 确立坚定的职业道德信念

职业道德信念是人们对职业道德理想和职业道德规则现实性、正义性的深刻而有根据的笃信，以及由此而产生的对自己履行的职业责任和义务的真诚信奉。它是正确的职业道德知识、真诚的职业道德情感和坚毅的职业道德意志的“合金”，也是形成职业道德行为的强大动力和精神支柱。只有形成坚定的职业道德信念，人们的职业道德知识、情感和意志才具有稳定性和一贯性，人们的职业道德行为才具有坚定性。教师一旦牢固地树立了某种职业道德信念，就能以持之以恒、坚韧不拔的精神和对工作精益求精的态度，始终不渝地遵守职业道德规则，履行自己的职责和义务，并以此为标准去鉴定、评价自己和他人职业活动的是非与善恶。

（六）养成良好的职业道德行为习惯

职业道德行为是指人们在一定的职业道德知识、情感、意志、信念支配下所采取的自觉活动。职业道德行为的最大特点是自觉性和习惯性。被迫的行为即使有良好的效果，也不能算是道德行为，因为真正的道德行为往往带有习惯性。职业道德行为的善恶是衡量人们职业道德品质好坏、道德水平高低的客观依据。职业道德修养的最重要环节就是要把职业道德原则和规范贯彻落实到职业道德行为之中，做到言行一致、知行统一。人们的职业道德知识、情感、意志毕竟都是主观意志上的，只有将其贯穿并体现在人们的职业道德行为中才具有现实意义。

教师职业道德修养的最终目的是要养成良好的职业道德行为习惯，使教师在没有任何人监督的条件下也能长期自觉地按照职业道德原则和规范办事，积极主动地选择善良的职业道德行为，避免和杜绝邪恶的道德行为。良好的职业道德行为习惯不是偶然的、短暂的举措，而是自然而然、习以为常的行动，它标志着教师的职业道德修养达到了较高的境界。

二、教师职业道德养成的意义

（一）有利于推进社会文明发展

习近平总书记指出："一个人遇到好老师是人生的幸运，一个学校拥有好老师是学校的光荣，一个民族源源不断涌现出一批又一批好老师则是民族的希望。"邓小平指出："一个学校能不能为社会主义建设培养合格的人才，培养德智体全面发展，有社会主义觉悟的有文化的劳动者，教师是关键。"①首先，教师职业道德修养的过程，是社会精神文明建设的重要组成部分。其次，教师职业道德修养的结果，是教师自觉履行基本职责，完成"提高国民素质、培养社会主义事业建设者和接班人"这一重要使命的保证。显然，教师职业道德修养关系着国家的前途命运和民族的未来，教师德性水平不断提升，有利于推进社会文明的发展。

（二）有利于教书育人的实施

苏霍姆林斯基说："学校好比一种精致的乐器，它奏出一种人的和谐的旋律，使之影响每一个学生的心灵，但要奏出这样的旋律，必须把乐器的音调调准，而这种乐器是靠教师、教育者的人格来调音的。"苏霍姆林斯基还提出："学生是怎样看教师的，他们在教师身上看见和发现了什么，每一个教育者和整个教师集体在学生面前表现了人的品质的哪些方面。能够迫使每个学生去检点自己，思考自己的行为和管住自己的那种力量，首先就是教育者的人格，他的思想信念，他的精神生活的丰富性，他的道德面貌的完美

---

① 中共中央文献编辑委员会. 邓小平文选(1975—1982)[M]. 北京：人民出版社，1983：105.

性。"①实践表明，良好的教师职业道德修养，即教师具有高度的专业理性、责任感和爱心，既有利于增强教师的职业动力，促进教师教育理念的更新和教育策略的丰富；也有利于教师自主建构生成教育智慧，不断提升教师履职能力，促进教育的科学化、艺术化发展，以不断提升的教育教学质量作保障，让学生最大限度受益，有效促进全体学生的身心健康发展。

（三）有利于教师自我发展完善

对于教师而言，职业道德不可能与生俱有，只有通过后天不断习得养成。这一过程需要教师根据特定的职业道德规范，不断地自我约束、自我调节、自我激励、自我监控，不断增强自我调控能力，显然，教师职业道德养成有利于教师自我发展的完善和自我价值的实现。尤其在新课程背景下，教师应视之为重要的隐性课程资源，应充分认识它对学生的人际交往的潜移默化的影响。

三、提高教师职业道德修养的途径与方法

教师的职业道德不是与生俱来的，而是在长期的教育实践中形成的。加强师德建设是使教师获得或者巩固"师"之"德"的必须而有效的途径。

（一）加强理论的学习

道德发展阶段论认为，道德认知水平的高低对道德行为的选择具有重要的制约作用，因此提高教师的职业道德修养就必须先加强道德认知教育，努力学习现代社会教师职业道德理论和标准，并使之内化为教师自己的观点、信念和情感，然后外化为个体的行为作用于社会。必须以科学理论为指导，提高自觉性，避免盲目性，否则道德修养就会迷失方向。

一要学习马克思主义理论。只有在马克思主义的指导下，社会主义时代人民教师的道德修养才能有别于以往一切时代的教师道德修养，才能体现出时代性、实践性。学习马克思理论，要认真领会和准确把握马克思主义观察问题和解决问题的基本立场、观点和方法，培养实事求是的科学态度，确立科学的世界观和人生观，从根本上提高自己的师德觉悟。要坚持用马列主义、毛泽东思想、邓小平理论和"三个代表"重要思想以及习近平新时代中国特色社会主义思想教育全体教师，用党的教育方针、政策武装广大教师的头脑，使广大教师牢固树立科学的世界观、人生观和价值观，坚定共产主义和建设有中国特色的社会主义的理想信念。

二要学好教师职业道德理论。教师职业道德理论是社会主义职业道德理论的具体体现，批判地继承了古往今来的优良的教师道德传统，指明了教师道德修养的任务、途径和方法。教师进行职业道德理论学习，有助于教师深刻了解其必要性、重要性和标准，从而能自觉地抵制一些消极势力的影响，提高遵守教师道德规范的自觉性，不断升

① 王本陆. 现代教师该树立怎样的道德形象[N]. 中国教育报，2015-11-11(7).

华自己的道德境界。教师应树立终身教育观念、素质教育观念和大教育观念，为适应教育现代化的发展不断完善自己的知识结构和技能结构，构建与教育现代化相适应的、具有鲜明时代特征的教师职业道德观念。

（二）投身于教育实践

投身实践也称"践履"，"践履"这个概念在宋明理学中运用得较为普遍。它的一般意义是行或实践，而其具体内容多指封建道德的实践躬行。朱熹说："《大学》之书，虽以格物致知为用力之始，然非谓初不涵养践履，而直从事于此也。"践履是将道德观念、道德规范和道德理想付诸实践的过程。马克思主义伦理观认为，理论与实践相结合是最根本的道德修养方法。只有在改造客观世界的实践活动中，才能改造主观世界。只有在现实的与他人相处的道德关系中，才能改造自己的道德品质。从师德发生与发展的规律看，社会所要求的师德规范是否为教师本人所认同，教师本人在处理师德问题时获得了何种情绪体验，道德意志是否坚定，只有在道德践履中才能获得检验。

实践也是检验教师道德修养客观效果的唯一标准，是教师道德修养的目的、归宿和动力，因此，教师进行道德修养必须投身于社会实践、教育实践。一是要积极投身教育教学实践。教育教学实践是教师职业道德形成的基础，教书育人是教师最基本的实践活动，高尚的教师职业道德是在长期的教育教学实践中锤炼而成的。二要积极投身于社会主义物质文明和精神文明建设的实践。只有在两个文明建设中，教师道德修养才不会偏离方向，才能在实践中汲取营养，并得到考验。

（三）坚持不断总结反思

这是教师提高职业道德的关键所在，教师只有不断总结、自主反思，才能完成品德发展的"他律—自律"的转变。其间，教师须将外在的职业道德规范，内化为个体的价值观、道德信念，养成内在的个性精神品质，并且外化为行为习惯，交融于教育实践、师生交往过程中。那么，这一往复的"内化""外化"的过程，仅仅依靠外力的作用是不可能促成的，唯有教师主体性觉醒、自主调控，才能实现。有效的教师职业道德建设不能靠灌输和说教，师德教育应改变以往的师德教育就是理论"灌输"和师德教育就是政治学习的现象，要为教师搭建一个平台，使教师成为师德教育的主人。其中关键在于要让教师有自我建构的过程，否认了这个自我建构的过程，也就否认了教师在师德学习中的主体地位和主动性。为了保证教师的自我建构替代教师的灌输说教，要以案例引发反思，用两难问题引发思考，摆冲突引发辩论，用隐喻促进理解，尽可能调动教师参与的积极性，使他们真正成为自我教育的主人。

提高教师职业道德修养，必须使职业道德内化。只有教师自觉地、发自内心地按照外在的职业道德要求行动，才能实现道德的作用。师德作为教师的行为规范，主要通过教师内心的信念起作用，主要依靠教师在师德修养过程中的自我意识和自我觉悟。教师在教育实践中，要注重自我学习、自我修炼、自我约束、自我调控，要培养教师的修身意识、民主意识、学习意识。所以，要想提高教师职业道德修养，必须使其内化，实现职业道德由他律向自律的转化，实现道德人格的完善和满足教师现代化的需要。为此，应当明确职业道德内化的条件和意义，重视教师职业道德修养的过程，把教师职业道德认识、情感、信念、意志和行为等基本要素密切联系，相互渗透构成统一整体，实现教师职业道德修养内化过程的完美发展。

(四) 开展批评与自我批评

教师职业道德修养的本质是教师在心灵深处进行自我认识、自我教育、自我改造和自我提高。道德修养中的批评与自我批评，相对而言，自我批评更重要，这是教师道德修养的根本方法之一。那么怎样才能开展好自我批评呢？首先，对自己的思想道德提出高标准、严要求。也就是"立志"，下决心，做一名具有高尚师德、献身教育的优秀人民教师的决心，这是攀登师德高峰的起点，也是克服师德修养过程中各种艰难险阻的精神动力。在这方面，许多杰出前辈和优秀教师已经为我们树立了光辉榜样。其次，要正确认识自己。也就是正确认识自己的优点和不足。有了自我认识，道德修养就有了目标和前提。除了自我认识之外，还需要很好地听取别人的意见，要抱着虚怀若谷的态度接受领导、同事的意见和建议。同时，教师应该善于从学生的反馈信息中，审视自己，反思自己，寻找不足，加以改进。再次，要善于控制自己或"战胜自己"。道德修养过程是一个漫长的过程，要坚持不懈，持之以恒，具备坚强的意志和毅力，要从大处着眼，小处着手，长期努力。所以，教师的道德修养也应该从点滴做起，从小事做起，循序渐进。

第三节 我国教师职业道德规范的历史沿革

从 1984 年至今，我国共四次颁布了《中小学教师职业道德规范》，近四十年的时间，师德规范建设经历了一个继承与总结优良传统和实践经验，不断完善与发展的过程，也是一个对教育实践中存在的各种师德问题的回应的过程。2018 年，教育部又颁布了《新时代中小学教师职业行为十项准则》，对新时代教师职业道德行为做了较为全面的补充，对新时代中小学教师在政治思想、传承优秀文化传统等方面提出了更明确的要求。

一、1984 年颁布的《中小学教师职业道德要求(试行草案)》

1984 年 10 月 13 日，教育部、全国教育工会颁布《中小学教师职业道德要求(试行草案)》(以下简称《要求》)。《要求》的"目的是提高教师的社会主义觉悟和共产主义道德情操，把青少年培养成有理想、有文化、守纪律的一代新人"。《要求》全文(含标题)共 267 字，分为 6 条。主要包括的内容：爱国爱党，热爱教育事业；执行教育方针，教书育人；认真学习，努力提高业务水平；热爱学生，建立良好师生关系；遵纪守法，处理好与学校、家长和社会的关系；注重个人修养，为人师表。《要求》主要调节教师的四重关系：教师作为公民与国家、社会的伦理道德关系；教师与学生的伦理道德关系；教师与学校集体的伦理道德关系；教师与家长等社会群体的伦理道德关系。

二、1991 年颁布的《中小学教师职业道德规范》

1991 年，国家教委、全国教育工会结合现实需求对《要求》进行修订后，颁布了《中小学教师职业道德规范》(以下简称 1991 年《规范》)。1991 年《关于颁布〈中小学教师职业道德规范〉的通知》中明确指出："教师队伍的思想、政治、道德素质如何，直接关系着我国能否培养一代社会主义事业建设者和接班人，各地必须予以高度重视。"1991 年《规范》的核心是坚持社会主义方向，教书育人，精心培育德、智、体全面发展的社会主义新人。其全文(含标题)共 238 字，分为 6 条。主要包括的内容：爱国爱党，加强思想学习；执行教育方针，教书育人；提高理论水平，钻研业务；热爱学生，保护其身心健康；热爱学校，团结协作；注重个人修养，为人师表。主要调节教师的三重关系：教师作为公民与国家的关系；教师与学生的伦理道德关系；教师与学校集体的伦理道德关系。

三、1997 年颁布的《中小学教师职业道德规范》

1997 年 8 月 7 日，国家教委、全国教育工会颁布重新修订的《中小学教师职业道德规范》(以下简称 1997 年《规范》)。1997 年《规范》颁布的目的在于进一步提高中小学教师的道德素质水平，帮助教师牢固树立科学的世界观和高尚的职业道德，自觉规范自己的思想行为，促使全体中小学教师真正成为人民满意的教育工作者。1997 年《规范》全文(含标题)共 583 字，分为 8 条。主要包括的内容：依法执教；爱岗敬业；热爱学生；严谨治学；团结协作；尊重家长；廉洁从教；为人师表。主要调节教师的四重关系：教师与国家的伦理道德关系；教师与教育系统内群体的伦理关系；教师与学生的伦理关系；教师与教育系统外群体的伦理关系。

四、2008 年颁布的《中小学教师职业道德规范》

2008 年 9 月 1 日，教育部、中国教科文卫体工会全国委员会颁布重新修订的《中小学教师职业道德规范》(以下简称 2008 年《规范》)。2008 年《规范》的颁布在于加强中小学教师职业道德建设，提高教师的师德素养。2008 年《规范》(含标题)共 501 字，分为 6 条。主要包括的内容：爱国守法；爱岗敬业；关爱学生；教书育人；为人师表；终身学习。主要调节教师的四重关系：教师与国家的伦理道德关系；教师与学生的伦理道德关系；教师与教育系统内群体的关系；教师与教育系统外群体的关系。

2008 年《规范》是我国步入新世纪后的第一部教师职业道德规范，它集以往三部师德规范之成果，因而更为完善，但仍存在一些不可忽视的缺陷。其特点有：第一，体现了自律与他律的结合。规范出现了肯定教师个体有提高道德修养的能力与要求的取向。第二，体现了理想与现实的结合。对教师现实的道德问题加以重视，不只提道德理想追求。第三，对师德规范科学性的探索仍在发展中。过往的规范中存在的问题仍然没有根本解决，这正是 2008 年《规范》向前追求和探寻的方向。

(一) 2008 年《规范》体现的基本原则

一是坚持"以人为本"。2008 年《规范》一共六条，不仅是在原有的版本基础上的深化和升华，而且提出了更高的目标和要求，充分彰显了以人为本的思想，充分体现"教育以育人为本，以学生为主体""办学以人才为本，以教师为主体"的理念。如"爱国守法"强调了教师要爱祖国和人民；"爱岗敬业"要求教师"忠诚于人民教育事业"；"关爱学生"强调"对学生严慈相济，做学生的良师益友"，"保护学生安全"更是注重以人为本的教育理念；"教书育人"进一步明确了教育要以学生的发展为中心；"为人师表"同样赋予了"以人为本"的时代含义，不仅与社会主义荣辱观的要求紧密相连，而且对教师的衣着和言行举止、协作精神、廉洁奉公、不谋私利等方面要求具体细致，还增加了对待家长态度方面的要求；"终身学习"更是人本思想的全面要求。

二是继承与创新相结合。2008 年《规范》在认真总结了 1997 年《规范》基本经验的基础上，汲取了其中反映教师职业道德本质的基本要求，如继承了师德规范主旨"爱"和"责任"，又充分考虑经济、社会和教育发展对师德提出的新要求，将优秀师德传统与时代要求有机结合。

三是广泛性与先进性相结合。《规范》修订从教师队伍现状和实际出发，面向全体教师，对教师职业道德提出了基本要求，使之成为每位教师自觉遵守的行为准则。如在师德规范修改征求意见过程中，2008 年《规范》中有"十五处"广大教师意见被采纳，从而使《规范》更加具体，更加实际，更有利于全面贯彻落实。同时，在 2008 年《规范》中还提出了体现时代精神的新的倡导性要求。如在 2008 年《规范》中首次加入"保护学生安全""关心学生健康""激发学生创新精神""终身学习"等，这些都是结合时代要求，与时俱进提出的新要求。

四是倡导性要求与禁行性规定相结合。本次修订实施的 2008 年《规范》是从教师职业道德的阶段性特征出发，针对当前师德建设中的共性问题和突出问题，在广泛征求意见的基础上，既做出了倡导性的要求，也做出了若干禁行性规定。

例如，倡导性的要求有：第一条"爱国守法"中，倡导"热爱祖国""热爱人民"；第二条"爱岗敬业"中，倡导教师"志存高远，勤恳敬业，甘为人梯，乐于奉献"；第三条"关爱学生"中倡导"做学生良师益友"；第四条"教书育人"中倡导"遵循教育规律，实施素质教育"；第五条"为人师表"中倡导"作风正派，廉洁奉公"；第六条"终身学习"中倡导"崇尚科学精神，树立终身学习理念"等。禁止性的规定有：第一条"爱国守法"中规定"不得有违背党和国家方针政策的言行"；第二条"爱岗敬业"中规定"不得敷衍塞责"；第三条"关爱学生"中规定"不讽刺、挖苦、歧视学生，不体罚或变相体罚学生"；第四条"教书育人"中规定"不以分数作为评价学生的唯一标准"；第五条"为人师表"中规定"不利用职务之便谋取私利"。

(二) 2008 年《规范》的突出特点

一是突出了重要性。"教书育人"，是 1997 年《规范》第二条中的一句话，在 2008 年

《规范》中升格为第四条的条目。这是非常必要的，因为“教书育人”是教师的第一要务，是教师职业区别于其他任何职业的根本所在（如同“治病救人”最准确地描述了医生的职业特征）。

二是体现了时代性。2008 年《规范》新增了“志存高远”“素质教育”“知荣明耻”“终身学习”“探索创新”等词，这是 21 世纪对教师的时代要求，也是与时俱进在新《规范》中的具体体现。

三是提高了针对性。应该说旧规范有“热爱学生”这一条，“保护学生安全”本是题中之意。但还是被“范跑跑”这样的人钻了空子，这说明旧规范存在意思不明确、针对性不强的漏洞。因此 2008 年新《规范》增加“保护学生安全”的内容，很有必要。类似意义上的增加，还有“自觉抵制有偿家教”等。

四是增强了概括性。把旧规范中分散在五、六、七、八等四条内的主要内容，精简压缩到 2008 年新《规范》第五条“为人师表”之内，进行了概括整合。此外，删除了明显重复的词，如 1997 年《规范》中的“以身作则，注重身教”，两词意思很近，新《规范》删去了“注重身教”；另将“探索教育教学规律”改为“遵循教育规律”。

五是注重了操作性。2008 年新《规范》不仅是增加一条“终身学习”，而且每一条都具体化了。比如，在“爱国守法”中，增加了“不得有违背党和国家方针政策的言行”；在“爱岗敬业”一条中，又具体化为“三认真一不得”，即认真备课上课，认真批改作业，认真辅导学生，不得敷衍塞责；在“关爱学生”一条中，使用了多个四字词组，如“关心爱护、平等公正、严慈相济、良师益友、歧视学生、变相体罚、保护安全、关心健康”等，通过这些词语，细化了关爱学生的具体做法；在“教书育人”一条中，增加了“不以分数作为评价学生的唯一标准”等；在“为人师表”一条中增加了“自觉抵制有偿家教，不利用职务之便谋取私利”。同时，还将“热爱学生”中的“热爱”改为“关爱”一词，将“无私奉献”改为“乐于奉献”等，更具有操作性。

五、2018 年《新时代中小学教师职业行为十项准则》

2018 年 11 月 8 日，教育部正式印发实施《新时代中小学教师职业行为十项准则》（以下简称《准则》），此次《准则》是结合新时代、新要求、新形势、新问题制定的教师职业行为规范，既有正面倡导、高线追求，也有负面禁止、底线要求，是对之前教师职业道德规范和“十条红线”等师德底线的继承和发展。《准则》规范的不仅是教师职业道德行为，还对教师提高政治素质、传播优秀文化、积极奉献社会等方面提出要求。《准则》是原则性规定，与此前制定的“红十条”等以及严禁教师违规收受学生及家长礼品礼金、严禁中小学校和在职中小学教师有偿补课的规定与准则结合执行。总之，《准则》是规范教师行为的底线，是每个教师必须遵守的规矩。

教师是落实立德树人根本任务，培养德智体美劳全面发展的社会主义建设者和接班人的关键。我国各级各类学校绝大多数都敬重学问、关爱学生、严于律己、为人师表，受到学生尊敬和爱戴。但是也有极个别人理想信念模糊，育人意识淡薄，放松自我要求，甚至出现严重违反师德的行为，损害教师队伍形象，影响学生健康成长。同时，进入新时代人民群众对更好教育的需要日益增长，知识获取方式和传授方式，教和学关系都发生了革命性变化，这些都对教师队伍能力和水平提出了新的更高的要求。制定教师职业行为准则，明确新时代教师职业规范，针对主要问题、突出问题划定基本底线，加强师德师风建设是建设政治素质过硬、业务能力精湛、育人水平高超的高素质教师队伍的重要举措，也为教师严格自我约束、规范职业行为、加强自我修养提供基本遵循。《准则》和《中小学教师违反职业道德行为处理办法（2018 年修订）》等规定结合，有利于筑牢师德师风防线，体现了时代要求，表述更为简洁明了，更具操作性。

思考与练习

1. 简述道德的含义与特点。
2. 简述教师职业道德的内涵与特点。
3. 简述教师职业道德养成的内容与意义。
4. 简述提高教师职业道德修养的途径与方法。
5. 请谈谈为什么教师职业道德要坚持高标准的要求？
6. 简述《中小学教师职业道德规范》的倡导性要求和禁止性规定。

请扫本章二维码，进入 MOOC 链接或者手机下载 APP：中国大学 MOOC，搜索课程《教师职业道德与教育政策法规》参阅本章不断更新的内容，完成单元测试题。

第二章
立德树人与好教师的要求

培养什么人，如何培养人，历来是党和国家教育的根本问题。党的十八大以来，以习近平同志为核心的党中央，把立德树人作为教育的根本任务，要求全面贯彻党的教育方针，坚持教育为社会主义现代化建设服务、为人民服务。国家与民族的希望在教育，教育事业与祖国共命运，与时代同进步；国家的每一次发展和跨越，都伴随着教育的发展和跨越。教育兴则国家兴，教育强则国家强。百年大计，教育为本；教育大计，教师为本。好老师是民族的希望，教师决定了教育的质量和教育的未来。习近平总书记说："一个人遇到好老师是人生的幸运，一个学校拥有好老师是学校的光荣，一个民族源源不断涌现出一批又一批好老师则是民族的希望。"他还对广大教师提出了要做"有理想信念、有道德情操、有扎实学识、有仁爱之心的好老师"的要求。

1. 了解本章“学习要求”，观看本章“微课视频”；
2. 查阅本章课程资源，参与本章深度学习；
3. 欢迎点击“单元测试”，测一测本章学习效果。

微信扫一扫

立德树人与好教师的要求
- 立德树人的内涵与实施路径
  - 立德树人的含义
  - 落实立德树人根本任务的路径
- 好教师的要求
  - “四有”好老师的精神实质
  - “四个引路人”的精神实质
  - “四个相统一”的精神实质

第一节 立德树人的内涵与实施路径

一、立德树人的含义

“国无德不兴，人无德不立”。党的十八大以来，习近平总书记先后通过讲话、参加座谈会、给师生回信等方式发表许多关于立德树人的重要论述，深刻分析并阐释了立德树人的科学内涵与精神实质，强调立德树人的重要地位和作用，指出要把立德树人作为教育的根本任务，这是时代精神对历史的回应与继承。2022 年，习近平总书记在党的二十大报告中指出：“办好人民满意的教育。教育是国之大计、党之大计。培养什么人、怎样培养人、为谁培养人是教育的根本问题。育人的根本在于立德。全面贯彻党的教育方针，落实立德树人根本任务，培养德智体美劳全面发展的社会主义建设者和接班人。”把立德树人作为教育的根本任务，抓住了教育问题的本质，指明了新时代我国教育改革发展的方向。

（一）何为“立德”？

古往今来，任何社会都强调“德”的重要性。“立德”为我国古代“三不朽”之首。《左传》载:“太上有立德,其次有立功,再其次有立言,虽久不废,此之谓不朽。”在这“三不朽”中把“立德”摆在第一位。唐代孔颖达解释道:“立德,谓创制垂法,博施济众,圣德立于上代,惠泽被于无穷。”在他看来,立德即树圣人之德,创制他人可以效仿的德目和规范。培养什么人,是教育的首要问题。培养人首先就要“立德”,即培养学生的道德品德。“立”就是要确立、建立、树立,“德”就是品德、道德、德性。立德,就是树立德业的意思。2014 年 5 月 4 日,习近平总书记在北京大学考察时指出,青年的价值取向决定了未来整个社会的价值取向,而青年又处在价值观形成和确立的时期,抓好这一时期的价值观养成十分重要。这就像穿衣服扣扣子一样,如果第一粒扣子扣错了,剩余的扣子都会扣错。人生的扣子从一开始就要扣好。[①] “扣扣子”的比喻突显了“立德”的重要性。

“立德”树人要明确“立什么德”的问题,当下我们强调的“立德”就是立社会主义之德,就是要把社会主义核心价值观作为德育工作的统领,引导广大学生树立正确的世界观、人生观、价值观、荣辱观。2014 年 5 月 30 日,习近平总书记参加北京市海淀区民族小学庆祝“六一”国际儿童节活动时指出,让社会主义核心价值观在少年儿童中培育起来,家庭、学校、少先队组织和全社会都有责任。学校要把德育放在更加重要的位置,全面加强校风、师德建设,坚持教书育人,根据少年儿童特点和成长规律,循循善诱,春风化雨,努力做到每一堂课不仅传播知识,而且传授美德;每一次活动不仅健康身心,而且陶冶性情。[②] 2016 年 12 月 8 日,习近平总书记在全国高校思想政治工作会议上指出,要把思想政治工作贯穿教育教学全过程,引导广大师生做社会主义核心价值观的坚定信仰者、积极传播者、模范践行者。[③] 我国是中国共产党领导的社会主义国家,这就决定了教育必须把培养社会主义建设者和接班人作为根本任务,培养一代又一代拥护中国共产党领导和我国社会主义制度、立志为中国特色社会主义事业奋斗终身的有用人才。我们要立的德必须是社会主义性质的德,这是不能有任何模糊的。

因此,要引导学生树立共产主义远大理想和中国特色社会主义共同理想,增强学生中国特色社会主义道路自信、理论自信、制度自信、文化自信,培养立志肩负民族复兴重任的接班人。要厚植爱国主义情怀,让爱国主义精神在学生心中牢牢扎根,培养的学生能够自觉热爱和拥护中国共产党,听党的话、跟党走,立志扎根人民、奉献国家。要引导学生“做到明大德、守公德、严私德”,自觉践行社会主义核心价值观,成为一个有大爱大德大情怀的人。

(二) 何为“树人”?

树人,就是培养人才的意思。“树人”语出《管子 · 权修》:“一年之计,莫如树谷;十年之计,莫如树木;终身之计,莫如树人。”这里把“树人”与“树木”相比较,突出“树人”的

---

① 2014 年 5 月 4 日,习近平总书记在北京大学考察时发表的重要讲话

② 2014 年 5 月 30 日,习近平总书记在北京市海淀区民族小学参加庆祝“六一”国际儿童节活动时的讲话

③ 2016 年 12 月 8 日,习近平总书记在全国高校思想政治工作会议上发表重要讲话

长期性、任务的艰巨性。唐代房玄龄注曰："树人，谓济我而立之。"《尔雅·释言》解释"济"的含义为"渡也""成也""益也"。"树人"即"助益于人，使之成人"之意。2014年，习近平总书记在同北京师范大学师生代表座谈时指出，当今世界的综合国力竞争，说到底是人才竞争，教育的基础性、先导性、全局性地位和作用更加突显。"两个一百年"奋斗目标的实现、中华民族伟大复兴中国梦的实现，归根到底靠人才、靠教育。因此，办人民满意的教育，落脚点在人的培养。"树人"就是全面实施素质教育，培养德智体美劳全面发展的社会主义建设者和接班人。

"树人"工作包括两类主体：一是学校 ；二是学校的教师。在学校层面，学校的各项教育的各项工作都要以"树人"为中心，以培养人才为宗旨。在教师层面，每位教师也要树立好自身的德业，做好榜样，培养人才。习近平总书记在2016年全国高校思想政治工作会议上强调："教师要以德立身、以德立学、以德施教，坚持'四个统一'，即教书和育人相统一，言传和身教相统一，潜心问道和关注社会相统一，学术自由和学术规范相统一。""树人"呼唤教育要从"教"走向"育"，扎根中国大地，构筑育人新模式，全面提升人才培养水平。要切实遵循教书育人规律、学生成长规律，为每一位学生提供适合的教育，让学生有更多的获得感。

（三）"立德"与"树人"的关系

"才者，德之资也；德者，才之帅也。"历史上关于才与德的关系讨论在今天仍然有现实意义。缺乏德性的滋养，人的培养就会失去精神内核，错误价值观的引领会使教育成为异化的工具。

人才培养是育人和育才相统一的过程。"立德"与"树人"是相辅相成、不可分割的。我们要坚持以"树人"为核心，以"立德"为根本，努力办人民满意的教育，造就品格高尚、人格健全、素质优秀的人才。"立德树人"的提出超越了教书、育人两张皮的现象。立德树人是教书育人的本质和目的所在。

习近平总书记强调，立德树人是中国特色社会主义教育事业的根本任务。学校办学要始终牢记为党育人的初心，坚定为国育才的立场，以树人为核心、以立德为根本，培育和践行社会主义核心价值观，努力培养担当民族复兴大任的时代新人，培养德智体美劳全面发展的社会主义建设者和接班人。习近平总书记十分重视把"立德树人"教育理念变为全社会特别是全体教育工作者的自觉思想意识和育人行动，反复强调"立德树人"在教育实践中的重要性。习近平总书记在尊重教育规律，坚持立德树人，丰富、完善和发展党的教育方针方面提出了一系列新论断、新主张。习近平总书记在党的十九大、二十大报告中强调要求"落实立德树人根本任务"。将"立德树人"的定位置于"全面发展"之上，这是以习近平同志为核心的党中央继承、丰富和发展党的教育方针的集中体现，是对党的全面发展的教育方针的重大发展，是党的教育理论创新的最新成果，具有以下三个方面的深刻含义：①

① 教育部课题组. 深入学习习近平关于教育的重要论述[M]. 北京：人民出版社，2019：47－48.

一是立德树人揭示了教育的本质，是对教育本质的最新认识。教育的本质是培养人，这是古今中外的共同认识。党的十八大把立德树人作为教育的根本任务，无疑是对教育如何培养人这一本质的新认识。

二是立德树人揭示了德育在人的全面发展中的突出地位，强调促进人的德性成长是教育的首要任务。

三是立德树人揭示了道德发展与人的全面发展的辩证关系，强调德性成长是人的全面发展的根本保障，体现了党对教育规律的深刻认识。

习近平总书记要求各级各类学校必须坚持立德树人。他在会见中国少年先锋队第七次全国代表大会代表时寄语全国各族少年儿童，广大青少年要从小学习做人。要学会做人的准则，就要学习和传承中华民族传统美德，学习和弘扬社会主义新风尚，热爱生活，懂得感恩，与人为善，明礼诚信，争当学习和实践社会主义核心价值观的小模范。2013年10月1日，他在给中央民族大学附属中学全校学生的回信中，要求学校承担好立德树人、教书育人的神圣职责。在致清华大学建校105周年贺信中，他强调，站在新的起点上，清华大学要坚持正确方向、坚持立德树人、坚持服务国家、坚持改革创新。

把立德树人作为教育的根本任务，具有鲜明的时代特征。随着经济全球化、信息化和后工业社会的到来，人类面临的德性挑战日趋严峻。为了提高我国的软实力，为了实现中华民族伟大复兴，加强德育工作，提高全民族的道德文明素养，已成为我国教育战线面临的一项重大而紧迫的战略任务。

二、落实立德树人根本任务的路径

习近平总书记高度重视立德树人工作，他多次在不同场合，从不同角度讲述了立德树人工作的重要性。2018年习近平总书记在同北京大学师生座谈会上指出："人无德不立，育人的根本在于立德。这是人才培养的辩证法。办学就要尊重这个规律，否则就办不好学。""把立德树人的成效作为检验学校一切工作的根本标准，真正做到以文化人、以德育人，不断提高学生思想水平、政治觉悟、道德品质、文化素养，做到明大德、守公德、严私德。"①同年，在全国教育大会上，习近平总书记发表重要讲话，他强调："要把立德树人融入思想道德教育、文化知识教育、社会实践教育各环节，贯穿基础教育、职业教育、高等教育各领域，学科体系、教学体系、教材体系、管理体系要围绕这个目标来设计，教师要围绕这个目标来教，学生要围绕这个目标来学。凡是不利于实现这个目标的做法都要坚决改过来。"②

习近平总书记还对如何做好立德树人提出了"六个下功夫"，即在坚定理想信念上下功夫、在厚植爱国主义情怀上下功夫、在加强品德修养上下功夫、在增长知识见识上下功夫、在培养奋斗精神上下功夫、在增强综合素质上下功夫。③这些都为立德树人提供了遵循。

---

① 2018年5月2日，习近平总书记到北大考察，在师生座谈会上发表的重要讲话

②③ 2018年9月10日，习近平总书记在全国教育大会上的讲话

(一) 立德树人关键在教师

教育大计,教师为本,教师责无旁贷地成为落实立德树人根本任务的主体。学校是教育的专门场所,教师是培养人的专业人员。言传身教,为人师表是教师角色固有的特质,教师作为学生的引路人,对学生的影响也最大,这是其他任何职业所不能代替的。

教师是立德树人的关键主体,只有教师的德"立"了,才能更好地"树人"。教师要以德立身、以德立学、以德施教。邓小平同志曾经指出:"一个学校能不能为社会主义建设培养合格的人才,培养德智体全面发展、有社会主义觉悟的有文化的劳动者,关键在教师。"教师的修德对学生立德也是一种引领与示范。教育家乌申斯基说过:"教师的人格对学生的影响是任何教科书,任何道德箴言,任何惩罚和奖励制度都不能代替的一种教育力量。"教师在教育过程中与学生互动与交流,对学生产生直接影响。教师的一言一行都构成隐性课程的要素,尤其是教师的德行成为学生赖以模仿的鲜活参照系。

全国模范教师卢元莉

卢元莉,黑龙江省虎林市宝东镇中心小学教师、特级教师。自从参加教育工作以来,她始终坚持在偏远艰苦的乡村小学做一名普普通通的班主任,城里许多学校向她发出邀请,但为了农村的孩子们,她毅然坚守。在她的关爱和资助下,许多特殊家庭的孩子得以健康成长。她坚持立德树人的理念,促使孩子们实现自我教育,班级形成了班风正、学风浓的良好氛围。她关注课改,勇于创新,坚持以科研引领教学,总结出了适合农村学生特点的小学语文层次教学法和三环七层教学模式。她甘为人梯,全身心促进青年教师专业成长。曾获得全国模范教师、全国中小学优秀班主任等荣誉。(人民网四川频道 2014 年 07 月 10 日"全国教书育人楷模候选人事迹简介")

(二) 立德树人核心在课堂

立德树人必须抓牢课堂教学主阵地。人类早期教育是与社会生活实践融为一体的,教育的功能也是融知识、技能与做人于一体的。随着人类社会生产力的提高,特别是现代工业社会的出现,学校才逐渐从社会生产实践中独立出来,并随着科学的发展,形成了日益鲜明的分科教育。但就教育本质而言,任何学科都是教育的工具,都是以学科为载体培养人的,而不是相反,把学科知识传承作为学科教育的主要任务。从这个意义上讲,每位教师都必须树立育人为本的学科教育观,在承担学科知识传承任务的同时,担负起学科教师育人的基本职责。

建立育人为本的学科教育观,就是要坚持课程思政。所谓"课程思政",就是在学校的除思政课之外的所有课程教学中,融入思想观念、政治观点、道德规范等思想政治教育的内容。根据课程的特点,将理想信念教育、中华优秀传统文化教育、中华优秀传统美德、职业文化、工匠精神、革命传统教育、国防教育、劳动教育等融入专业课教学中,引导学生树立正确的世界观、人生观和价值观，坚定共产主义信念，坚定拥护中国共产党的领导，坚定不移走中国特色社会主义道路，坚定中国特色社会主义道路自信、理论自信、制度自信、文化自信，增强使命担当，矢志不渝听党话、跟党走，争做社会主义合格建设者和可靠接班人。

课程思政，是立德树人和教师职责的必然要求。立德树人是教育的根本任务，在专业课教学中不能没有“德”育，不能没有思想政治的内容。在课程中融入思政，也是教师的基本职责。讲授课程，是教书；思想政治教育，体现育人，而课程思政，实现了教书与育人的统一。课程中无思政，只教书不育人，就不是一个合格的教师。因此，广大教师要提高课程思政意识，积极主动地投入课程思政教育教学改革之中。立德树人，不一定每一课的教案都要写上“立德树人”的字条，但它应该是处处渗透的，是润物无声的。

（三）立德树人重点在协同

落实立德树人根本任务，需要激发立德树人的协同动力，构建全方位全过程全员“三全”育人体系，牢牢抓住立德树人的关键。习近平总书记强调，要用好课堂教学这个主渠道，思想政治理论课要坚持在改进中加强，提升思想政治教育亲和力和针对性，满足学生成长发展需求和期待，其他各门课都要守好一段渠、种好责任田，使各类课程与思想政治理论课同向同行，形成协同效应。习近平总书记还强调：“要把立德树人融入思想道德教育、文化知识教育、社会实践教育各环节，贯穿基础教育、职业教育、高等教育各领域，学科体系、教学体系、教材体系、管理体系要围绕这个目标来设计，教师要围绕这个目标来教，学生要围绕这个目标来学。”①

必须统筹推进学生的培养工作。一是要改进智育。注重学思结合；要勤学，下得苦功夫，求得真学问；要坚持知行合一；要注重因材施教；要注重运用现代信息技术，构建网络化、数字化、个性化、终身化的教育体系，建设“人人皆学、处处能学、时时可学”的学习型社会。二是要强化体育。身体是人生奋斗成功的本钱，少年儿童要注意加强体育锻炼，家庭、学校、社会都要为少年儿童增强体魄创造条件，让他们像小树那样健康成长，长大后成为建设祖国的栋梁之材。三是更加重视美育。美育是审美教育，也是情操教育和心灵教育。党的十八届三中全会强调：“改进美育教学，提高学生审美和人文素养。”四是加强劳动教育。习近平总书记强调，劳动是人类的本质活动，劳动光荣、创造伟大是对人类文明进步规律的重要诠释。要教育孩子们从小热爱劳动、热爱创造，通过劳动和创造播种希望、收获果实。习近平总书记在同中华全国总工会新一届领导班子成员集体谈话时强调，加强对广大青少年的教育，让劳动最光荣、劳动最崇高、劳动最伟大、劳动最美丽的观念蔚然成风。

开展立德树人，还需要积极营造培育和践行社会主义核心价值观的校园文化氛围。可通过开展“爱学习、爱劳动、爱祖国”等主题教育，将其作为中国梦和社会主义核心价值观宣传教育。可开展爱国主义、民族传统、礼节礼仪等主题教育活动，着力创造体现

---

① 2018 年 9 月 10 日，习近平总书记在全国教育大会上的讲话

社会主义核心价值观的优秀文化校园。

(四) 立德树人突破口在评价

必须树立育人为本的教育政绩观和教育评价观。一是要建立育人为本的教育政绩观。用单纯的考试升学"指挥棒"指挥学校教育，结果导致学校教育违背"育人为本"的教育本质，背离党的全面发展教育方针，脱离了科学发展的基本轨道。二是要建立育人为本的教育评价观。中共中央　国务院印发的《深化新时代教育评价改革总体方案》提出，坚持以立德树人为主线，牢记为党育人、为国育才使命，把落实立德树人根本任务，培养德智体美劳全面发展的社会主义建设者和接班人作为主线，贯穿于教育评价改革各项任务始终，引导确立科学的育人目标，确保教育正确发展方向，坚定不移走中国特色社会主义教育发展道路。方案要求：坚持科学有效，改进结果评价，强化过程评价，探索增值评价，健全综合评价，充分利用信息技术，提高教育评价的科学性、专业性、客观性。引导教师潜心育人的评价制度更加健全，促进学生全面发展的评价办法更加多元，社会选人用人方式更加科学，为提高立德树人的实效性提供了坚实的基础。

第二节　好教师的要求

> 我以为好教育者，应当具有灵敏的手去抓机会，并且要带千里镜去找机会，机会找着了，就用手去抓住彼——不断地抓住彼，还要尽力地发展彼。①
>
> ——陶行知

党的十八大以来，习近平总书记从国家繁荣、民族振兴、教育发展的大局出发，深刻阐释了教育工作和教师工作的极端重要性，明确提出成为一名党和人民满意的好教师，要做"四有"好老师、做"四个引路人"及做到"四个相统一"。

一、"四有"好老师的精神实质

(一) "四有"好老师的由来

2014 年第 30 个教师节前夕，习近平总书记考察北京师范大学时发表重要讲话，勉励广大教师做有理想信念、有道德情操、有扎实学识、有仁爱之心的"四有"好老师。习近平总书记提出的"四有"好老师要求是对好老师素质能力的全面描述，也是对广大教师的谆谆嘱托和殷切期望。

---

① 陶行知. 陶行知谈教育[M]. 沈阳：辽宁人民出版社，2015：40.

（二）“四有”好老师的精神实质

1. 有理想信念

理想是人们对未来有可能实现的目标的想象，是人生的奋斗目标。理想不同于幻想，也不同于空想和妄想。理想是一种正确的想象，是有可能实现的目标追求。信念，是坚信不疑的想法，对某人或某事信任、有信心或信赖的一种思想状态，是情感、认知和意志的有机统一体。信念较多地表现为理性的概念、判断、推理。理想更侧重于对未来的生活目标，而信念侧重于对某种目标和价值的确信与坚守。

理想信念是好老师的灵魂，在“四有”标准中占核心地位。理想因其远大而为理想，信念因其执着而为信念。教师只有拥有崇高的理想信念，才可能引导学生树立坚定的理想信念，培养学生成为符合新时代要求的优秀人才。

理想信念对人的发展非常重要。它的重要性有以下三点：

（1）理想信念是引领人生前进的灯塔。由于理想信念来自现实又高于现实，因此，理想信念比现实更美好，更令人向往和更值得追求。科学的理想信念犹如照亮人生道路的火炬，就像航行茫茫大海的指南，对人的行为有着指导和定向作用，能够使人们透过层层阴霾而不迷失方向、克服重重困难而不放弃努力。

（2）理想信念是促进人生奋斗的动力。理想信念在人类改造社会、改造自然、改造自身的过程中具有十分强大的能动作用。列宁曾经说过：“重要的是相信道路选择得正确，这种信心能百倍地加强革命毅力和革命热情，有了这样的革命毅力和革命热情就能创造出奇迹来。”理想信念是激励人们向着既定目标奋斗进取的不竭动力。有了崇高的理想信念，人们就会像添足燃料的船舰，迎着激流险滩，劈波斩浪地勇往直前。

（3）理想信念是提高人生境界的保障。没有理想信念，一个人的境界就会失去核心和灵魂。理想信念能对各种社会意识形态产生重大的影响，其中对道德的影响最大和最为直接。一个有着崇高理想信念的人，其道德水平和人生境界也必然崇高。一个真正树立了共产主义理想信念的人，必然会力行“天下为公”和“全心全意为人民服务”的道德要求，达到“先天下之忧而忧，后天下之乐而乐”的高尚境界。

因此，教师增强自身的理想信念非常有必要。一方面自己心中要有国家和民族，要明确意识到肩负的国家使命和社会责任，另一方面还要培养学生正确的理想信念。教师作为传道的主体，不仅自己要坚定“理想信念”，还要在“传”字上下功夫，要研究如何“传”，怎样“传好”。理想信念不仅是教师精神上的钙，也是灵魂之钙，更是每一名学生急需补充的思想之钙，这个钙补得及时、适量，就会让每一名学生坚定理想信念，树立远大理想，立志报效祖国。教师要以理想信念为基，帮助学生筑梦、追梦、圆梦。教师要用自己的行动倡导社会主义核心价值观，用自己的学识、阅历、经验点燃学生对真善美的向往，使社会主义核心价值观润物细无声地浸润学生们的心田、转化为日常行为，增强学生的价值判断能力、价值选择能力、价值塑造能力，引领学生健康成长。

2. 有道德情操

道德情操通常指道德情感和操守的结合。操守是人们日常生活中的品行，职业操守是人们在职业活动中的品行。人们常用王昌龄的诗句“洛阳亲友如相问，一片冰心在玉壶”，来表白自己坚贞的操守和光明磊落的品格。不同社会和时代在道德情操上有不同的内容和要求。“富贵不能淫，贫贱不能移，威武不能屈”是中国古代的一种高尚的道德情操。

教师的道德情操体现在情感和操守两方面：

在情感上，教师要有对所从事职业的忠诚和热爱。好老师应该执着于教书育人。干一行爱一行，好老师就要热爱教育工作，不能把教育岗位仅仅作为一个养家糊口的职业。要有为教育事业奋斗终身的志向，才能在老师这个岗位上干得有滋有味，干出好成绩。如果身在学校却心在商场或心在官场，则在金钱物欲、名利同人格的较量中会把握不住自己，那是当不好老师的。

在操守方面，教师要有“衣带渐宽终不悔，为伊消得人憔悴”的精神，兢兢业业做好工作。应该去除浮躁之气，执着于教书育人，把心放在学生身上，把根扎在三尺讲台。做老师，最好的回报是学生成人成才，桃李满天下。想想无数孩子在自己的教育下学到知识、学会做人、事业有成、生活幸福，那是何等让人舒心、让人骄傲的成就。

“道德情操是在社会实践中培养起来的，培养无产阶级的道德情操，要与私有观念、个人主义思想彻底决裂，要有坚强的革命毅力，要有丰厚的劳动人民的感情。”①

一个道德情操高尚的老师，他的学生也会是道德楷模。反之，老师道德滑坡，学生的思想自然正不了。当下，受西方金钱拜物主义的影响和冲击，个别老师把教书育人当成了赚钱的机器，课堂上留一点知识，课下办补习班，让学生劳累、增加学费，还会带动学生满脑子都是金钱至上。更有甚者，采取多种形式向学生索要钱财，有的每年家人过生日都要请学生家长参加，目的就是份子钱。因此，教师应确立高尚的道德情操，同时要在全社会营造尊师重教的氛围，让教师有尊严，有职业荣誉感。

3. 有扎实学识

扎实的知识功底、过硬的教学能力、勤勉的教学态度、科学的教学方法是老师的基本素质，其中知识是根本基础。学生往往可以原谅老师严厉刻板，但不能原谅老师学识浅薄。“水之积也不厚，则其负大舟也无力。”知识储备不足、视野不够，教学中必然捉襟见肘，更谈不上游刃有余。有教育家说过：“为了使学生获得一点知识的亮光，教师应吸进整个光的海洋。”这就要求老师始终处于学习状态，站在知识发展前沿，刻苦钻研、严谨笃学，不断充实、拓展、提高自己。

在信息时代做好老师，自己所知道的必须大大超过要教给学生的，不仅要有胜任教学的专业知识，还要有广博的通用知识和宽阔的胸怀视野。好老师还应该是智慧型的老师，具备处世、生活、育人的智慧，既授人以鱼，又授人以渔，能够在各个方面给学生以帮助和指导。教师不仅要学习书本的知识，更要加强研究学习课外的知识，不断丰富自己的思想，提高自己的认知能力，这样才能得到学生的尊重，才能得到社会的认可。

---

① 陶铸. 理想，情操，精神生活[M]. 北京：中国青年出版社，1962：112.

4. 有仁爱之心

教育是一门“仁而爱人”的事业，爱是教育的灵魂，没有爱就没有教育。好老师应该是仁师，没有爱心的人不可能成为好老师。高尔基说：“谁爱孩子，孩子就爱谁。只有爱孩子的人，他才可以教育孩子。”教育风格可以各显身手，但爱是永恒的主题。爱心是学生打开知识之门、启迪心智的开始，爱心能够滋润浇开学生美丽的心灵之花。老师的爱，既包括爱岗位、爱学生，也包括爱一切美好的事物。有仁爱之心，这是教师从事的职业所需，体现了和谐育人的导向。孔子曰，仁者，爱人也。教师就是人类社会灵魂的工程师，只有真心诚意地去爱每一名学生，才能成为一名合格的教师。有了爱人之心，才会产生教书育人的动力，否则，只能是应付了事。十年树木，百年树人，教育是百年大计，必须心怀理想，出于爱心，才能坚持社会主义核心价值观，才能涌现出一大批好老师。

仁爱之心是好老师的情怀魅力，仁爱就是以仁心爱人。首先，与学生积极主动沟通。课堂内外利用好新媒体的优势，比如微信群、QQ 群、短视频等深入了解学生，关注学生表达的诉求，为有困难的学生积极寻求帮助，解决学生生活上的困难、思想上的疑虑，拉近与学生的距离，成为学生的知心朋友。其次，尊重欣赏学生。我们常说尊师重教，尊重教师是对教师辛苦付出的认可，更是对知识的敬畏。换个角度来看，学生作为教学活动的主体，也应该被尊重，尊重学生是对教育的传承，更是包含着对祖国未来发展的殷切期待。尊重就是要做到以生为本，师生平等，尊重他们的想法，抱着共同学习进步的态度对待学生和教学，对所有学生一视同仁。教师要耐心地倾听学生的不同看法，包容学生的错误和偏见，欣赏学生的不同优点，鼓励他们多思考多创造，从而不断激发学生的求知欲，促进学生成长进步。最后，常怀一颗善心，以人格情怀影响学生。常怀善心的人格情怀是一种广博宽厚的思想情感，其不仅仅拘泥于对某个学生个体的关怀，也包含赤诚的家国情怀，或是对身边求助者的善意资助，或是对社会热点事件中受难者的人文关怀，又或是对国家前途命运的建言献策，勿以善小而不为。广大青年教师要主动将自己的理想同祖国的前途命运紧密联系在一起，涵养一颗温暖善良之心，感染和引导学生集小善而成大爱，共建美好明天。

但汉国的“生命教育”

但汉国是“生命教育”的忠实实践者。自 1998 年来到重庆江北中学的第一天，他就带着一份感恩的心和教育的激情投入了紧张的工作之中，他担任班主任和两个班的物理教学工作。繁重的工作将他的一天拉成食堂—寝室—办公室的“三点一线”。而长期下来，每到一个学期期末，他的双脚脚底就没有一处是好的，全都是水泡破后的累累老茧。靠着这样的努力，20 年来，他从教师到班主任，再到教科室主任、党委副书记、校长，无论干哪一项具体工作，他都尽心尽力做到最好，只为了当初无怨无悔的选择。

在但汉国的带领下，学校秉承“让师生创造生命的精彩”办学理念，积极推进教育教学改革与学校发展，探索全新人才培养模式，全面提升了教育教学质量。学校“生命教育”办学成果在2012年、2013年，连续两年获得全国和谐德育年会暨学术研讨会优秀成果一等奖。2017年，学校“生命教育”办学成果获得重庆市基础教育教学成果政府奖一等奖。但汉国本人也被评为中国首届“生命教育”形象大使、全国“生命教育”百佳校长。

二、“四个引路人”的精神实质

2016年9月，习近平总书记在北京市八一学校考察时发表重要讲话“努力培养出更多更好的人才”，提出广大教师要做学生的“四个引路人”。这是新时代赋予教师的角色，也是对教师提出的更高要求，应当成为教师专业发展的重要取向。教师成为引路人，生动地阐释了教师的职责所在。

（一）做学生锤炼品格的引路人

少年强则中国强。学生处于品格形成的关键时期，教师要锤炼学生高尚品格，引导学生筑牢理想信念，努力践行社会主义核心价值观，传承中华优秀传统文化。如果学生品格出现问题，就如温室中的花朵，经不起风吹雨打，会直接影响社会未来的发展。值得注意的是，良好品格的形成不是自发的，教师要有意识地采取行之有效的方法为学生品格形成指明方向，提供支持。当然，要锤炼学生品格，首先教师要锤炼自己的品格。

（二）做学生学习知识的引路人

培根说过：“知识像烛光，能照亮一个人，也能照亮无数的人。”教师要成为点亮学生知识火花的人，引导学生发现知识、探索知识、理解知识、运用知识。更重要的是，教师要教会学生学习知识的方法。知识就是力量。要让学生具备扎实的学识，教师自身首先要具备扎实的学识。教师不能只是单向地传道授业解惑，还要引导学生创造性地应用知识、解决问题。

（三）做学生创新思维的引路人

习近平总书记深刻地阐述创新的巨大作用，他说：“唯创新者进，唯创新者强，唯创新者胜。”创新思维，是指因时制宜、知难而进、开拓创新的科学思维。好老师既做学生学习知识的引路人，又做学生创新思维、智慧成长的引路人。具有创新思维的学生，眼界会更开阔，思维会更加敏捷。培养学生创新思维是教师的一项重要任务。“问题是创新的起点，也是创新的动力源。”教师要鼓励学生有创新行为，允许并包容学生在创新时犯错，学会创造性地思考和实践，力争成为创新型人才。一个优秀的老师要敢于让学生超越自己，要能够接受学生提出的新观点、新思想，只有这样才能够培养学生的创新思维。

（四）做学生奉献祖国的引路人

教育学生热爱祖国，是每位教师应尽的教育职责。“做学生奉献祖国的引路人”，就是要求教师教育学生不仅要做一个正常的人，更要做一个对祖国、对社会、对人民有用的人，要有大格局、大视野，不能仅仅为自己思考，要“穷则独善其身”，更要“达则兼济天下”。有国才有家，国家兴旺，民族才会兴旺。教师要做学生奉献祖国的引路人，在老师的教育下，每个学生都有责任感，都有使命感，都有国家的荣誉感，为中华民族伟大复兴而努力学习。

三、“四个相统一”的精神实质

2016 年 12 月，习近平总书记在全国高校思想政治工作会上提出“四个相统一”，这不仅是新时代高校师德师风建设的基本要求，也适用于各级各类学校的其他教师。“四个相统一”为师德师风建设指明了方向。

（一）教书和育人相统一

黄希庭先生说：“学校是培养人才的重要阵地，肩负着传播人类文化、开发人类智慧、塑造人类灵魂的神圣职责。”显然，这一神圣职责离不开教师的辛勤付出。教书育人是教育规律的客观反映，教育的终极目的是育人。教书育人是教师的天职，教书与育人二者密不可分。教师要甘当人梯，甘当铺路石，以人格魅力引导学生心灵，以学术造诣开启学生的智慧之门。教书育人要求教师必须加强师德修炼，同时还要钻研业务，启迪学生。习近平总书记指出，广大教师要静心教书，潜心育人，为学生点亮理想的灯、照亮前行的路，激励学生自觉把个人的理想追求融入国家和民族的事业中，勇做走在时代前列的奋进者、开拓者。

（二）言传和身教相统一

学高为师，身正为范。教师工作天然地具有示范性，与之相对应，学生具有向师性。教师不是单纯的教书匠，其一言一行都会给学生发展之路打下烙印。

言传身教是古已有之的教育方式。言传就是用言语传道授业，身教就是率先垂范、以身作则、为人师表。言传和身教二者有机统一，要做到言传身教，教育者自己首先要明道、信道，努力成为先进思想文化的传播者、党执政的坚定支持者，更好担起学生健康成长指导者和引路人的责任。“其身正，不令而行”，教师要言行一致，身体力行，润物无声，培养时代新人。

（三）潜心问道和关注社会相统一

潜心问道要求教师立足本职，严谨治学，简单地说，就是做好学问。这是教师承载教书育人使命的前提与基础。在这里，“潜心”就是能耐得住寂寞，经得起诱惑，孜孜以求之，不断求真求实；“问道”就是探究事物发展的客观规律以及事物之间的联系。倡导潜心问道绝不意味着坐而论道、闭门造车。“道”从来就不是静态的，随着时代的发展，“道”也在不断发生变化。在这个意义上，“问道”必须关注社会，而不是埋头书斋，与社会割裂开来。此外，教师代表社会开展教书育人工作，更应关注社会、服务社会，实现师生双方个人价值与社会价值的统一。

(四) 学术自由和学术规范相统一

教师是知识的传授者,也应当是研究者。《中华人民共和国教师法》明文规定:教师具有"从事科学研究、学术交流,参加专业的学术团体,在学术活动中充分发表意见"的权利。不只是高校教师需要从事学术研究,其他各级各类学校的教师同样也要以学术武装自己。自由宽松的学术环境是开展学术研究的必要条件。"百花齐放,百家争鸣"是学术自由的生动写照。但是,任何时候都没有绝对的自由,追求学术自由并不表示能够脱离伦理、制度的规约。那种极端的学术自由观在理论上是错误的,实践上是有害的,只能导致学术研究步入歧途,一事无成甚至走向反面。学术自由和学术规范的和谐统一保证了学术研究有序地开展。

思考与练习

1. 案例分析。

全国教书育人楷模杨毛吉,青海省西宁市大通回族土族自治县第二中学教师。她扎根青藏高原教育事业,先后让 6 名困难或问题学生住进家中,给予他们家的温暖、爱的给养,培养他们走进大学校园,被学生称为"杨妈妈""毛吉额娘"。她重视德育,担任省市县各级宣讲组织义务宣讲员,传播社会主义核心价值观。她主持德育工作室,聘请"道德模范"为班级辅导员,开展师德师风和学生品德教育,形成具有大通特色的德育模式。她勇于承担社会责任,为遭受事故、疾病、意外学生筹集治疗费用。

结合本案例谈谈应向杨老师学习什么。

2. 结合个人实际,谈谈怎样才能成为"好老师"。

请扫本章二维码,进入 MOOC 链接或者手机下载 APP:中国大学 MOOC,搜索课程《教师职业道德与教育政策法规》参阅本章不断更新的内容,完成单元测试题。

第三章 教师职业道德规范(上)

教师是人类灵魂的工程师，是青少年学生成长的引路人，中小学教师是否“爱国守法”“爱岗敬业”直接关系到中小学立德树人的成败和亿万青少年的健康成长，关系到国家的前途命运和民族的未来。“关爱学生”是教师职业道德的基本内容，古今中外，概莫能外。关心爱护每一位学生是我国教师职业道德的灵魂所在。关心爱护每位学生，不仅是教师职业道德的外在要求，更应该成为每位教师的内在追求。

1. 了解本章“学习要求”，观看本章“微课视频”；
2. 查阅本章课程资源，参与本章深度学习；
3. 欢迎点击“单元测试”，测一测本章学习效果。

微信扫一扫

- 教师职业道德规范（上）
  - 爱国守法
    - 爱国的内涵
    - 守法的内涵
    - 正确处理爱国中的几对关系
    - 爱国的行为要求
    - 守法的行为要求
  - 爱岗敬业
    - 爱岗敬业的内涵
    - “爱岗敬业”在不同层面的表现
    - 爱岗敬业的具体要求
  - 关爱学生
    - 关爱学生的内涵
    - 关爱学生的具体要求
    - 教师关爱学生的途径

第一节 爱国守法

“爱国”是每一个公民对国家和民族的深厚情感，是一种对国家的高尚情怀。“守法”就是遵守国家的宪法和法律法规。爱国守法是对每个公民的基本要求，也是教师职业的政治伦理要求，它是教师与国家、民族、事业间道德关系的概括。

一、爱国的内涵

爱国是每一个公民都应当自觉履行的责任和义务，是一种高尚的道德情感，也是每个教师的神圣职责和义务。在我国公民的基本道德规范中，摆在首位的是爱国，这充分说明了爱国是每个公民都应履行的首要道德责任。

国家,是人类社会发展到一定阶段的组织形式。有了国家,就有了爱国这个概念。国家是什么呢?较为完整的现代国家概念应该包括以下几方面的解释:① 从地理意义上来说,国家是指地球上的一部分人民长期生活的某一些相对固定的国土(包括领土、领海、领空)。② 从权利意义上来说,国家是地球上的某一些已经确定了所有权和管理权(统治权)的相对固定的区域。③ 从职能意义上来说,国家就是保卫一定区域内人民不受其区域以外势力侵犯与压迫,并保证区域内人民安居乐业,自由、平等、有序地工作、生活的权力机构。一般来说,这个权力机构就是指政府。由以上解释,我们可以发现组成国家的三项基本要素:国土(包括领土、领海、领空),国民(民族或人民),政府(根据国家的性质不同,可以分别被称为统治者、管理者、服务者)。另外,组成国家的次要素还有自然资源(包括江河湖海、高山冰川、动植物、地下矿藏等)、自然风光、基本固定的地理与气候特征、历史文化、政治制度、经济制度、宗教信仰、民俗民性、价值观等。

爱国作为公民的道德责任,反映了个人与国家关系中的行为规范,反映了个人与国家的依存关系。一方面,国家要保护自己公民的合法权益,改善民生,不断为本国公民谋求福利。同时,国家制定法律规则,建立秩序社会,维护社会的公平正义,使她的每个公民不受歧视,不受到不公正对待。在与别国的各种交往活动中,国家会保护本国公民(法人组织、社会团体)的人身、财产等相关利益。另一方面,作为对等的要求,国家也要求本国公民能树立国家利益至上的意识,维护国家的利益,维护和争取祖国的独立、统一、富强和荣誉,并期待公民能为国家做出自己力所能及的贡献,通过日常细小点滴的行为,展现自身的爱国情怀。如在国外旅游期间,时刻注重自己的言行;在日常生活中,节约用水,爱护环境,这些都是对国家的爱护,这就是爱国这种道德的内在逻辑。

因此,爱国不全是宏大的情怀,也不一定要在国家冲突中才能展现,它更多的是体现在对单位的尽职,对社会的尽心,对国家的尽力。当然,在国家冲突的过程中,这种情感会更加强烈,人民会更加团结,同心协力一致对外。

爱国就是热爱自己的国家,就是热爱你"生于斯,长于斯"的国家,热爱你祖祖辈辈生活的国度。列宁曾说:"爱国主义就是千百年来巩固起来的对自己祖国的一种最深厚的感情。"习近平总书记在十八届中央政治局第二十九次集体学习时强调:"爱国主义是中华民族精神的核心。爱国主义精神深深植根于中华民族心中,是中华民族的精神基因,维系着华夏大地上各个民族的团结统一,激励着一代又一代中华儿女为祖国发展繁荣而不懈奋斗。5000 多年来,中华民族之所以能够经受住无数难以想象的风险和考验,始终保持旺盛生命力,生生不息,薪火相传,这同中华民族有深厚悠久的爱国主义传统是密不可分的。"①

弄清楚爱国的概念及其含义之后,我们可以得出为什么要爱国的基本推论:因为国家是生养我们的地方,养育我们祖先的地方;因为国家有我们的亲人、朋友,有我们喜爱的文化传统和民俗风情;因为国家保护我们的安全与幸福,尊重我们的自由与权利;因为国家让我们感到温暖、亲切,充满希望,所以,我们才爱国,由衷地热爱自己的国家。

---

① 《人民日报》(2015 年 12 月 31 日 01 版)

在这种道德逻辑中，隐含一个问题，就是如果国家没有承担起应有的责任，不能保障个人的权益，甚至有对个人的不公平，是否会产生不爱国的思想、情感和行为呢？客观讲，一定程度上会有这种现象。但是爱国主义是一个民族长期凝结起来、积淀起来的对祖国最深厚、最高尚的感情，当情到深处，许多爱国志士，会对国家存在的问题哀其不幸、恨其不争，从而发愤图强，报效祖国。面对个别地方、政府部门与个别人的贪污腐化行为，面对自己受到不公正待遇而以理智的行为、正常的途径表达自己的诉求，相信国家给自己一个公正的说法，这是一种爱国行为。我国历史上无数爱国志士的爱国行为，正是这种情感的真实写照。

个人利益服从祖国利益、民族利益，是爱国主义道德规范最基本的要求。之所以要求个人利益服从祖国利益、民族利益，是因为离开祖国提供的环境，离开国家的长远发展，个人的利益就没有保障。同时也应清醒地看到，在祖国利益、民族利益和个人利益根本一致的前提下，也会由于不同原因产生这样或那样的利益矛盾。爱国主义道德规范要求即使在发生利益矛盾时，也要坚持个人利益服从祖国利益、民族利益。

二、守法的内涵

守法本身就是爱国的体现。法律体系是实现国家长治久安的重要保证，为国家的发展建设提供充分的保障。严格守法，在法律允许的范围内办事，就是对国家稳定做贡献。每一位公民都有合法表达自己爱国热情的权利，前提是不能妨害公共秩序和国家利益，决不能因为个人的自由造成对公共秩序和国家利益的损害。守法主要包括守法主体、守法范围、守法内容等构成要素。

1. 守法主体

守法主体是指在一个国家和社会中应当遵守法律的主体，即守法行为的实施者。按照宪法的规定，在我国，守法主体可以分为以下几类：

(1) 一切国家机关、武装力量、政党、社会团体、企业事业组织。

(2) 中华人民共和国公民。

(3) 在我国领域内的外国组织、外国人和无国籍人。

2. 守法范围

守法的范围，是指守法主体必须遵守的行为规范的种类。在我国，守法的范围主要是各种制定法，包括我国的宪法、法律、行政法规、部门规章、地方性法规、地方政府规章、民族自治地方的自治条例和单行条例、特别行政区法、经济特区的规范性法律文件等。

3. 守法内容

守法的内容包括履行法律义务和行使法律权利，两者密切联系，不可分割，守法是履行法律义务和行使法律权利的有机统一。对教师来说，守法不仅仅是法律层面的要求，而且也是教师个人道德层面的基本要求。公民的基本道德规范，就是要求公民不仅有知法、懂法、遵法的法律意识，还要把法律意识转化为自觉依法行使权利、履行义务的法律行为,使自己的言行举止合乎国家法律的规范;同时,在教育教学实践中,教师要严格遵守《宪法》《教师法》等有关教师、教育的法律法规,使自己的教育教学活动合法、规范,时时事事处处做到依法执教。

如对体罚学生,我国一些法律有明确规定,我国的《未成年人保护法》规定:学校、幼儿园的教职员工应当尊重未成年人人格尊严,不得对未成年人实施体罚、变相体罚或者其他侮辱人格尊严的行为;我国《义务教育法》规定:教师应当尊重学生的人格,不得歧视学生,不得对学生实施体罚、变相体罚或者其他侮辱人格尊严的行为,不得侵犯学生合法权益;我国《教师法》规定:体罚学生,经教育不改的,要给予教师行政处分或者解聘,情节严重,构成犯罪的,依法追究刑事责任。对老师的违法行为,学生或学生家长可以向校领导或者向学校上级机关反映,要求责令老师纠正其错误做法,依法给予处分。

三、正确处理爱国中的几对关系

任何一种爱都是有内容,有指向的。国家不是一个虚拟的物体,而是有着丰富内容的实体。不同的时代,爱国的精神实质是一样的,但内容会有侧重。国家组成要素就应该是爱国的内容。爱国主义并不仅仅是指爱国家的某一项要素,也不是仅仅爱一些自己需要的或喜欢的要素。爱国主义应该是对国家的整体性特质所产生的强烈而持久的感情。对于构成国家基本要素的认识、理解、认同,是人民爱国主义感情的基础。在国家要素中,除了领土、人民、政府、政党这些核心要素之外,还有自然资源、自然风光、地理气候特征、历史文化、政治制度、经济制度、宗教信仰、民俗民性、价值观等次级要素。从爱国主义内涵而言,无论是核心要素还是次级要素,都是不可或缺的。

1. 爱国与爱党

爱国和爱党在中国是一致的。爱中国就要爱中国共产党,爱中国的关键是要爱党。中国共产党凝聚了这个复杂的国家,全面推动了中国的现代化进程,它对中国社会的影响几乎无处不在。

中国共产党促进了中国复兴,扭转了中国自近代以来的颓势,创造了当代最突出的大国经济成就,形成中国几百年来最轰轰烈烈的民生改善运动,中国从一个任列强宰割的软弱国家重新成为世界性强国,且仍在强劲上升的途中。

在绝大多数国家里,爱国都有着天然的正当性,它既是政治的概念,也是道德概念。如今在中国舆论场上针对爱国的含义不断出现争议,一些似是而非的说法甚至歪理邪说不断冒头,这绝不是正常的。这些现象的真实背景是西方操纵的一些人要否定中国共产党执政的合法性,否定国家利益同大众利益的紧密关系。

在当代中国,爱党与爱国本质上是完全一致的。从政党理论上讲,欧美政党本质上明确代表资产阶级内部不同的利益集团。中国共产党的主张与欧美政党理论有本质上的不同,除了中华民族、中国人民的根本利益,中国共产党没有任何特殊利益,更不允许任何共产党员维护代表任何一种特殊利益。中国共产党是中华民族和中国人民利益的集中体现和杰出代表。这是爱国与爱党完全一致的最为根本的理论基础。西方多党制不能代表和实现最广大发展中国家和人民的根本利益。进入 21 世纪后的西方多党制，即使在欧美国家，也日益为资本利益集团所绑架从而逐渐丧失国家治理能力。而中国特色的政党制度，无论在发展经济、扩大民主、完善法治，还是在改善民生、应对危机的国家现代化治理方面，都显示出巨大的优越性。

历史和实践证明：办好中国的事情关键在党。中国人民正是在民族和国家生死存亡的关键时期，认识和选择了中国共产党；在改革开放 40 多年的实践中，中国共产党又以其所开创的中国特色道路，引领中华民族重新崛起。可见，中国共产党是中华民族、中国人民利益最为优秀的杰出代表。

从过去“没有共产党就没有新中国”，到现在“没有共产党就没有中华民族伟大复兴”，中国公民爱国就要爱党，反党就是祸害中国；爱党与否，是每个中国人是否真爱国的主要衡量标准。西方一些媒体出于政治目的，不断鼓噪把爱国和爱党对立起来，用国家、政府和党这些概念编出各种绕口令一样的东西，欺骗、搞晕了一些人，尤其是在党领导国家进入改革深水区的时候，这种行为的危害更大。它是利用西方政治材料做成的射向中国爱国主义的一支毒箭。我们一定要高度警惕。

2. 爱国与爱人民

不管一个人爱国家的哪一项、哪一些要素，如果没有人民（或者称之为民众、国民、公民、老百姓），这样的爱国主义是没有灵魂的，是片面的、肤浅的，甚至是势利的。人民是国家的主体和根本，没有人民，国土没有意义，政府不可能存在；人民是国家要素中的第一要素，是国家进步发展的动力。所以，爱人民才是最大的爱国，爱人民才是真正的爱国，爱人民才是爱国主义的核心要义。一般说来，我们爱一个国家的要素越多，对这个国家也就爱得越深、越久，然而，如果爱国主义最终不能把爱落实到普通民众身上，那么这种爱国主义有什么意义呢？

对于个人而言，爱国主义首先应该爱这个国家的人民，对于政府或国家政权以及国家管理者而言，爱国主义更应该是爱人民，其爱国主义的核心要义就是爱人民，就是要给予人民安全、幸福、利益。也就是说，没有人民内涵和人民利益的爱国主义是虚伪的，是一种欺骗，是无法凝聚人民爱国热情的。毛泽东同志是把爱国与爱人民有机统一的坚定捍卫者，由他领导建立的社会主义制度，就是社会主义大家庭人民当家作主的制度，是把为人民谋福祉作为党和国家决策出发点和归宿的制度。从领导角度实现爱祖国与爱人民的辩证统一，一个至关重要的任务，就是必须使做出的包括改革在内的决策决定，都必须符合国家和人民的普遍性利益。从担负领导职务和实施科学领导的意义上讲，只有符合绝对多数人的普遍性利益，而不是只符合极少数人的特殊利益，才是区分真假爱国与爱民的分水岭和试金石。

3. 爱国与爱社会主义的关系

我国爱国主义始终围绕着实现民族富强、人民幸福而发展，最终汇流于中国特色社会主义。祖国的命运和党的命运、社会主义的命运是密不可分的。只有坚持爱国和爱党、爱社会主义相统一，爱国主义才是鲜活的、真实的，这是当代中国爱国主义精神最重

要的体现。坚持爱国主义与社会主义的高度统一,需要从以下几方面提高认识:

爱国主义情感不是天上掉下来的,而是人们在社会生活实践中对祖国、对社会主义制度不断深入认识的结果。继续深化对我国历史和国情的认识,尤其是加深对改革开放 40 多年伟大历史进程的认识,进一步体会到我们祖国的伟大,体会到社会主义制度的无比优越性,从而进一步增强民族自尊心、自信心和自豪感,树立爱国主义与社会主义相统一的思想情感。

时刻心系民族命运、心系国家发展、心系人民福祉。这是爱国主义与社会主义相统一的基础与前提。只有不断提升自己的思想境界,满怀"以天下为己任"的赤诚,把个人的命运与民族、社会的命运结合起来,看到它们之间的联系和一致性,进而养成识大体、顾大局的胸襟,才能做到心系国家命运和民族福祉。

进一步坚定跟党走中国特色社会主义道路、实现中华民族伟大复兴的信念。这是爱国主义与社会主义相统一的核心和关键。中国特色社会主义道路是党领导人民经过几十年探索奋斗找到的一条中国真正的复兴之路、强国之路。爱国主义与社会主义相统一,必须统一在这里。走中国特色社会主义道路,实现中华民族伟大复兴,这是我们的奋进方向。

爱自己的国家,建设和发展中国特色社会主义。这是坚持爱国主义与社会主义相统一的落脚点。坚持爱国主义与社会主义相统一,不能仅停留在口头上,而应变成实际行动。要不断提高社会责任感和历史使命感,从我做起,从实际工作做起,脚踏实地,真抓实干,把个人的成长进步融入推动国家发展、民族振兴的时代洪流中去。

4. 爱国主义与国际主义

国际主义是指一个国家及其国民要坚持国际团结的根本观点,它的基础是全世界各国人民具有共同的利益和奋斗目标。国际主义要求各国在独立自主的前提下,在马克思主义基本原理的基础上联合起来,各国劳动人民在反对霸权主义,反对剥削和压迫,争取民族解放,建设自己国家的过程中,相互支持,相互援助。

无产阶级的国际主义和爱国主义是相统一的。无产阶级的爱国主义是从本国人民和世界各族人民共同的根本利益出发的。离开了对祖国的爱戴,就谈不上实行国际主义;离开了祖国的独立富强,也不能很好地履行和坚持国际主义义务。离开国际主义的爱国主义,是不彻底、不完整的;离开爱国主义的国际主义,是空洞的、没有根基的。

践行国际主义是各国无产阶级应尽的义务。无论哪个国家和民族的无产阶级,都肩负着消灭剥削制度,建设社会主义,实现共产主义的历史使命。无产阶级只有解放了全人类,才能最后解放自己;只有坚持国际主义,才能实现共产主义;只有全世界无产者联合起来,才能取得最后胜利。

毛泽东同志在《纪念白求恩》一文中,对爱国主义和国际主义有一段论述:"我们要和一切资本主义国家的无产阶级联合起来,要和日本的、英国的、美国的、德国的、意大利的以及一切资本主义国家的无产阶级联合起来,才能打倒帝国主义,解放我们的民族和人民,解放世界的民族和人民。这就是我们的国际主义,这就是我们用以反对狭隘民族主义和狭隘爱国主义的国际主义。”①

5. 爱国主义与民族主义

可以从心理和政治两个层面来界定民族主义。在心理上，民族主义是一种心理状态。这种心理状态，或是一个民族的民族性；或是对于民族利益、民族独立与民族统一的信仰或主张；或是一种爱国心和民族自豪感。在政治上，民族主义是一个民族追求建立自己的国家的政治运动。政治上的民族主义是最具有爆炸性的一种政治哲学，也是当代世界上一个强有力的政治力量。它和爱国心结合，便可能成为宗教性的“民族主义”。政治上的民族主义是一把双刃剑，它曾唤醒了被压迫民族要求解放和独立的意识，也引起过军国主义、帝国主义、种族优越主义及战争等罪恶。在历史上，不同的政治制度和意识形态都曾经利用过民族主义。

理性的爱国主义者，都是认同本民族，热爱本民族，反对狭隘的民族主义的。那些只认为本民族是最优秀的，其他民族都是落后的，如种族主义、法西斯军国主义；孤立不与其他民族交往，闭关锁国的民族主义；幻想自己民族统治世界，其他民族臣服的幻想式的民族主义等，都是狭隘的民族主义。

另外还有一种正确的民族主义，就是争取自己民族的权利，同时也承认其他民族也有相应的权利，承认民族之间的矛盾，同时也积极解决矛盾，不将责任推给别人、将权利留给自己，这是具有国际主义精神的民族主义。

在每个国家中，各种形式的民族主义都会存在，这反映了社会意识形态的丰富多样性。当代科学技术高速发展，信息交流迅速与频繁，以往不发达时代形成的民族之间、人与人之间的鸿沟将日益缩小。然而客观现实并不以个人的良好愿望为转移，人类目前只能站在民族主义立场上来解决民族国家之间的纠纷，这是客观现实的需要，不是理想和良心的需要。我们必须在民族主义中引入国际主义的精神，在看清人类的前途、尊重历史的规律的前提下，推动民族与国家之间的和谐发展。如果我们没法看清这些问题，至少我们要充分谨慎，保持一定的清醒和理智的反思。我们决不可用狭隘的民族主义去对抗狭隘的民族主义，也不可用没有原则的国际主义去满足狭隘民族主义的要求，这两者都不是正确的办法。

［推荐阅读］

➢ 扫描本章二维码，了解“习近平总书记关于新时代爱国主义的论述”。

四、爱国的行为要求

爱国主义经常依靠各种形式的行为来表达。爱国的道德行为有多种类型，有人把爱国的行为分为：个人爱国主义、官方爱国主义、符号爱国主义、对他国的爱国主义。个

① 《纪念白求恩》(1939 年 12 月 21 日)，《毛泽东选集》第二卷，第 653 页.

人爱国主义是一种建立在自我对国家认识基础上的感性、自愿的爱国主义。这种类型的爱国者有着某种确定的爱国观,如对国旗保持尊敬,爱戴领袖等。不仅如此,他们坚持认为,所有的公民,都应该具有与其本人相同的爱国观,而不允许有例外。

官方爱国主义,即政府倡导的爱国主义一般有高度象征化和仪式化的内容。这些内容的陈述对爱国主义的推行有着逻辑性的关联,它是国家自身的逻辑推论。如国家纪念碑、阵亡将士纪念日、伟人/历史事件纪念节等都是典型的例子。政府可能会出于各种原因,发动一些爱国主义运动,来提升公民对国家与国家标志物的认同。官方爱国主义通常有着严格的仪式,比如对升降国旗的规定、致敬礼和忠诚的形式。

符号爱国主义极度依赖于一些符号行为,如升国旗、唱国歌、举办大型国家庆典。也有个人的一些符号行为,如在车驾上贴上爱国的标签、身体上画国旗图案等来表达对国家的忠诚。在战时,符号爱国主义常用于提升士气,增加战时的努力。而在和平时期,更多是表现于日常细小的行为中,例如,重大活动中向国旗致礼、唱国歌的行为,在与外宾交往中的不卑不亢,在国外学习、工作、旅游时的文明言行都是爱国的行为。

对他国的爱国主义。有人出于对他国的国家理念的认同,或情感的转移等原因而坚定地热爱别国,这就是对他国的爱国主义。历史上的确有一些人为了他国而战斗,如西欧人菲荷里尼——拜伦爵士为了希腊独立而战斗,可以认为他就是希腊的爱国者。

(一) 作为教师应做到的爱国要求

1. 要有坚定的政治方向

1978 年 4 月 22 日,邓小平在全国教育工作大会上坚定地说:“毫无疑问,学校应该永远把坚定正确的政治方向放在第一位。”政治方向是学校工作的灵魂,学校把坚定正确的政治方向放在第一位。“讲政治”包括有明确的政治方向和政治观点、坚定的政治立场、高度的政治敏锐性和严明的政治纪律及政治鉴别能力。在新时代,表现为明确的社会主义政治方向,马克思主义的世界观、人生观、价值观及共产主义理想和较系统的习近平新时代中国特色社会主义思想。这不仅是对教师的政治要求,同时也是教师应具备的最基本的素质。教师是人类灵魂的铸造师,应该站在时代的高度去“讲政治”,时刻保持清醒的政治头脑。只有具备坚定的政治信仰、崇高的政治理想,始终牢记自己的使命与责任,胸怀大局,才能肩负起党和人民赋予的重托,教书育人。

2. 要传播优秀文化

热爱中华优秀传统文化与爱国是密不可分的。中华文化主要包括“中华优秀传统文化”“革命文化”和“社会主义先进文化”。中华优秀传统文化是中华民族赖以生存的精神支柱,也是我们民族意识和民族精神的光辉体现,更是民族凝聚力和国家认同的主要依据。要使中华优秀传统文化贯通古今,既承载历史、承接历史、传承历史,又连接现实、服务现实、指导现实、开拓未来。

中国社会正处于向着实现中华民族伟大复兴的中国梦的宏巨目标的行进途中,这一行进过程以及目标的实现需要一种来自历史深处的文化精神予以有力的支持与驱动,让优秀传统文化成为滋养我们文化自信心的源泉之一。弘扬中华优秀传统文化、建设中华民族共有精神家园要成为每个中华儿女的共识。人类社会发展史告诉我们,文化是人类生存方式的反映和人类生存智慧的结晶,是经济发展、政治文明、社会进步在观念形态上的反映。它源于人类的社会生活,又反作用于人们的政治和经济生活。任何一个民族、国家或群体,都有属于自身的文化,它包括大家共同认可和信奉的价值观念、行为规范、道德情操以及理想追求等。所有这些对于社会生活、人的素质和精神面貌具有导向和塑造的功能,预示着社会发展的各种可能。在某种意义上,文化制约着人类的发展,规定着人类的思维方式和行为模式。不过,文化有先进、落后、腐朽反动之分,先进文化对社会进步起促进作用,落后、腐朽、反动的文化对人类发展起阻碍作用。值得注意的是,文化这种能动的影响作用,是通过塑造人的情操、提高人的素质来实现的。所以,培养人、教育人的学校在代表中国先进文化的发展方向上,被赋予了特殊的任务。

党和国家高度重视中华优秀文化的传承与弘扬。2016 年春节前夕,中共中央办公厅、国务院办公厅印发了《关于实施中华优秀传统文化传承发展工程的意见》。习近平总书记也多次深刻阐发了传承弘扬中华优秀传统文化在今天的重要意义,他认为:“中华优秀传统文化是中华民族的精神命脉,是涵养社会主义核心价值观的重要源泉,也是我们在世界文化激荡中站稳脚跟的坚实根基。”①他还指出“古诗文经典已融入中华民族的血脉,成了我们的基因。我们现在一说话就蹦出来的那些东西,都是小时候记下的。语文课应该学古诗文经典,把中华优秀传统文化不断传承下去。”习近平总书记在党的十九大报告中指出:“中国特色社会主义文化,源自于中华民族五千多年文明历史所孕育的中华优秀传统文化,熔铸于党领导人民在革命、建设、改革中创造的革命文化和社会主义先进文化,植根于中国特色社会主义伟大实践。”党的十九大报告中有一部分专门谈到要坚定文化自信,推动社会主义文化繁荣兴盛。习近平总书记强调:“我们要坚持道路自信、理论自信、制度自信,最根本的还有一个文化自信。”“文化自信,是更基础、更广泛、更深厚的自信。”

中华优秀传统文化是中国文化的“根”和“魂”,是“中国人民在修齐治平、尊时守位、知常达变、开物成务、建功立业过程中逐渐形成的有别于其他民族的独特标志”。作为中华文明的传承人,学生理应传承优秀的传统文化精神,保存中华传统文化的特质,并通过学习现代科学技术和融合国内外先进文化体系创新传统文化,发展及赋予传统文化“和”的内涵。作为“教书育人”之人,开展中华民族优秀传统文化教育,教师更要先行。

传承中华优秀传统文化,教师要建立文化自信,推陈出新。“为什么中华民族能够在几千年的历史长河中顽强生存和不断发展呢? 很重要的一个原因,是我们民族有一脉相承的精神追求、精神特质、精神脉络。”更为重要的是,中华民族的优秀传统文化在今天和未来仍然具有永恒的生命力。弘扬中华优秀传统文化,不是复古,不是盲目排

---

① 习近平与中华优秀传统文化 人民网 http://theory.people.com.cn/n1/2017/1221/c40531-29721761-2.html.

外,而是要辩证取舍,推陈出新,摒弃消极因素,继承积极思想。只有这样,才能建立真正的文化自信,才能与时俱进,推陈出新。因此教师要带头践行社会主义核心价值观,弘扬真善美,传递正能量。

3. 要把爱教育与爱国统一起来

自身爱国只是尽了一个公民的责任,作为教师,应当在教育教学实践过程中,积极实施和倡导爱国主义教育,让学生充分认识到热爱祖国、奉献祖国和建设美好国家的重要性,要把自己的爱国情怀传递给他的学生。

要不断从爱国主义情怀中汲取力量,爱国主义是一种精神支柱,是一种动力源泉。一个教师只有爱祖国,才能把个人的命运同国家前途和命运统一起来,才能充分认识到祖国的存在和发展是个人存在和发展的前提,祖国的命运和个人的命运有着血肉一般不可分割的关系。人有地域和信仰的差别,但报效祖国不受限制。科学没有国界,但科学家有祖国。因此,教师必须自觉地与祖国同呼吸,共命运,把祖国的利益、党的利益、人民的利益看成高于一切,重于一切,把教育事业看成祖国社会主义事业的一部分,甘愿为此奋斗一生;要深刻地认识到自己的工作是和祖国的未来发展、国家的繁荣昌盛联系在一起的,自己日常平凡的工作不是简单的上课、下课、批改作业,而是像陶行知那样把教育事业当作"一大事来",为一大事来,做一大事去,有了这种认识,才能自觉担负起这份责任和接受这样一种重托。

陶行知的爱国爱教追求①

1917 年秋,陶行知在哥伦比亚大学师范学院毕业之后,怀着"要使全中国人民都受到教育"的理想,回到了阔别三年的祖国,投身于祖国的教育事业,通过教育提高国民的素质,建立民主共和国。以教育救国、教育建国、教育治国为途径,实现民主共和国。

陶行知的理想是和祖国的未来结合起来的,所以他为着崇高理想锲而不舍、呕心沥血、矢志不渝,无怨无悔。他自愿放弃优越的生活,率领青年在老山一片蔓草遍野、荆棘丛生的荒凉之地艰苦创业,开辟新教育基地,创建晓庄师范,一直为实现自己的理想而努力。他当时的处境不仅异常艰苦而且还充满危险。抗战胜利后,他到上海,当时国家内战危机迫在眉睫,他身处逆境,时有遭暗杀的危险,却对中国前途抱着乐观的希望,对自己的理想毫不动摇,仍"要在上海创办社会大学、函授大学、新闻大学、无线电大学、海上大学、空中大学,让整个上海,都变成学校,让上海 500 万市民都能得到受教育和再受教育的机会",真是矢志不渝。

陶行知自觉选择教育专业,放弃政治专业,与其共和国实现之途径——教育救国、教育建国、教育治国的社会观念不无关系。他不想跻身政界,选择教育为自己的立命之所,安身之处。陶行知的理想是建立民主共和国,途径就是通过教育提高国民的素质。

① 余子侠.山乡社会走出的人民教育家:陶行知[M].武汉:湖北教育出版社,1999.

要树立为祖国教育事业而献身的崇高理想。一位教师只有认识到、体验到自己所从事的工作的崇高，意识到自己肩上担负着祖国和民族的未来，从而树立献身教育的坚定信念，才能做到言行一致；不论遇到什么困难，都处处为事业着想，一切无私地献给他所爱的工作和学生，不为名，不为利，不计较个人得失，一心扑在教育工作上；把培育祖国的下一代当成自己义不容辞的天职，忠于职守，埋头苦干，为国尽力，为民造福，呕心沥血，矢志不渝地为培养一代新人而默默奉献自己的一生。

在教育教学当中加强对学生的爱国主义教育。这是教师的神圣使命，同时也是教育功能的体现，教育的重要功能就是培养现代化建设的合格人才。试想，一个不热爱自己祖国的人，怎么谈得上为国家民族的繁荣富强贡献自己的力量呢？因此，爱国主义教育须臾不可忽视，热爱祖国不仅表现在热爱自己生活的地域、疆土，而且要关心国家的前途和祖国的命运；不仅表现在对祖国的深厚情感，更表现为民族自尊、自信、自强的精神，更要体现在为祖国的繁荣富强而努力奋斗的行动上。正如苏霍姆林斯基所说的："对祖国的忠诚要靠忠诚地为祖国服务来培养。"陶行知为了人民教育事业，他不仅置自己的名誉、地位于不顾，甚至置身家性命于不惜。为了人民的幸福，祖国的强盛，他无怨无悔。爱国教育，不只是一句挂在口头上的空话，必须落实到我们的实际行动中来。

（二）教师作为一个公民应做到的爱国要求

爱国是每一个公民应有的行为，每一个公民都应该有民族自尊心，自豪感，爱国的行为也体现在自己的日常生活中。爱国的内容十分广泛，如热爱祖国的山河，热爱民族的历史，关心祖国的命运。爱国是一种凝聚力，当冰灾、地震等灾害来临时，中国人牢牢地团结在一起，这就是爱国。爱国是一种态度，爱国是一种理性，爱国不是泄愤，爱国是让自己的国家变得更好，不是去伤害自己的同胞，等等。具体要做到以下几点：

1. 拥护政府的外交行动，保守国家机密

国际政治是一个非常复杂的问题，它涉及政治、经济、精神、文明、国力等。主权必争，人民群众在此发挥的力量就是坚定不移地拥护政府的外交行动。毕竟，和平与发展才是这个时代的主题，那个战火纷飞的岁月，我们都不想再看到。国家秘密关系国家安全和利益，它是依照法定程序确定，在一定时间内只限一定范围的人员知悉的事项。我国《宪法》规定：中华人民共和国公民必须遵守宪法和法律，保守国家秘密。中华人民共和国公民有维护祖国的安全、荣誉和利益的义务，不得有损害祖国的安全、荣誉和利益的行为。《中华人民共和国保守国家秘密法》规定：一切国家机关、武装力量、政党、社会团体、企业事业单位和公民都有保守国家秘密的义务。这就是说，凡是中华人民共和国的公民，根据我国宪法和法律的规定，在享有公民的权利的同时，必须承担公民的义务。保守国家秘密，关系到国家的安全和利益，关系到社会的稳定，关系到改革开放和经济建设的顺利进行。因此，保守国家秘密是每个公民应尽的义务。

2. 维护国家形象

近年来，随着我国经济的迅速崛起，中国在国际社会的影响力不断扩大，国家形象

的重要性也愈益凸显。但也有少数人做出了一些有损国家形象的事情。如，世界著名旅游胜地清迈曾拒绝过中国游客；新加坡曾出现过“应将中国人赶出新加坡”的声浪；法国某时尚品牌酒店声称不欢迎中国人；一些外国酒店的自助餐不接待中国游客等，这些都对我国的国家形象造成了不良影响。因此，国家形象的建立取决于公民在细节上一点一点的积累、集聚与提升。爱国，是一种责任，无论做什么事，都要有责任感。比如最简单的，如果看到街道脏了，顺手把垃圾捡起来丢进垃圾桶，那么街道还会继续脏下去吗？所以，遵守公德，不乱丢垃圾，不随地吐痰，不破坏公物，看到有公物损坏主动修理或者主动通知相关部门修理，节约用水用电，人走关灯，主动关闭滴水的水龙头等，这些不起眼的小事其实都是爱国行为。

3. 遵守国家法律

爱国要以守法为前提，要正确理性的表达爱国热情。离开了法律，国家就会乱套，要理性爱国，千万不要让爱国行动蒙羞。由于日本不肯正视历史、反省历史，并不断在参拜“靖国神社”问题、历史教科书问题上惹怒中国和亚洲人民，青年人通过不买日货、网上抗议等行动来表达对日本错误行为的不满，这是爱国情绪的释放，但在表达爱国情感的同时应尊重公民的财产权，例如国人买卖日货是他们个人的权利，他们手上的日货是受法律保护的私人财产。爱国需要表达，有“洋装虽然穿在身，我心依然是中国心”的默念式爱国，也有在法律许可范围之内的爱国情绪表达。

4. 对政府的不当行为提出批评建议，督促其改革

政府职能在实际运行过程中，会因人为的各种因素而出现一些偏差，并因为制订计划过程中受到各种主客观条件的限制，而出现许多不足，这些都需要有人来指出，这就是公民的责任，这种责任的驱动就是爱国心。我国《宪法》第四十一条规定：“中华人民共和国公民对于任何国家机关和国家工作人员，有提出批评和建议的权利；对于任何国家机关和国家工作人员的违法失职行为，有向有关国家机关提出申诉、控告或者检举的权利。”在我国社会中，参政议政是公民一种权利，是被法律用一系列的手段和方式确定下来的。公民可通过法定程序来完成督促工作；可通过口头、提议和媒体等渠道把他们对政府的看法和发现的问题向政府指明，但不得捏造或者歪曲事实进行诬告陷害。

5. 参加选举

选举权和被选举权是公民的基本政治权利之一。选举权是公民选举国家代表机关的代表与其他公职人员的权利。被选举权则是公民被选任为国家代表机关的代表或其他公职人员的权利。这是公民爱国的最直接的表现形式。我国宪法规定，国家的一切权力属于人民。人民行使权力的途径有两条，一是通过是全国人民代表大会和地方各级人民代表大会行使当家作主的权力；二是人民依照法律规定，通过各种途径和形式，管理国家事务，管理经济和文化事业，管理社会事务。其中，第二种途径就包括直接民主的方式，即公民直接行使自己的各项民主权利，管理各项事务。而通过全国人民代表大会和地方各级人民代表大会行使权力的方式，是间接民主，即公民必须先选举产生自己的代表组成各级权力机关，再由各级权力机关代替公民去行使当家作主的权利，公民

的选举权和被选举权就是实现这种间接民主的必经程序。公民的选举权和被选举权涉及的范围就包括三个方面：一是直接选举产生或者被选举成为县乡两级人大代表的权利；二是间接选举产生或者被选举成为设区的市、自治州以上各级人大代表的权利；三是通过人民代表大会选举或者被选举成为国家公职人员的权利。建立一个好的政府是每一个公民所期望的，参加选举是建立一个有效政府的必由之路。一方面选举能够表达每一个人的意愿，另一方面竞选方式能够选出最优秀的管理者。选出最优秀的管理者，这是建立好的政府，并使这个政府把国家建设得更好的保障和前提。

6. 做好本职工作，用自己的点滴行为报效国家

做好本职工作，建设好国家是表达爱国热情的最好方式。扎实做好自己的本职工作，发奋图强，把我们的国家发展好、建设好，这就是最好的爱国。一些发达国家在技术上对我国进行封锁或用技术优势欺压我们，我们只有用自己辛勤劳动，创造更多更好的中国制造，展示更好的国家形象，把本职工作做得更精细，实现自我的报国责任。

五、守法的行为要求

改革开放以来，我国在教育法制化建设方面取得了巨大的成绩，颁布实施了《义务教育法》《未成年人保护法》《教师法》和《教育法》等一系列与教育、教师、学生等有关的法律法规，其中大多数都涉及教师的行为规范问题，《教师法》中更是对教师的职业资格、权利和义务等做了十分详细的规定。所有此类的法律法规非同儿戏，需要教师认真学习和领会其精神实质，依法执教，按章办事。因此，教师的教育教学活动，一定要合法、规范、严谨，要用相关的法律法规来指导自己的教育教学实践。守法就是要做到学法、知法；守法；用法；坚守道德底线与法律底线。

（一）学法、知法

教师要模范地遵守国家《宪法》和其他一切法律、法规，首先就要学法、知法，其中尤其是要认真学习有关教育、教师和未成年人保护等方面的法律法规。通过学习了解哪些是可以促进教师更好地行使权利和履行义务的，哪些是需要认真遵守以实现教育目标并促进学生健康成长的。广大中小学教师要认真学习、深刻理解、坚决贯彻教育法律法规，在合法维护教师自身权益的同时严格“依法执教”。学法才能知法，才能增强法律法制意识；知法才能守法，要遵守单位、行业纪律和规范，要遵守劳动纪律、遵守财经纪律、遵守保密纪律、遵守组织纪律，做个文明公民。

（二）守法、用法

教师职业的神圣性、示范性，要求教师成为守法的楷模，进而对受教育者的守法行为产生潜移默化的影响，实现全体国民法律素质的提升，为建设社会主义法治国家奠定基础。对于教师来说，除了遵守我国各类法律法规，还需要“依法执教”。从某种意义上来说，教师的教育教学活动，实际上就是在“执法”。既然是“执法”，就要求教师从教育的方法到手段都符合相关法律的规定。在日常教育教学过程中，经常会发生教师在不

知不觉中出现了一些违法的行为。例如截留学生的信件、偷看学生的日记,为应付上级检查或评奖评优而弄虚作假,公开学生成绩并张贴红榜白榜,大量代订复习资料并收取回扣,等等。我国教育法和教师法都规定,教师的行为选择如果不符合法律,就要承担法律责任,受到法律制裁。作为人类灵魂的工程师,教育工作者们需要不断学法、知法、守法和不违法,争做模范教师。

(三) 坚守道德底线与法律底线

具体讲,教师不得有以下行为:

1. 不得在教育教学活动中及其他场合有损害党中央权威、违背党的路线方针政策的言行

世界上任何国家对教师在课堂的言论都是有一定限制的。即便在所谓高度民主自由的美国,也有同样的规定,在政治思想方面的硬性规定更为突出,如对政治科目的教学计划中就规定“资本主义制度优越性的教育、国民精神教育、反共产主义教育”等,其政治浓厚程度可见一斑。对从事思想政治教育工作方面的校长、教师、督学等进行招聘选拔时,都有严格的政治道德要求。同样,在德国,教师有自己的各种权利,但“政治正确”仍是德国对教师要求的一项重要内容;法律规定:教师在课堂上不能有侮辱国家、歪曲历史的言论,也不能把自己的政治观点强加给学生。因此,要坚持正确的政治方向,必须提高教师政治思想水平,要使他们真正认识到自己的工作关系到党的事业、我们国家的前途和命运。决不允许在课堂出现各种攻击诽谤党的领导,损害党的形象、党的权威,抹黑社会主义的言论;决不允许在课堂上出现歪曲党的路线方针,违反宪法和法律的言论;决不允许教师在课堂上发牢骚、泄怨气,把各种不良情绪传导给学生。

2. 不得损害国家利益、社会公共利益,或违背社会公序良俗

一般认为,国家利益是指满足或者能够满足以国家生存发展为基础的各方面需要并且对国家在整体上具有好处的利益。社会公共利益是指特定范围的广大公民所能享受的利益。我国《民法典》明确规定:民事活动应当尊重社会公德,不得损害社会公共利益。民事主体不得滥用民事权利损害国家利益、社会公共利益或者他人合法权益。

公序良俗,即公共秩序与善良风俗的简称。所谓公序,即社会一般利益,包括国家利益、社会经济秩序和社会公共利益。所谓良俗,即一般道德观念或良好道德风尚,包括社会公德、商业道德和社会良好风尚。我国民法虽然未采纳公共秩序和善良风俗的概念,但是确立了社会公共利益的概念,如违反社会公共利益的合同应当确认为无效。

社会公德是全体公民在社会交往和公共生活中应该遵循的行为准则,涵盖了人与人、人与社会、人与自然之间的关系。教师职业道德是教师在教育教学活动中应该遵循的行为准则,是随着现代社会分工的发展和专业程度的增强,有社会公德发展而来的。教师,首先是社会的一员,首先应遵守社会公德。其次是从事教师职业的人,应该遵从教师职业道德,教师职业道德是对教师的特别要求,是教师有别于其他人的重要方面。在教师职业道德中,也明显地包含着社会公德的内容,社会公德是教师职业道德的重要组成部分。

3. 不得通过课堂、论坛、讲座、信息网络及其他渠道发表、转发错误观点，或编造散布虚假信息、不良信息

有个别教师以言论自由为幌子，或搞自我标榜，耽于夸夸其谈，不切实际地吹捧自己；或夹带个人私怨，在课堂上公开贬低其他老师，甚至披露他人个人隐私；或滥用“教学自由”，讲一些不当言论。还有个别教师在教学过程中言语粗鲁，忽视自身作为教师担负着对学生起到言传身教的重要职责，运用粗俗、低级、反动言语对社会现象及他人进行随意抨击；在课堂上对学生缺乏耐心，学生稍有言语不顺，就恶语相向。中小学生是最容易被挑唆撩拨的群体，他们涉世未深，缺乏足够的辨别是非能力。教师的不当言论一旦被学生听从，很容易误导学生们形成错误的思想或做出一些错误的事情。

中小学教师是人类灵魂的工程师，教师的思想意识对学生的“社会认知”“国家认知”都有非常大的影响。教师如同园丁，是灌溉、养护“花朵”的“知识之泉”，又如同染色剂一样，会在学生身上留下明显的印迹。错误的观点，虚假信息、不良信息一旦肆意传播，低俗、颓废、暴力的种子会在学生群体中生根发芽。所以说，教师“言论”必须上个“紧箍咒”，必须加把“安全锁”。

第二节 爱岗敬业

一、爱岗敬业的内涵

古今中外各种职业都有各自不同的行业规范和责任，但是各行各业对爱岗敬业都有要求，可以说，爱岗敬业是各种职业道德、文化传统中的共同要求。爱因斯坦曾经说过：“我认为，对于一切来说，只有热爱才是最好的老师，他远远超过责任感。”一个人不论从事什么行业，首先必须热爱自己的职业，只有这样他才会全心全意地投入。

爱岗敬业就是人要对自己所从事的职业具有敬重的情感，并恪尽职守，通过履行自己的岗位职责来践行自己的社会义务。爱岗敬业是社会主义核心价值观的重要内容，是社会主义职业道德一切基本规范的基础。

爱岗，就是热爱自己的工作岗位，热爱本职工作，是指教育工作者以正确的态度对待教育事业和教师这个工作岗位，努力培养热爱自己所从事的工作的幸福感、荣誉感。它体现的是一个人对自己的本职工作所产生的一种热爱情绪和高度负责的工作态度。没有爱就没有教育，没有责任就难以做好教育工作；教师热爱教育事业的具体体现就是热爱教师这份工作，在教育教学过程中处处关爱学生。

敬业，是指教师对国家教育发展和学生成长的使命感和责任感。它表现在具体工作上就是指教师用一种严肃的态度对待自己的工作，勤勤恳恳、兢兢业业，忠于职守，尽职尽责,对学生热情关怀、尽心尽力。孔子称之为“执事敬”,朱熹解释其为“专心致志,以事其业”。

爱岗敬业是贯穿各种具体的职业道德的一般要求。职业道德具有鲜明的职业性和历史性,不同的职业有着相应不同的职业道德要求,不同的历史阶段职业道德也打上不同时代的烙印,但是,爱岗敬业无疑是其共同性的要求。中华民族历来将忠于职守、敬业乐业作为职业道德的基本原则。敬业体现着人们对职业的独特理解和从事职业的高尚境界。在一个有道德的人那里,职业不仅是谋生的手段,它更是作为特定的社会成员所承担的社会责任;从事职业不仅是做事,也是在做人,要在职业中成事、成业、成人。从这个意义上讲,爱岗敬业不仅仅是一种道德原则,更是一种道德精神。

爱岗敬业能够把内在的价值转化为外在的行为,因此,爱岗敬业体现了道德行为在意愿与目的方面的特征。爱岗敬业的价值也体现为一种道德他律向道德自律的提升,仅有他律还不是敬业,只有由他律上升为自律,才是爱岗敬业的本质。事业既是个人的理想所在,也是民族梦想的依托,是个人价值与民族价值的结合,这是爱岗敬业的目的性特征。

二、“爱岗敬业”在不同层面的表现

20 世纪 20 年代,梁启超先生对上海中华职业学校的师生所做的“敬业与乐业”的演讲,全面地阐释了敬业的内涵,他认为敬业就是——① 有业之必要:人人都要有职业,因为必先有业,才有可敬可乐的主体。人人都要有正当职业,人人都要不断地劳作。② 敬的含义:凡做一件事,必忠于一件事,将全副精力集中到这件事上头,一点不旁骛,便是敬。③ 敬业的原因:人类一面为生活而劳动,一面也是为劳动而生活。只有敬业才能把工作做到圆满。一个人对自己的职业不敬,从学理方面说,便是亵渎职业之神圣;从事实方面说,一定会把事情做糟,结果自己害自己。④ 敬业的表现:讲求素质。工作的过程要专注,尊重这份工作;工作的结果就是要完成那件事。⑤ 敬业的方法:专心工作是敬业的态度和最基本的方法,唯一的秘诀就是忠实,应聚精会神地完成工作。

爱岗敬业作为一种道德规范,在职业实践中,至少应体现在以下四个方面。

(一) 畏业

敬业者对职业必有“敬而畏之”之心。畏业就是敬畏自己的职业。敬畏是一种智慧而严肃的人生态度,它体现了对人性的洞察,对规律与秩序的尊重,以及对人自身局限的认知。在孔子那里,“敬”包含两层意思,一是外在的恭敬之行,一是内在的敬畏之心,内在的敬畏之心是外在恭敬之行的根基所在。敬畏感即人类自觉己身之微渺,而产生的谦卑之心,自觉事业之重大而有的责任之感。到了朱熹那里,更突出了“敬”中的“畏”之含义,即以“畏”释“敬”,要人们的内心总处于一种敬畏状态,一种警觉、警醒的清醒冷静的状态,由此去体悟“万事之根本”。古语说,人之虚妄、怠慢、鄙诈,必待敬畏而后去;而诚实、谦卑、宽和,必待敬畏而后至。只有唤醒敬畏之心,我们才能认识到任何职业都是那么博大精深，都需要从业者谦恭待之。

（二）知业、研业

“知业”才能敬业，但更需要对职业的信仰。爱岗敬业是需要有精神追求的，作为社会主义核心价值观的敬业需要有家国情怀。首先，我们每个从业者都是在做某项具体的“事”，而无数个这样具体的“事”就汇成了中国特色社会主义“事业”，这是我们理解职业应该具有的高度。没有这样的高度，敬业就不能成为社会主义核心价值观。其次，在社会主义社会，各种职业之间是平等互动、相互服务的关系，服务对象和服务者的统一、权利和义务的统一体现出了新型的道德关系。这就在本质上决定了敬业的时代内涵是全心全意为人民服务，只有树立起全心全意为人民服务的职业理念，才能将敬业化为个人的职业精神。因此，敬业虽然是一种职业价值观，但是，只有将它摆到社会主义核心价值观的总体中去观察、去理解、去落实，它才能真正落地生根。

敬业者对职业必有“敬而研之”之求。研业就是探求、研究职业的内在规律，以使自己合乎职业规律的要求，按职业规范行事，做个行家里手。研究道，才能合于道。敬业强调尊重和掌握事情的本然规律，研究钻研使敬业落脚于求真、合真、成真。卓越的职业者告诉我们，尊重职业规律才是真正的敬业。那么，怎么才能合乎职业之道？儒家认为，要有“格物致知”的精神。所谓格物致知，就是推究事物的原理法则而获得理性认识。它包含现在所说的实事求是、求真务实精神，但其内涵要更为丰富。在现实中，对职业的种种漠视、蛮干，凡事不做深究，浅尝辄止，以及功利主义表现，都是对于职业本质和尊严的伤害。我们对待职业应确立研业意识，秉持格物致知精神，将这种精神贯穿于职业生活的方方面面。只有有了这种精神，我们的职业实践才能在更大程度上合乎职业之道的要求。

（三）爱业、乐业

敬业者对职业必有“敬而爱之”之情。爱业就是热爱自己的职业。不同的人在同样环境下工作效果不同，技术性因素固然是一个方面，更加重要的还在于职业者对职业的态度。“知之者不如好之者，好之者不如乐之者”。乐业精神就是要将职业当作乐生之道而非谋生之道，这是敬业精神的审美之境。只有达到这一境界，才能摆脱职业分工带来的束缚，最大限度地发挥自己的创造力。在这一点上，庄子的“庖丁解牛”的故事对我们是极具启发意义的。对于教师而言，乐业集中表现为热爱高等教育事业，热爱教育教学工作，关心学生成长进步；关注自我职业发展前景，明确职业发展规划，关注学校未来发展，愿意在平凡的教育岗位上将有限的生命投入无限的教育事业之中，为实现伟大的“教育梦”贡献力量。真正“敬业”的教师对自己从事的职业有一种情感上的欣然接纳，有的教师甚至达到对教师职业“迷恋”的程度；同时，对自己工作的学校也有一种剪不断的“情结”；更有甚者能把自己的情感世界与教育的兴衰、学校的兴衰和学生的健康成长等联系在一起，为教育之忧而忧，为教育之乐而乐。

(四) 精业

敬业者对职业必有“敬而精之”之愿。精业就是把工作的细节做精致,把职业的要求做到位。所谓细节,就是一个整体中极为细小的组成部分或一个系统中极易被人们忽略的环节,就是细枝末节的意思。注重细节是中国的优良职业传统。老子说的“天下难事,必作于易;天下大事,必作于细”,荀子在《劝学》中的“不积跬步,无以至千里;不积小流,无以成江海”,讲的都是同一个道理:细节在每件事中起着重要的作用。许多人一贯认为细节并不重要,曾有“成大事者不拘小节”之说,把细节等同于鸡毛蒜皮,大有重细节就有浪费时间之嫌,于是做事日趋大而化之,只求大概,不求精确,满足于“差不多”。20 世纪初,鲁迅先生便意识到,当时不少国人得了一种叫作“马马虎虎”的病,如果这个病不治好,中国就没救了。汤因比曾认为文明的进步,来自对困境所提出挑战的应战,以一种积极进取的精神实现对困境的超越。敬业中表现出的进取就是追求工作的不断完善,精益求精。

我们要清醒地看到,当今世界,已进入“细节时代”。“细中见精”“小中见大”“寓伟大于平凡”“细节决定成败”的真理,反映了时代发展的主题。当今的中国社会决不缺少经营的策略和“点子”,缺少的是精益求精的执行者;决不缺少各类管理制度,缺少的是对规章条款不折不扣的执行者。认认真真从小事做起,扎扎实实把普通工作做好,以高度的责任心对待每个细节,这是振兴民族最基本的一条准则。①

三、爱岗敬业的具体要求

爱岗敬业的规范可分为三个方面,一是对教育事业的忠诚与理想的要求;二是对奉献精神的要求;三是爱岗敬业的具体行为要求。真正在教育教学工作中自觉践行这一师德规范,必须做好以下几个方面。

(一) 忠诚于人民教育事业,志存高远

广义上的忠诚指对所发誓效忠的对象(国家、人民、事业、上级)、朋友(盟友)、情人(爱人)或者亲人(亲戚)等真心诚意、尽心尽力,没有二心。“天下至德,莫大于忠.”作为教师对教育工作就应该有一种叫忠诚的情感,这种情感就是对所担负工作的誓言。这样的忠诚往往需要经历得与失、荣与辱等重大的考验和锤炼。只有敢于、善于付出牺牲,只有真正做到在危难时刻,如地震、火灾中保护学生的生命安全,舍生忘死救学生,才能得到人们的认知和肯定。忠诚于人民教育事业,就是战胜疾病,坚守岗位;就是在团队合作中先人后己;就是当金钱与权力考验你的时候,能够始终以学生的利益为重,以教育事业为重。

在我们国家,不论做什么工作,其根本宗旨是为人民服务,为社会主义服务。教师则是通过从事教书育人的职业,来集中体现“两为”的思想。一个教师的成就,不仅在于他的教育才能和本领,更重要的是取决于他对教育事业的热爱程度和忠诚态度;没有强

① 任者春. 敬业:从道德规范到精神信仰[J]. 山东师范大学学报(人文社会科学版),2009(5).

烈的事业心和无私奉献精神是不行的。教师要热爱教育，献身党的教育事业，必须不为名利地位所诱惑，不为任何困难和挫折所动摇，树立崇高的职业理想和共产主义信念；始终把从事教育、培养社会主义建设者和接班人作为自己的志向和抱负，逐渐培养对教育工作真挚而深厚的感情；以从事教育工作为荣，献身教育事业为乐，以身立教，以教育人，全心全意为人民教育事业服务。这是教师从教取得成就的思想基础。

忠诚人民的教育事业，和热爱人民的教育事业密不可分，唯有热爱才有忠诚。忠诚人民的教育事业就是要始终不渝地贯彻党的教育方针，坚持正确的办学方向，把培养又红又专、德才兼备的人才放在第一位。党的教育方针是教育工作的根本指导思想，是办教育、办学校的总方针。党的教育方针强调教育为社会主义现代化建设服务，为人民服务，要求与生产劳动和社会实践相结合，培养德智体美劳全面发展的社会主义建设者和接班人。当前，就是要全面实施素质教育，始终把立德树人、人才培养放首位。

忠诚人民的教育事业就必须自觉地、旗帜鲜明地抵制社会上各种错误思潮的影响和侵蚀，始终保持人民教师政治上的坚定性、道德上的纯洁性。当前，政治多极化、经济全球化、社会信息化的进程向纵深发展，多元文化相互激荡，社会生活领域发生着深刻而复杂的变化，思想政治道德建设面临着许多新情况、新问题和新矛盾，教师必须在思想道德上做到防微杜渐。

忠诚人民的教育事业，首先是政治上与党中央保持一致。政治方向是学校工作的灵魂，学校把坚定正确的政治方向放在第一位，就是要求学校必须坚持社会主义办学方向，为社会主义现代化建设服务，为社会主义现代化建设培养合格人才。当然，把坚定正确的政治方向放在第一位，并不是说要把大量的课时用于思想政治教育。邓小平说："学生把坚定正确的政治方向放在第一位，这不仅不排斥学习科学文化，相反政治觉悟越高，为革命学习科学文化就应该越加自觉，越加刻苦。"除了政治上保持高度一致外，更要注意抵制社会上一些非理性思维对自身和学生的影响。特别是那些"庸俗幽默""黄色段子""黑色笑话"等，不应该也不允许传播和带到课堂上来。在多元文化相互碰撞的今天，一些非理性的东西，如网络不良信息等，都必须引起教育工作者的高度注意。

做一个光荣的人民教师还需要有高远之志。职业理想是人们在职业上依据社会要求和个人条件，借想象而确立的奋斗目标，即个人渴望达到的职业境界。它是人们实现个人生活理想、道德理想和社会理想的手段，并受社会理想的制约。职业理想是人们对职业活动和职业成就的超前反映，与人的价值观、世界观、人生观、职业期待、职业目标密切相关的。职业理想是职业道德的重要组成部分，有了崇高的职业理想才能产生模范遵守职业道德的行为。习近平总书记指出，没有理想信念，就会导致精神上"缺钙"。对于教师而言，其职业理想应是通过在教育过程中的不懈努力，使自己成为一个德才兼备、品学兼优的学者，为人类的科学文化的发展，为培育更多更好的优秀人才而奋斗终身的崇高境界。教师只有树立了崇高的职业理想，才会终身奉献于教育事业，不把教育作为职业，而是要作为终生的事业去看待。只有培养教师的职业理想，才能从根本上确立教师对职业信念孜孜不倦的追求。

职业理想就是把职业做到一种什么样的水准的期待。树立崇高的职业理想道德就是要以党和国家的要求为宗旨,《教育部关于进一步加强和改进师德建设的意见》指出,“广大教师要有强烈的职业光荣感、历史使命感和社会责任感,以培育优秀人才、发展先进文化和推进社会进步为己任,站在时代的前列,努力成为为人民服务的践履笃行的典范。要志存高远,爱岗敬业,忠于职守,乐于奉献,自觉地履行教书育人的神圣职责,以高尚的情操引导学生全面发展。要正确处理个人与社会的关系,反对拜金主义、享乐主义和极端个人主义,把本职工作、个人理想与祖国的繁荣富强紧密联系在一起。”

(二) 甘为人梯,乐于奉献

由于教育工作清贫且艰苦,从业者奉献多而获取少,所以在公私义利关系方面最能检验和体现教师的敬业精神。毫无疑问,那些专心教书、潜心育人、甘为人梯、淡泊名利的教师具有崇高而伟大的敬业精神。那些成长成才、获得发展的学生,无一不是踩在老师的肩膀上,以老师为人梯向上攀登的。相反,那些万事当前“私”字当头、斤斤计较、只关心个人名利得失、不肯奉献只问索取的人,是无法体会到教师工作的艰辛和幸福的,即使因各种原因混进教师队伍,也往往会成为不被学生认可甚至厌恶的人。

孔子之所以被后人颂为“万世师表”,虽颠沛流离、累累遑遑却教诲不辍,一生始终如一倾心执教的道义性追求是一个主要原因。教育工作者只有在深刻理解教育事业地位和作用的基础上,才会全身心地投入教育事业中;教师只有不断超越个人的私利,提升精神境界,才能具有甘为人梯、淡泊名利的胸怀,进而把学生的成长和进步视为自身人生价值的体现。

应该强调的是,在现代社会中,“爱岗敬业”的师德规范不是要求为人师者“净尽人欲”,而是要人们通过辛勤的教育劳动谋取合理正当的利益满足。反而观之,教育是关乎他人幸福、民族和国家利益的大事业,在它面前,他人利益和集体利益、国家利益当然是最重要的。所以,要求教师“淡泊名利”,以教育人才为乐,是合情合理的;而如果教师以追名逐利为乐趣,那么教育目的就无法实现,教育事业的发展就无从谈起。

(三) 对工作高度负责,认真备课上课,认真批改作业,认真辅导学生

1. 勤奋钻研,认真施教

勤奋钻研,认真施教是教师在教育教学过程中践行“爱岗敬业”的重要要求之一。习近平同志在文章《之江新语》中曾经说过这么一段话:“对待本职工作,应常怀敬畏之心,专心、守职、尽责,干一行、爱一行、钻一行,尽心竭力、全身心地投入。要精其术,不拘泥于以往的经验,不照搬别人的做法,力求做得更好,成为本行业的行家里手。做一件事情,干一项工作,应该创造一流,力争优秀。要竭其力,对待事业要有愚公移山的意志,有老黄牛吃苦耐劳的精神,着眼于大局,立足于小事,真抓实干,务求实效,努力在平凡的岗位上做出不平凡的业绩。要乐其业,对工作有热情、激情,始终保持良好的精神状态,把承受挫折、克服困难当作对自己人生的挑战和考验,在克服困难、解决问题中提升能力和水平,在履行职责中实现自身的价值,在对事业的执着追求中享受工作带来的愉悦和乐趣。”

教师育人有其自身的客观规律，教师个人对这些教育规律的认识、理解、把握和运用的能力和水平，直接关系到其工作效率和育人成效。一个爱岗敬业的教师，不会满足于仅仅依靠已有的经验育人，他会着力总结教育规律，发现真理，与时俱进，并按照教育规律的要求科学施教；无论是备课、上课，还是批改作业、管理班级，他都会在教育规律限定的范围内科学地规划、组织自己的教育行为，科学施教。比如在教学的过程中，学生是主体，让学生学好知识是老师的职责。因此，在教学之前，教师要认真细致地研究教材，研究学生掌握知识的方法。通过钻研教学大纲和教材，不断探索，尝试各种教学的方法，提高课堂教学质量。

互联网时代，知识的更新日新月异，知识量的增加呈几何级速率增长；学生对教师教育教学方法和教学内容的新颖性要求不断提升，这就要求教师不断地完善自身、扩大知识面，通过勤奋钻研和科学施教来提高自己的业务水平。所以不管工作有多忙，教师应坚持反复钻研教材，大量阅读参考书，以提高自己的业务能力。

韩愈说："业精于勤，荒于嬉；行成于思，毁于随。"每一位教师，不论你学历、天赋如何，只要勤奋钻研，虚心求教，不断总结经验教训，积累教育教学方法与技巧，就可以通过科学施教实现提高自己教学水平的目的。

教书育人一事，看似简单，实则繁难。有诸多因素影响人的发展，它们可能与教育导向相一致，也可能和教育导向相悖逆。因此，教育过程具有长期性、复杂性，教师的担子非常艰巨。这就要求教师以锲而不舍的精神，着力雕塑学生的心灵，引导学生自我发展，勤奋努力，教诲不倦。

2. 不得敷衍塞责

这是教师爱岗敬业必备的工作态度，是对教师职业道德规范的底线要求。教师的勤恳敬业是爱岗敬业的具体表现，培养和造就时代需要的人才和企业生产"产品"是不一样的，没有现成的、严格的"工序"规定，教育是一种教师以人格魅力影响学生的活动。因而，在教书育人工作中不可能有严格而清晰的职责划分，不能说谁负责教书，谁负责育人，谁专职管理。每一个教育者都要为学生的健康成长负责，为民族和国家的未来负责，因此，每一个教育者都应当认真对待学校的全部工作，勤恳敬业，不敷衍塞责，团结集体，精诚合作，共同做好教育工作。

任何一名教师的敷衍塞责，都会对我们的整个教育事业和学生的成长发展造成无法弥补的损失。教师的敷衍塞责主要体现在以下两个方面：一是教学工作中的敷衍塞责，比如有的教师在备课中做不到全面备课，课堂教学中不能体现新课改的精神，更有甚者根本就没有体现新课改的意识，依旧按原有的课程规范和使用了多年的教案得过且过；二是在育人工作中的敷衍塞责，最典型的就是只管教书不管育人、事不关己高高挂起的心态和意识，表现为不愿意做班主任，不愿意承担育人的责任，更有甚者自己不追求专业发展，还会用"当一天和尚撞一天钟"的消极心态影响年轻的教师和成长中的学生。

教师勤恳敬业，不敷衍塞责，就意味着需要付出更多的时间和精力，甚至会在一定程度上降低教师的物质生活质量，但是付出过后因问心无愧、心地坦荡而受到学生、家长和社会认可的幸福和快乐，也是常人难以体会到的。

第三节 关爱学生

一、关爱学生的内涵

(一) 关爱学生与师爱的含义

关爱学生就是指教师在教育教学活动中,关心爱护全体学生,尊重学生的人格,平等公平地对待学生。著名教育家赞科夫说过:“当教师必不可少的,甚至几乎是最主要的品质,就是要热爱儿童。”高尔基说过:“谁爱孩子,孩子就爱他,只有爱孩子的人,才可以教育孩子。”鲁迅先生也说过:“教育是植根于爱的。”爱是教育的源泉,教育是爱的共鸣,是心和心的呼应。没有爱,就没有教育。爱是教师和学生心灵沟通的桥梁。教师给学生的爱是一种强大的力量,它会促进学生从“亲其师”到“信其道”。无数教育成功的事例都说明,教师对学生的爱是打开他们心扉的钥匙。学生一旦感受到教师的关心和爱护,就会产生凝聚力,把教师对他们关怀和爱护化作改正缺点、奋勇向上的动力。

教师爱生是一种“师爱”。师爱是一种社会的、政治的、高级的情感,是教师在教书育人的过程中表现出来的一种对学生的关心、真诚、热情、尊重、理解、信任和严格要求等师德行为。它在教育工作中,有着极其神奇的作用和力量。师爱是一种自觉而理智、纯洁而全面、普遍而持久的爱,是一种无私、高尚、伟大的爱。这种爱是一种教育爱,在整个教育过程中发挥着不可替代的重要作用。这种爱是博大的,惠及每一个学生。这种爱是神圣的,是教师教育学生的感情基础,学生一旦体会到这种感情,就会“亲其师”,从而“信其道”,也正是在这个过程中,教育实现了其根本的功能。我国近代教育家夏丏(miǎn)尊说:“教育之没有情感,没有爱,如同池塘没有水一样,没有水就不能称其为池塘,没有爱,就没有教育。”教师的爱是一种强大的力量,它不仅能够提高教育质量,也会促进学生的成人和成才,影响学生的身心发展、人格形成、职业选择和人生道路的拓展。

在教育教学中,师爱起着无与伦比的积极作用。从全社会来说,爱是人类发展的灵魂和生命,是社会发展的基础,是教育人民、团结和带领人民促进社会主义建设事业的感情基础,是构建和谐社会的本质要求。爱,是人的天性,是人们身心普遍存在着的一种心理需要。一个孩子出生以后,最先得到的是父母之爱,这是他身心赖以发展的先决条件。爱也会因爱的对象的不同,形成类型不同的爱,如众所周知的母爱、情爱、友爱等。爱主要表现为对他人存在价值的肯定,并以此为基础表现出对爱的客体的关切、尊重、了解、珍视等积极的情感和能力,以期使爱的双方相谐相容。[①] 教师对学生的爱与

① 钱焕琦.教师职业道德[M].上海:华东师范大学出版社,2008:164-170.

亲人间的爱有所不同，它不是源于血缘关系，也不是源于教师某种单纯的个人需要，而是源于教师对社会主义教育事业的深刻了解和个人责任感，是在对学生价值的高度认识基础上产生的爱。徐特立曾经说过“我看见青年就高兴”，这种发自内心的喜悦是一份“工作”带不来的。斯霞曾经说过：“工人爱机器，农民爱土地，解放军爱武器，那么教师就应该爱学生。”钱涣琦教授认为：“师爱是教育者基于对职业的理解，为实现职业理想和道德，在教育实践中产生的一种超越血缘关系的爱，它是以受教育群体为对象，在教育过程中表现出来的一种高尚的道德境界、执着的敬业精神、富于人道的教育艺术和对自我职业行为充分肯定的价值取向。”①

（二）师爱的特征

师爱是一种源于教育者的责任和义务并具有强烈社会性的教育爱，同时也是教师在教育过程中表现出来的促进教师与学生教学相长的积极的情感和能力。师爱的特征有：

第一，职业性。教师以培养人为职业。这一职业的特点在于，教育者必须热爱他的教育对象。如果你讨厌学生，那么你的教育还没开始就结束了。师爱不是教师可有可无的副产品，而是教师必须具备的道德要求，是教师职业道德的集中体现。这一点与其他自愿型的爱有着明显的不同之处。

第二，服务性。学校必须通过优质服务，为学生提供各方面的关心帮助，而高质量服务的标志是要有热诚之心和关爱之心。因此，教师应常以服务为宗旨，把对学生的爱融于高质量的服务过程中，这是师爱服务性的体现。

第三，广博性。师生的广博性是指教师对学生要一视同仁，要爱自己所教的所有学生，时时处处表现出教育者的公正。教师既要爱勤快伶俐的学生、爱聪明健美的学生，也要爱不善言辞的学生；既要爱活泼上进的学生，也要爱特立独行的学生。要多和学生交流，善于发现每一个学生的优点，坚信他们都是国家未来的栋梁，不以个人的好恶影响对每个学生的关爱。现在许多教师上完课就离开，也没有对学生的辅导和课后指导环节，与学生的交集少，交往少，这极大地影响了师爱的实现。

第四，原则性。师爱既含有母爱的慈，又含有父爱的严，却又远远高于母爱和父爱。因为教师对学生的爱中包含党和国家对学生的爱和期望。按照国家规定的目标严格要求学生，是师爱原则性的体现。因此，对学生要严格要求，对达不到培养要求的学生不迁就，以规则、规矩为底线，以制度、纪律的指针，加强对学生成长过程各环节的管理。②

（三）关爱学生的意义

1. 关爱学生——教师进行教育的原动力

关爱学生是师德的灵魂。没有爱，就没有教育。爱是人的天性，是人的生命需要，

---

① 钱焕琦. 教师职业道德[M]. 上海：华东师范大学出版社，2008：165.

② 蒋乃平. 论师爱的性质、功能及方法[J]. 中国职业技术教育，2007(10).

爱的满足与否直接影响到人的快乐与否、幸福与否。日本著名的美学家今道友信认为，爱是人的原体验，爱是使真、善、美这些价值得以实现的动力；爱是人存在价值的支柱。教育是一种感化人心、塑造灵魂的工作，是引人向善的工作。教师要成为实现教育使命的使者，担当这一使命，必须要有爱。因此，关爱学生是教师特有的一种职业情感，是教师应具备的重要道德品行。一个不关爱自己学生的教师不可能成为一名合格的教师。

关爱学生是在教师教育活动中起决定作用的品质，是教育艺术的前提和基础。离开了爱学生这一基础，一切方法、技巧将会变得苍白无力。教师的劳动对象是有血有肉、有情意、有现实个性的人，教师对学生的态度决定对教学的态度，决定对知识的态度，决定教师自我修养的态度。教师对学生的态度，直接影响学生情感智慧的发展，进而影响学生智力的发展。教育思想家伯特兰·罗素说过，凡是教师缺乏爱的地方，无论品格还是智慧都不能充分地或自由地发展。托尔斯泰讲得更深刻："如果教师只爱事业，那他会成为一个好教师。如果教师只像父母那样爱学生，那他会比那种通晓书本，但既不爱事业又不爱学生的教师好。如果教师既爱事业又爱学生，那他是一个完美的教师。"

必须注意的是，教师之爱不同于父母的爱，它不仅仅是出自个人的思想，也是出自社会的需要，是一种包含着深刻社会内容和社会意义的情感。这种爱是对民族的爱、对祖国的爱的具体体现，是一种无私的、不求回报的爱，是一种"给予"，但这种"给予"不是为了学生而牺牲自己的生命，而是教师生命潜能的表达，也是对教师自己的生命、成长、自由的肯定。正是在爱的"给予"中，教师体验到自己的力量，体验到自己生命的存在。

教师的根本任务是把学生培养成为德智体美劳全面发展的社会主义事业的建设者和接班人，这是教师对全社会负有的职责和义务。要完成这一重任，不仅取决于教师的育人才能，更取决于教师对学生的热爱。热爱学生，是激励教师在教育劳动中兢兢业业、尽心竭力、有所作为的精神动力。相反，如果一个不热爱学生的教师，他就肯定不会兢兢业业、尽心竭力地做好教育工作，甚至表现为一种应付了事、敷衍塞责、消极懈怠的态度和行为。

2. 关爱学生——取得教育效果的前提

教师与学生之间有无友爱之情和信任之情，教育工作的效果是大不一样的。古罗马著名教育家昆体良强调，教育者在教育过程中要与教育对象建立深厚、和谐的师生关系，尤其是要建立师生之间的亲密友谊。"因为在这种感情影响之下，学生不仅将愉快地听讲，而且会相信老师的教导，愿意仿效教师……他们的错误被批时不会生气，他们受到称赞时会感到鼓舞，他们会专心学习尽力争取教师的珍爱。"加德纳的多元智力理论和罗森塔尔的皮格马利翁效应告诉我们：人们的学习活动不仅依靠大脑皮层结构，而且是在情感的参与下进行的。在现实教育实践中，我们还会发现许多爱屋及乌的现象。不少学生，特别是青少年学生，由于喜欢某一老师，而爱上该老师所教的课程，随之该科成绩较好。还有的学生因种种原因讨厌某一老师，因而不喜欢该老师教的课程，该科的成绩便十分糟糕。更有甚者，因受到某一老师的伤害，而讨厌所有的老师，讨厌教师职业，厌恶学习和厌恶学校。师之爱，关系重大；师之恨，危害非常。因此，教师应真诚地热爱学生，关心学生，以建立与学生的互爱、互信关系，并以互相信赖、互相尊重的关系为纽带，启发学生的求知欲，不断为教学质量的提高和人的发展完善服务。

教学是教师的教和学生的学的双边活动，是师生双方的共同活动。教师爱学生，学生乐意接受教师的教育，就能激发学生的学习兴趣，调动学习积极性。学生有了兴趣和积极性，就会“善学”，就能认真听取教师的知识传授，教师也能取得良好的教学效果。实践早已证明：当一位热爱学生，受学生敬佩爱慕的教师一走进课堂时，学生肃然起敬，学习兴趣油然而生，教师传授的知识，学生学得好，记得牢。这种情感同时又激励教师越来越有动力，教学的效果更好。苏联教育家苏霍姆林斯基说：“我坚信，教师对学生的真正的爱，是一种强烈的不可抑制的愿望，这是一种要把你认为自己身上最好的东西献给学生（不是献给某个人，而是献给集体）的愿望，是努力使学生从思想上和政治上也达到和我们同一水平的愿望。……哪里有这种爱，哪里的教师本人就是吸引集体和每个学生的巨大力量。”无数事实证明：如果教师对学生抱有积极的态度或较高的期望，其与学生相处时的心理气氛就比较和谐、融洽，师生之间同教学有关和无关的相互作用就表现得更为充分，教师也就更容易给学生创造学习的机会，从而促成教学相长。

二、关爱学生的具体要求

（一）关心爱护全体学生

热爱学生，教师首先要关心学生。教师之爱不仅是一种打动人的高尚情感，它还展现了一种主动性，即为教育事业尽心尽力，使学生健康成长。有了这种主动的关心，教师就会真诚地为学生的点滴进步而欣喜，为学生的不佳表现而难过。他们会关心学生的各方面——学习、健康、思想品德，关心学生的进步和成长，并积极地投身到教育教学中，毫无保留地贡献出自己的精力、才能，力求找到最好的教学方法，进行创造性的教学。

关爱学生是教师的基本思想感情。从这一点出发，教师可以也应该善于成为学生（包括学习成绩较差的学生）的知心朋友。这种朋友没有上下、高低之分，没有做作、应付之意，也没有责怪、教训口吻；只有倾心交谈，真情交融。无数成功教育实例都说明，谁能成为孩子的朋友，谁能听到孩子的悄悄话，谁能赢得孩子的心，谁就取得了教育的主动权，甚至可以说他已经赢得了教育成功的一半。

要关爱学生，教师要有很多的付出。这种付出一般都会获得学生真情的回报。而且这种回报是无价的，它既密切了师生关系，为教育工作铺就了坦途；又使学生健康地走向全面、和谐、自由发展之路。其实，学生是最懂情、最讲情的，也是最动情的。老师对学生的真爱必然赢得学生对老师的真爱，而且学生的那份纯洁无瑕、无比真诚的爱足以催人泪下，震撼老师的心灵。古语说得好：“滴水之恩，当涌泉相报。”

无数事实也证明：只要你给学生一滴真爱，学生报答你的往往是热血沸腾的涌泉。教师要教育培养学生，就要了解学生。了解学生是热爱学生的起点，是进行教育的前提，没有了解的爱，只是盲目的爱；没有了解的教育，只是主观主义教育。为此，教师要全面地了解学生，要了解每个学生的过去和现在，了解学生成长的家庭环境和经常接触的各种人和事，了解学生表现在外的优点和缺点以及学生的内心世界。每个学生都是有思想、有情感、有个性的活生生的人,一个老师如果对每个学生的实际情况心中不明,缺乏深入、全面的了解,那么,他不但不能从每个学生的实际情况出发,在思想上、学习上全面关心学生、爱护学生,而且也不能真正做好教育教学工作。教师只有对学生了解越深,才会爱得越深,师生之间的感情才会日益深厚。

(二) 尊重学生人格

热爱学生就要尊重学生,尊重学生的人格和自尊心。尊重是现代教育应把握的一个重要原则,没有尊重就没有教育。因为青少年学生都有较强的自尊心和上进心,都希望得到教师、家长和他人的尊重。教育的过程本来就是一个促进学生独立性不断生长的过程,这需要在学生的自我肯定、对自我判断的信任中积累获得。教师尊重学生,就能激发他们身上积极美好的东西,给予一种教育力量和鞭策力量。在具体的教育活动中,教师对学生的尊重主要表现为尊重个体生命的自主选择、兴趣爱好、情感愿望、行为方式、生活方式等。教师对学生的尊重可以概括为:一是在制定明确的规章制度以后,坚持原则,但尽量避免师生之间出现敌对局面,照顾学生的面子,不伤害学生的自尊心。二是允许学生保持自己的尊严。三是课堂上或私下里不损害学生的名誉。四是对学生表示信任,乐意与学生交朋友,欢迎学生为班级做贡献,不打击学生的积极性。五是允许学生保守自己的“小秘密”。在现实的教育中,无论是教师还是父母,在一定程度上都存在着比较严重的不尊重学生的现象。教师不能歧视、讽刺、体罚学生,否则,就会伤害学生的自尊心,使学生产生反感或丧失进取心,也往往成为建立良好师生关系的最大障碍。

尊重学生首先要信任学生。教师应充分理解学生、信任学生、欣赏学生,呵护学生的创造潜能,切勿伤害学生的自尊心和自信心。具体而言,对学生的信任表现为:相信学生有积极向上、向善、向美的愿望,有自主学习、自主选择的能力,有自觉改正错误的心向与能力等。因此,信任学生要求教师对学生的成长始终满怀期望,并通过肯定信任的语言,满意、喜悦的神情来传达这种期望,才能给学生带来巨大的力量。信任学生还要求老师给学生个体生命的成长“留有时间”,教育是一个“静待花开”的等待过程,不能无条件地追求立竿见影。

学生的“忠告”①

学生对教师的尊重具有强烈的期望与要求。一位班主任曾从班级的周记中得到学生的 36 条“忠告”,其中有 12 条涉及对学生的尊重:(1) 虚心接受学生提出的意见,敢听学生的逆耳之言;(2) 平易近人,不摆架子,不训话,多谈心;(3) 要言而有信;(4) 该管的管,该放的放,要给同学更多的自主权;(5) 批评学生时尽量少讲粗话;(6) 多多体谅学生的难处,要善解人意;(7) 要批评就明来,不要暗来(师生坦诚相待,那多好!)

① 胡东芳,陈炯. 谁来塑造“人类灵魂的工程师”[M]. 福州:福建教育出版社,2000:97.

(8) 可以对某个同学有意见，但不能有成见；(9) 不要采取打的措施（我们大多数同学“吃软不吃硬”）；(10) 不要说学生笨；(11) 如果能把更多展现自己的机会公平地分给每一位同学，你会发现许多同学会让你大吃一惊，包括成绩差的；(12) 班主任的轻蔑会打击同学的自尊心。

(三) 平等公平对待学生

教师关爱学生就要公平对待每个学生。教师要一视同仁，不偏爱，不歧视。尤其对待后进生，更应特别关心、爱护。教师处事应公平合理，要杜绝成见，客观公正，关心爱护全体学生，不能人为地将学生分成好和坏，厚此薄彼。但在教育实践中，一些教师固守个人成见，轻率地评价学生的优劣，人为地“创造出差生”，如安排座位，竟然依据考试成绩，优秀者坐在最佳座位，而成绩差的学生被安排在较偏或较远的位置，这些学生似乎在老师的视野中消失了，学不学无关紧要，这直接造成对学生心灵的伤害。教师同时要考虑到学生的差异是客观存在的，应承认和尊重这种差异，不能硬性地按整齐划一的标准来评价、要求每个学生。这种差异要求教师创造适合不同学生健康成长的教育，而不是选择适合教育的学生。

(四) 对学生严慈相济，做学生的良师益友

1. 对学生严慈相济

严慈相济就是严厉和慈祥相互补充、相互结合的意思，苏联教育家赞科夫曾说：“不能把教师对学生的爱，仅仅设想为用慈祥的关注的态度对待他们，应当同合理的严格要求相结合。”许多教育家认为，教师必须对学生严格管理、严格要求。有道是严是爱、松是害。但如果对严格的管理认识不到位，方法不得当，也会造成学生个性压抑、自卑感重、胆小怕事、处事能力差，或者造成学生逆反心理，导致师生关系僵化，这既不利于学生身心的健康发展，又不利于教师工作的进一步发展。实际上严格要求的本质是真爱学生，严格要求的力量源泉也是真爱学生。做老师最不易的也是最引以为荣的就是展示真正的爱心。即真心实意地、全心全意地热爱自己的学生。孟子把“如时雨化之”(《教学・尽心上》)列为五教者之首。教师有了真爱就能如春风化雨般，培育学生成长。

一些教师认为只要对学生“好”，就是爱生，其实这是错误的，“打是亲，骂是爱”式“爱生”也是不行的。俗话说：“严师出高徒”，“严是爱，松是害，不管不问要变坏”。严格要求也是师爱的一个重要表现。教师热爱学生最根本的就是要使学生在思想品德上、学业上都健康地成长，将来成为对社会有用的人。这就需要严格要求，没有严格要求就没有教育。严格要求学生，就是要求教师按照现行教育方针和教学大纲的要求，严格训练和教导每个学生。因此，严是有标准的严，是有利于学生德、智、体、美、劳全面发展的严，不是摧残学生身心健康的严。为此要求教师做到“严而有格”“严而有理”“严而有情”“严而有方”“严而有恒”。教师教育学生必须将严格要求与爱结合起来，对学生的严

格要求是出于真诚的爱。做到严出于爱,爱寓于严,爱而不纵,严而不凶。教师只有掌握合理、适度的分寸,才能促进学生健康成长。

我国近代教育家魏源说得好,他说:“教以言相感,化以神相感,有教而无化,无以格顽;有化而无教,无以格愚。”意思是说,只要我们真爱学生,真情付出,即使是顽愚都可以教化。在教学实践中,接触到的学习成绩较差的学生,存在着同样的情况,他们调皮捣蛋和聪明机灵同在,成绩较差与潜力巨大并存,逆反心理与信赖老师共处。他们渴望进步,渴望鼓励,一句话,渴望真爱。

他们的这种渴望就是对其进行教育的一种机遇,也是师生沟通的基础。这种沟通要从平等相处开始,平等相处的第一要务就是让他们说话,而且让他们说完。老师应该十分认真地听他们诉说,因为对他们的关心、爱护和真爱必须从尊重学生的人格做起,承认和维护他的主体地位。当然,学生需要教师的耐心教育,也需要制定合理的规章制度来约束学生的不良行为,也不可能只有表扬、没有批评。关键在于教师要灵活运用各种教育手段,做到宽严适度、刚柔相济。

在关爱的前提下严慈相济,刚柔结合,该严就严,能慈则慈,这些渗透了真爱的教育必能让学生因亲其师、敬其师而听其言、信其道。在实际工作中,当学生犯了错误,教师可以先听听他对这个事情的看法,让他自己找出不对的地方,以及产生的根源。大多数学生往往在教师教育之前,已经认识了错误,也有了改正错误的决心。这个时候如果教师再去严厉指责,反而会把事情搞僵。很多学生在犯错误之后,教师的慈爱和宽厚的态度,会比采取任何办法更有教育效果。有位教育家说:没有不合格的学生,只有不合格的老师。学生中会存在着各种问题,但总有导致它产生的原因。在这个时候,一个优秀的教师总能以足够的真情爱心,对学生晓之以理、动之以情,一定能带出一批优秀的学生。

2. 做学生的良师益友

理解学生是做学生益友的前提和关键。学生渴望老师的理解,他们喜欢与教师打交道,喜欢有情有义的,能读懂他们、理解他们,对他们平等、坦诚的教师。教师只有真正懂得了、理解了学生的心理,教育才能既有人情味,又能收到极佳的效果。教师要经常以学生的思维方式,从学生的角度考虑问题,才能走进他们的心灵。如果你是班主任,你认为很小的事情在他们看来可能是天大的事情,当他们把你当成知心朋友,你就成功了,你可以毫无遮掩地看到他们的心,然后对症下药,引领他们的思想和行为。这个时代,孩子越来越敏感了,走进孩子的心理世界很难,关键是发现机会,当他们彷徨、沮丧之时,你走近他们,关心他们,这时,你付出一点真情,会在他们心里引起意想不到的轰鸣。

[推荐阅读]

- 扫描本章二维码,阅读“宽容的力量”。

(五)保护学生安全,关心学生健康,维护学生权益

1. 保护学生安全

保护儿童是人类社会的一种美德,保护学生安全,不论是从法律角度,还是从道德规范角度,都是教师不应回避的责任。中小学教师面对的是未成年人,处在成长中的孩子,他们常常难以拥有成人那样的判断与处置能力,教师当然要成为他们校园甚至社会生活中的引领者、组织者。主要表现在以下这几方面:第一,教师应该时刻关注学生课间活动状况,尽可能避免一切安全隐患。中小学生处于青春期阶段,独立意识强,好奇心强,看待问题比较偏激,易引发斗殴事件。教师要注意学生之间的矛盾,合理的化解学生存在的问题,避免学生的生命安全受到威胁。第二,教师要关注校车情况。目前社会上很多校车管理不到位,导致发生严重的交通事故。教师要时刻监督校车设施安全,并且经常灌输学生来回学校要注意交通安全的意识,学会爱护自己的生命。第三,教师要关注学生的住宿安全。教师应该重视学校的安全设施,提醒学生不要做危险的动作,严抓住宿学生夜不归宿、校外住宿的情况。

2. 关心学生健康

学生健康包括身体健康和心理健康两个方面。在身体健康方面,目前我国中小学生身体素质严重下滑,近视率持续走高。教师要负起责任,引导督促学生加强锻炼,不得随意侵占学生的休息、娱乐、体育锻炼的时间。在心理健康方面,中学生处在青春期,容易在家庭教育、生活环境等因素的影响下出现心理障碍和心理缺陷。教师要避免歧视后进生、避免侮辱学生人格,不讽刺、挖苦、歧视学生,不体罚或变相体罚学生,主动和家长沟通,做好学生的心灵老师。

3. 维护学生权益

学生的权益是指学生在教育活动中享有的各种权利。中小学生,他们大多未满 18 周岁,是无民事行为能力和限制行为能力的人,他们的身心和社会性发展尚不充分,还不能完全准确地辨别是非和保护自己,因此法律对其权利必须给予特别的保护。我国颁布了《中华人民共和国义务教育法》《中华人民共和国未成年人保护法》等法规来保护学生的权利,如享有受教育的权利、人身安全不受侵犯的权利、民主平等的权利、发表意见的权利、隐私权等。教师要增强学生运用法律手段来维护自己权益的意识和能力。除了法律的约束,学校也有维护学生权益的责任。学校既是专门从事教育活动的场所,也是保护学生权利的主要部门。尤其是教师,要以学生健康成长为出发点,充分尊重和保护学生各项权利,做学生权利的维护者。另外,教师要既充分尊重学生,又必须约束自己的行为,以防伤害学生的心灵。

(六)不讽刺、挖苦、歧视学生,不体罚或变相体罚学生,不得歧视、侮辱学生,严禁虐待、伤害学生

讽刺是用比喻、夸张等手法对人或事进行揭露、批评或嘲笑。挖苦用“俏皮话”讽

刺,用刻薄的话讥笑人。歧视是因某个人的缺陷、缺点、能力不足、家庭问题等,而待之以不平等的观念与行为的现象。讽刺、挖苦、歧视学生严重地危害了学生的身心健康,损害了学生的人格尊严。“自尊心是一个人的基本品质,丧失了自尊心,也就丧失了人格。”自尊心也是和自信心连接在一起的。有了自尊心就会建立起自信心,而有了自信心又会促进自尊心的确立。学生的自尊心受挫后,容易与教师产生对立情绪,也容易使他们向两极发展。具体表现:一种是产生自卑心理,失去克服困难、争取进步的勇气和信心,甚至产生抗拒心理。有的学生受到讽刺、挖苦、歧视后,感到自己不被人理解,因此在性格上孤僻,行为怪异。另一种则是加倍表现自我,显示自己与众不同,但又常常朝错的方向发展,甚至以大欺小、以强凌弱,进而走上犯罪的道路。

讽刺、挖苦、歧视、侮辱学生的语言,如大声吼道:“现在,让这些实习老师们一起看看咱们班的这些差生,你们每次考试拖班级后腿,也不嫌丢人,脸皮真是够厚的”;“他这两天就是个神经病,专找麻烦”;“我挺疑惑的,你平时数学成绩挺差的,这次怎么考得这么好?跟老师说,这次是不是抄你同桌的了”。

讽刺、挖苦、歧视不仅伤害了学生的身心,也严重损害了教师“学高为师,身正为范”的职业形象,包括教师在学生心目中的地位。当前,有少数教师存在一些不健康心理,导致行为错乱乖张,有的教师大搞“师道尊严”,把学生当成管制和训诫对象,学生一旦出错,轻则斥责,重则打骂。这也说明了这些教师在教育上到了“黔驴技穷”的地步。

体罚,是教师对学生肉体实施惩罚并使其受到伤害的行为,如殴打、罚站、下蹲、超过身体极限的运动、刮脸、打撕嘴巴等行为。变相体罚,是指采取其他间接手段,对学生肉体和精神实施惩戒并使其受到伤害的行为,如劳动惩罚、写过量作业、脸上写字、讽刺挖苦、谩骂、烈日下暴晒等。

体罚学生有许多危害:

(1) 难以转变学生不正确的态度。虽然体罚可能达到在特定情境中制止某种行为的目的,却很难转变学生不正确的态度。体罚与变相体罚只能使学生学会逃避体罚,而不是诚心转变态度,改正错误。这种体罚与变相体罚显得相对无效。

(2) 难以形成良好的教育氛围。“杀鸡儆猴”式的体罚使学生在行为上谨小慎微,学生时时、事事处于消极防卫状态。这就不利于学生形成积极向上、勤奋学习的思想品质,也不利于班集体形成文明、和谐、轻松的氛围。

(3) 会给学生带来不必要的焦虑。经常体罚会使学生对体罚极度反感,使学生对体罚反应迟钝,逐渐失去对体罚的敏感。为了达到应有的效果,教师往往又要加重体罚,这样就导致体罚的恶性循环,带来不堪设想的教育后果,不利于学生健康心理素质的培养。

(4) 会导致师生关系紧张,使师生产生冲突乃至对抗。这既损害了教师的社会地位和人格魅力,也违反了《中华人民共和国未成年人保护法》《中华人民共和国义务教育法》《中华人民共和国教师法》等法律。

缺乏教育艺术素养和教育法治素养是产生体罚的重要原因。学校应该运用多种途径来提高教师的教育艺术素养和教育法治素养,使教师能依据学生的心理特点、行为特征采取行之有效的教育方法和教育手段，遵守《中小学教育惩戒规则(试行)》，避免体罚。

三、教师关爱学生的途径

教师关爱学生，先要关心学生，关心是情感激励的首要因素。关心学生就是胸中装着学生，心中想着学生，服务于学生。关心学生体现在许多方面：

第一，当学生在心理上产生苦恼时，教师及时帮助解开疙瘩；当学生在身体上出现不适时，教师及时帮助寻医问药；当学生在学习上遇困难时，教师及时帮助清理路障；当学生在生活上遇到不便时，教师及时帮助排忧解难。教师应争取做到：学生哪里需要教师，哪里就有教师的身影。对学生的得与失、冷与暖、好与恶、喜与悲，教师不仅要记在心上，说在嘴上，而且要落实在行动上。

关爱学生还必须关注学生的内心世界。中小学生由于自身身心发展处于成长期，他们对世界的理解、感悟有着与成人明显不同的特点，他们的生活经历，他们所关注的事物和现象，令他们好奇以至兴奋的事情，教师往往认为是“小孩子们的事”而不屑一顾。教师固守着自己形成的对世界的认识习惯，久而久之，就会对儿童的感知习惯和特点产生陌生感，不一定能够经常关注到儿童的身心发展特点，也不一定能够重视和注意儿童对世界的理解和感悟。实际上，学生的需要常常被教师在一片关爱声中忽略了，在学校的教育实践中存在这样的矛盾现象：有些老师认为自己是在关爱学生，但当遇到了学生的不满情绪和逆反心理时，教师感到学生不理解自己，甚至还产生了委屈感。因此，只有关注学生的内心世界，关心学生的内在需要，才能让学生感受到教师的关爱。

第二，关爱学生就要尊重学生。在诸多爱生的美德中，尊重是爱之核心。教师尊重学生，就是要尊重学生的主体地位，发挥学生的主体作用。教书和育人，都是师与生的双边活动，是双向交流的复杂活动。充分尊重学生既可密切联系师生感情，又可焕发学生创造热情，激发其奋发向上、锐意进取。教师对学生的尊重偶尔为之并不困难，难就难在面对学生身上总存在这样或那样缺点时，仍能坚持发自内心地尊重他们。如有的学生学习不好，破罐破摔，还故意破坏课堂纪律，与老师作对，惹老师生气。面对学生这种表现，要让教师仍自发地关爱学生，是困难的。这时，教师必须从一种更高的职业境界出发，以一种较强的责任心，在内心不断提醒自己：为了实现自己的教育理想，为了不让一个学生落后，为了家长们能够安心工作，为了祖国的未来，为了孩子们的健康发展……我必须发现每一个学生身上的闪光点，必须细心感受每一个学生身上的可爱之处，必须尽自己所能尊重关爱每一个学生。当然，对学生的错误行为，应严格要求，该批评教育的绝不能迁就。因此，真正的尊重，应当体现因人制宜，体现个性的原则。

第三，关爱学生还要理解学生。理解学生就是懂得学生心里想的，相信学生口中说的，明白学生手中干的。小学生由于年纪小、阅历浅、经验少等多种因素，不时会出现或这或那、或多或少、或轻或重的错误言行，这些都在所难免。一个人总是由童年到少年，再由少年到青年，一步一步走向成熟的。教师对学生，尤其是对后进生的错误，不能见到风就想到雨,不能怒不可遏、动辄训斥,更不能体罚或变相体罚。正确的态度应是,允许学生犯错误,又允许学生改正错误。同时要知道,改正错误不可急于求成,它是一个渐变的过程,需要教师细心、细致、不懈地扶持。

第四,关爱学生必须信任学生。信任学生可解释为信而任之,即相信,敢于托付。在对待全体学生上,要一视同仁、不偏不倚,要努力做到以信任之心待之,以信任之目视之,以信任之耳闻之,以信任之言导之。在对待后进生上,同样要以信任为前提,不能横挑鼻子竖挑眼,不能抱有成见,学生犯错误,应当心平气和地让他坐下来,想方设法让他开口说话,然后顺势进行引导,最终使之幡然醒悟。在对待班干部上,要坚持做到疑人不用、用人不疑,充分调动全体班干部的积极性与创造性,让他们在信任的土壤上茁壮而健康地成长。陶行知先生说过:不要你的金,不要你的银,只要你的心。只要教师用心去关心学生、尊重学生、理解学生、信任学生,那么学生所有的嫩芽在得到老师言语行为的呵护滋润后,将会更好地茁壮成长。爱护学生是每位教师应尽的责任。

第五,关爱学生必须及时化解师生间的隔阂。关爱学生,建立融洽的师生关系,需要及时化解师生关系中的矛盾冲突,拉近师生间的心理距离。正确地分析矛盾产生的各种可能原因,并做出适时的调整,才有助于关爱学生的真正实现。师生之间常见的矛盾主要有:

其一,因观念不同产生的矛盾。传统的"师道尊严"观念影响根深蒂固,教师认为自己高人一等,学生应该绝对尊重他的劳动,尊重他的人格,不应该在课堂上消极听课,把老师不放在眼里。学生认为与教师有代沟,对老师的教学方法可能不感兴趣,加上自己对学习的信心不足等原因,而在课堂上表现出一种消极态度。但这并不能说明学生不尊重老师。观念上的差异可能导致师生对同一事物的评价标准也存在差异。如教师认为学习对个人和社会都有好处,而学生不这样认为。或许学习在他那里是件痛苦的事,他认为通过其他途径照样可以达到自己的目的。

师生之间有了矛盾后,对不同年龄阶段的学生应不同对待。对小学生,教师更多应像父母一样地去爱学生,更多运用的是启发、引导、感化。对中学生,他们已具有一定的社会认知能力和判断能力,又隐藏着青春期的叛逆性和冷漠性,这就需要教师运用更多的智慧和理性,更多的是尊重、理解和倾听,以求达到师生的相互沟通。

其二,因期望不同产生的矛盾。应试教育往往会导致教师对学生的期望值过高,这是师生之间产生矛盾的现实根源。教师之所以对学生施加那么大的压力,是因为学生的学习成绩和升学率直接与教师的工资收入、职称职务、社会声誉等挂钩。这就迫使教师对学生提出过高的要求。如果学生达不到,教师若采用讽刺、挖苦等手段,则很容易加深师生矛盾。尽管教师有时出于好意,是"恨铁不成钢",但由于方式和方法简单、粗暴,挫伤了学生的自尊心,同时也挫伤了他们的学习积极性。因此,教师需要树立正确的教育观念,在尊重、理解学生的前提下,耐心、细致地展开教育、教学工作。

其三,因个性不同产生的矛盾。师生间由于年龄、经历、性格等方面的差异,也常产生矛盾。如受特定历史时期的政治、思想、经济、文化的熏陶,教师与学生在思维方式和待人处世的行为方式上往往带有一种时代特征,这种两代人之间的心理代沟常常会引起师生对某些事物的感知、理解、判断和评价的不一致。这就要求教师应尽可能多地与学生进行交流，求大同，存小异。同时老师也要向学生学习，紧跟时代步伐。另外，教师的性格特征也在很大程度上决定着学生对教师的评价和态度。师生交往是一种社会角色的交往，这种交往又是在双方的个性基础上展开的，由于教师在教育过程中扮演着多重角色，如知识传播者、家长、朋友、组织者、管理者等，社会、家庭、学校、学生都会向教师提出更多、更高、更严格的要求，因此教师应当十分注意自己的小节，不注意就会因小失大。

总之，教师只要“用心”“用情”“用脑”去关爱学生，学生一定能感受到，并会积极向教师期待的方向去努力。

思考与练习

1. 请谈谈教师应有的爱国行为有哪些。
2. 结合身边的具体事例，谈谈你对爱岗敬业的理解。
3. 如何看待有关调查中反映的学生对教师关爱的不领情现象？
4. 案例分析。

某学校一位教数学的实习老师，他上课很有趣，但对学生很严格，如果有学生上黑板演示题目出错，他就会骂人。最严重的一次，一个学习不好的男同学被教了好几次还做不对，他一怒之下就把人家的头往黑板上撞，用非常粗俗的话骂他。那个男生受不了这样的刺激，最后厌学，不肯再读书了，连高中都没上。

(1) 这位数学实习教师的做法错在哪里？为什么？

(2) 这位数学实习教师的做法产生了怎样的严重后果？

5. 学习优秀教师的爱国事迹，写一篇读后感。

请扫本章二维码，进入 MOOC 链接或者手机下载 APP：中国大学 MOOC，搜索课程《教师职业道德与教育政策法规》参阅本章不断更新的内容，完成单元测试题。

第四章
教师职业道德规范(下)

“教书育人”是教师的天职,也是教师的基本使命和主要工作。教师在传授专业知识的同时,要以自身的道德行为和魅力,言传身教,引导学生寻找生命的意义,实现人生应有的价值追求,塑造自身完美的人格。学高为师,身正为范。教师对学生的影响,不仅靠言传,更重要的是身教。这就要求教师在注重专业发展,不断通过“终身学习”完善自己的过程中“为人师表”。

1. 了解本章“学习要求”，观看本章“微课视频”；
2. 查阅本章课程资源，参与本章深度学习；
3. 欢迎点击“单元测试”，测一测本章学习效果。

微信扫一扫

- 教师职业道德规范（下）
  - 教书育人
    - 教书育人的内涵
    - 教书育人与立德树人
    - 教书育人的具体要求
    - 教书育人的途径
  - 为人师表
    - 为人师表的内涵
    - 为人师表的要求
  - 终身学习
    - 终身学习的概念与意义
    - 终身学习的内容
    - 终身学习的途径

第一节 教书育人

一、教书育人的内涵

（一）教书育人的概念

教书育人是对教师职责的最简明、通俗的表述。它反映了教师这一职业的本质特征。也就是说，作为教师就必须履行这个职责，不履行或不认真履行这一职责就不是一个称职的教师。我国的《礼记》中就指出：“师也者，教之以事而喻诸德也。”就是说，教师既要传授给学生具体事物的知识，又要培养他们立身处世的品德。人民教育家陶行知先生将教与学的真谛明确地概括为：“千教万教教人求真，千学万学学做真人。”苏联教育家苏霍姆林斯基告诫教师：“请你记住！你不仅是自己学科的教员，而且是学生的教育者、生活的导师和道德的引路人。”2014 年教师节前,习近平总书记在同北京师范大学师生代表座谈时指出:“教师重要,就在于教师的工作是塑造灵魂、塑造生命、塑造人的工作。”

教书育人有广义和狭义之分。从广义上来说,教书育人是指学校全部教育教学工作、管理工作和服务工作,都是培育人才;狭义的教书育人是指教师在传授专业知识的同时,以自身的道德行为和魅力,言传身教,引导学生塑造完美的人格的活动。

在“教书育人”这一基本职责当中,教书只是一种手段,是育人的手段,而不是目的,育人是教书的目的之所在。因此,如果把“教书育人”作为一个师德规范或具体的师德要求来对待,追求的重心应放在“育人”上面。甚至可以这样说,教师的基本职责是为国家、为社会培养人才,是育人,教书只是实现这一目的、履行自身职责所不能不选的手段。如果光强调教书,不重视育人,不教学生如何做人,那么“生产”出来的“产品”很可能是个危险品。因为一个没有正确人生观、价值观和道德观的人,掌握的知识越多可能对社会的危害就越大。苏霍姆林斯基指出:“培养全面发展的、和谐的个性的过程,就在于教育者在关心人的每一个方面、特征的完善的同时,任何时候也不要忽略这样一种情况,即人的所有各方面和特征的和谐,都是由某种主导的、首要的东西所决定的。在这个和谐里起决定作用的、主导的成分就是道德。”①

(二)“教书”和“育人”的关系

“教书”和“育人”是相互联系、相互促进的。首先,教书和育人并非彼此分离、互不相干的两个过程,而是一个完整的教育过程的两个方面。教书育人,既不是教书加育人,也不是教书兼育人,而是教书中必然包含着育人,教书的人就是育人的人。教书育人是一个完整、统一的职业性社会活动过程。教书以育人为目的,不育人则无须教书;育人以教书为手段,不教书则难以育人。如果把育人看成是教学工作之外的一项工作,这就割断了教书育人之间的有机的内在联系,从而会产生那种“只教书、不育人”或“教师教书、班主任育人”的倾向。

其次,教书本身也包含着育人的意义,教好书是育人的基础。书作为人类精神文化的重要载体,除了具有丰富的科学知识、审美知识、生活知识外,还蕴含了丰富的思想道德内容,但不是教好了书自然就育好了人。如果抱着“教书”可以自然而然地“育人”的思想进行教书育人活动,片面追求书本知识的传授、学习,这种“育人”往往是不自觉的、无意识的、被动的,因而常常落空。在实际工作中,确有不少教师只重知识传授,轻思想品德教育,只教书、不育人的现象仍然存在。党和国家就是在这种背景下提倡教书育人的。如果离开这一具体的条件和背景,对“教书育人”概念的把握往往会失去准确性。

再次,“教书育人”这一整体词汇与单纯“育人”一词是不能混为一谈的。“育人”是“教书育人”的上位概念,如果分开看“教书”和“育人”,这两个单独词意中都包括对学生德智体美劳等方面的全面培养。而“教书育人”这一词组中主要应指教师既要教书又要

---

① [苏]苏霍姆林斯基. 论德育和全面发展[J]. 国外教育资料,1980(1).

育人，而且要把两者有机结合起来。无论教哪门课程都要培养学生的思想品德，“教书”的内容是多样的，教理论知识会培养学生的智力，教实践知识会培养学生的能力，教体育知识会培养学生运动能力，等等，但都要注意对学生思想品德的培养。因此，教书育人是指教师在课内教学中以及课外和学生的接触中，通过各个教学环节和各种活动，对学生进行全面的教育和培养的过程。

二、教书育人与立德树人

中国共产党第十八次全国代表大会报告明确提出，把立德树人作为教育的根本任务。这一提法，把“立德树人”作为教育的根本任务，抓住了教育问题的本质，为中小学在新形势下加强和改进德育工作提出了新要求，指明了我国今后教育改革发展的方向。因此，立德树人就成为教书育人的本质和目的所在。

从“教书育人”到“立德树人”是在倡导一种全新的教育方向。“教书育人”是把“教书”放在前面，其强调的是通过“教书”来“育人”，在“教书”的过程中“育人”。“育人”是“教书”的一个重要内容。

“立德树人”是把“立德”放在前面，其强调的是“立德”，突出的是“立德”，是通过“立德”来“树人”，在“立德”的过程中“树人”，或者是说，“树人”以“立德”为先。“树人”是教育的根本目的，“立德”是“树人”的重要内容和手段。其倡导的教育重点是“立德”，是品德的培养，只有把“德”立起来，“人”才能“树”起来。

为什么过去强调“教书育人”，现在要把“立德树人”作为教育的根本任务呢？除了自古以来教育的目的就是要“培养人”，培养有道德的人之外，教育进入了新时代，教育更加需要解决“立德树人”的问题。“立德”成为关乎中华民族未来的一个大问题。

虽然中国教育历来重视德育，强调做人的教育，但“立德”一直是软指标，没有下真功夫，没有收到应有的效果。一度造成了整个社会道德的滑坡，集体观念、祖国观念淡漠等问题日益凸显，“空心人”越来越多。“培养什么人”的问题越来越显得重要，如果任其发展，未来的教育和社会将不堪设想。所以，“立德树人”的教育，社会主义核心价值观的教育就显得尤其重要，特别迫切。

“立德树人”工作不是某个或某几个学校甚至某几个教师的事情。在学校教育中，班主任工作和教师的教育教学工作是提升学生思想品德的基础性工作，是学生正确的世界观、价值观和方法论形成的基础。要围绕“勤学、修德、明辨、笃实”的要求，从落细、落小、落实入手，形成课堂教学、校园文化和社会实践多位一体的育人平台，促进青少年学生学会劳动、学会勤俭，学会感恩、学会助人，学会谦让、学会宽容，学会自省、学会自律。

坚持立德树人，就要做到切实推动社会主义核心价值观进教材、进课堂、进学生头脑。这样充分肯定学校教育和课堂教学在教育引导青少年学生培育和践行社会主义核心价值观中的重要作用。要充分发挥课堂教学主渠道作用，全面深化课程新理念，不断完善有机衔接、循序渐进的课程体系和教材体系，把党的教育方针和社会主义核心价值观细化为学生核心素养体系和学习质量标准，融入中小学各学科课堂教学之中。要在课堂教学中强化优秀传统文化内容，有序推进中华优秀传统文化教育。要推进教学方法改革创新，引导各学科教师在传授知识和培养能力的同时，将积极的情感和正确的价值观自然融入课程教学全过程，及时宣传推广社会主义核心价值观教育教学的好经验、好做法。

三、教书育人的具体要求

（一）遵循教育规律，实施素质教育

1. 遵循教育规律

所谓教育规律，就是教育内部的诸因素之间，教育与其他事物之间的具有本质性的联系，以及教育发展变化的必然趋势。教育规律是教育、社会、人之间和教育内部各因素之间内在的本质的联系和关系，具有客观性、必然性、稳定性和重复性。

“要按教育规律办教育”，“不要违反教育规律”，这是我们常听到的呼吁和告诫。学生培养有其内在的客观规律。如，不同的培养方式、环境、条件或机遇等，会出现不同的培养效果。但也要注意学生培养和发展规律中的特殊性和无限性问题。客观现实中，有些一般学校中也能出现优秀学生，重点学校中也有差学生，这就是特殊性的体现。

遵循教育规律开展教育教学，是成功实施素质教育的关键。教育规律涉及教育者、受教育者、教育内容、教育方法和师生互动过程等诸多方面。在日常教育教学工作中要遵循教育规律，应尤其注意以下几方面：

一是受教育者身心发展的规律。如何准确把握处于不同发展阶段学生的身心发展特点，这需要广大教师不断深入探讨。

二是学科学习本身的特点与教学规律。不同的学科在知识体系、理论假设、方法论上差别很大，教师应寻找学科教育与学生特点的最佳适配点，找到学生的最近发展区。

三是学习的规律。学习本身有很多规律可循，遵循学习规律科学地组织教育教学过程，有意识地指导学生掌握科学的学习方法，对提高课堂教学质量与效益极为重要。

四是动机与情感影响学习活动的规律。动机和情感是影响学生学习的重要因素，教师的教育风格、师生关系的状况等均对学生的学习有重要影响。

五是注重评估方式对教育教学的导向作用。加强对学生动手操作能力、实践创新能力的考核，重视在平时的学习过程中结合形成性与终结性评价，将有利于创新精神的培养。

六是重视学生的深度参与和体验。深度参与和体验在知识转化为能力、观念转化为行为的过程中发挥着催化剂的作用。只有科学合理地给学生提供大量亲身参与、实践体验的机会，才能有效提升学生培养质量。

2. 坚持素质教育

原国家教委在《关于当前积极推进中小学实施素质教育的若干意见》中对素质教育的概念做了明确解释：“素质教育是以提高民族素质为宗旨的教育。它是依据《教育法》

规定的国家教育方针，着眼于受教育者及社会长远发展的要求，以面向全体学生、全面提高学生的基本素质为根本宗旨，以注重培养受教育者的态度、能力，促进他们在德智体等方面生动、活泼、主动地发展为基本特征的教育。"

素质教育的内涵可从三个方面来理解：

第一，素质教育是面向全体学生的教育。《教育法》规定公民"依法享有平等的受教育的机会"。受教育机会平等是国家法律规定的一项基本教育方针。对政府和教育行政部门来说，应当为所有适龄儿童少年提供平等的教育；对学校和教师而言，要努力使每个班和每个学生都得到全面而健康的发展。基础教育特别是义务教育的根本宗旨，是为提高全民族的素质打下扎实基础，为全体适龄儿童少年今后的学习和参与社会生活打下良好基础。实施素质教育要求面向全体儿童少年，促进每个学生的发展，与这一根本宗旨是一致的。

第二，素质教育是促进学生全面发展的教育。全面发展，这是党的教育方针的核心部分。它提出了教育所要培养的人的合理素质结构，包括生理的、心理的、思想的、文化的素质。教育是要教给学生文化知识，作为检验学习成果的重要方法之一，考试是重要的，也是必要的。"应试教育"的问题在于，它主要是为应付考试而教、为应付考试而学，忽视学生的全面发展；在教育实践上，忽视德育、体育、美育和学生身心健康，造成学生的片面发展。有的人书念得很好，考分很高，但是没有正确的人生观、世界观、价值观，道德修养很差，缺乏与人交往、团结合作的能力，这不能认为是好人才。有的人只有书本知识，没有创造性，不会解决实际问题，"高分低能"，也不能认为是好人才。道德修养好和本事大的人，身体不好也做不出太大的贡献。当然，在学校不好好学习，文化知识差，更不能担起社会主义现代化建设的重任。全面发展不等于平均的全面发展，而是和谐的全面发展。实施素质教育就是要培养学生品德高尚、身心健康、知识丰富、学有专长、思路宽广、实践能力强，使学生学会做人、学会学习、学会劳动、学会创造、学会生活、学会健体、学会审美，成长为有理想、有道德、有文化、有纪律的社会主义事业的建设者和接班人。

第三，素质教育是促进学生个性健康发展的教育。人的个性是千差万别的，社会也需要各种各样的人才。实施素质教育的重要目的之一，也是为了使有不同天赋和爱好的孩子，在受教育的过程中，除了统一的基础课程外，通过各种教育方式给予他们能发挥天赋和爱好的空间和时间。

落实素质教育要坚持素质教育的"基础性"。其一，一个人只有具备了良好的基本素质，才有可能实现向较高层次的素质或专业素质的"迁移"。基础教育以发展和完善人的基本素质为宗旨，因而不少人指出基础教育的本质就是素质教育。其二，人类蕴含着极大的发展自由度，这就是人的可塑性。自由度越高，可塑性越强。教育是塑造、培育人的事业，如果在基础教育中充斥着定向的、专门化的训练，而不是着眼于把普通的基础打扎实，那就等于缩小了发展的自由度，窒息了人的可塑性。其三，从教育控制论的意义上讲，教育是一种人为的、优化的控制过程，以便受教育者能按照预定目标持续发展。但如果把基础教育局限于职业的、定向的训练，就会使本来应得到扩大发展的可能性空间过早地停滞、萎缩。

(二) 循循善诱,诲人不倦,因材施教

1. 循循善诱

"循循善诱"一语出自孔子《论语·子罕》:"夫子循循然善诱人,博我以文,约我以礼,欲罢不能。"其中的"循循"指有次序的样子;而"善诱",即擅长引导。对于教师来说,"循循善诱"是指在教育工作中,既不急于求成,也不强制接受,而是善于耐心、有恒心、有步骤地引导学生,启发自觉,激励动机,进行学习,改进行为,健康成长。循循善诱不仅仅是一种教育的方法,也不只是一种教育的态度,它反映出教师的教育理念,关系教育目的的实现。做到"循循善诱",教师既要懂得科学地育人,还要懂得艺术地育人。

在教学中,教师倡导启发式、探究式、讨论式、参与式教学,帮助学生学会学习,激发学生的好奇心,培养学生的兴趣爱好,营造独立思考、自由探索、善于创新的良好环境。启发式、探究式、讨论式、参与式教学,各自侧重点不同,应用的环境、方式也不同,但都是以学生为主体,调动学生去主动思考、探讨,在思维的过程中掌握知识和技能,把"被动"地接受知识转变为"主动"地掌握知识。这里,调动起学生的主动性和积极性是关键。其实这也是教学优劣的分水岭。教学方法并无定式,一位好的教师总是善于根据教学内容、要求以及所教学生的实际状况,采用适当的教学方式调动起学生的学习主动性和积极性,以取得好的教学效果。

2. 诲人不倦

诲人不倦,指教导别人而不知疲倦。诲人不倦的道德导向一方面要求教师严格要求自己,努力培养教书育人的责任感、使命感,兢兢业业,勤奋好学;另一方面要求教师执着追求教育目的的全面实现,以高度的奉献精神对待自己的利益得失和工作苦累,以不知疲惫的精神状态直面繁重的教育任务。诲人不倦还要求教师正确理解和对待学生在发展过程中的错误、缺点和反复,在培养和诲谕学生时表现出充分的耐心和坚强的毅力;正确理解和处理教育过程中的矛盾、问题和困难,百折不挠地肩负起培养"四有"新人的历史使命,而不是一遇挫折,遭受一点打击,碰到一点难题便自暴自弃,灰心沮丧,退避畏缩。

努力做到"诲人不倦",教师还要做到不厌其烦。比如,有些学生总有一些知识没有学会,教师利用当天课余时间对他们进行个别辅导,直到学生把当天所学知识弄懂、学会,这就是"诲人不倦";再如,对于犯错误的学生,教师不言放弃,持之以恒地进行说服教育,直至学生改正缺点、错误,这也是"诲人不倦";对于教学上的一个难题,教师利用课余时间查阅大量资料,反复思考,甚至利用休息时间撰写教学案,使问题迎刃而解,取得了最佳教学效果,这更是"诲人不倦"。因此,教师的"诲人不倦",体现在教师对教育事业的幸福感和奉献精神上,没有对教育和学生发自内心的爱,很难做到"诲人不倦"。

3. 因材施教

因材施教就是指针对学习者的志趣、能力等具体情况进行不同的教育。因材施教

是教育中的一项重要的方法和原则，教师在教育中要根据不同学生的认知水平、学习能力以及其自身素质，选择适合每个学生特点的学习方法来进行有针对性的教育，发挥学生的长处，弥补学生的不足，激发学生学习的兴趣，树立学生学习的信心，从而促进学生全面发展。因材施教具有丰富的现代内涵，它的实施对教育公平的实现具有重要意义。

在教学中，因材施教原则是指教学要从学生的实际出发，使教学的深度、广度、进度既适合大多数学生的知识水平和接受能力，同时又照顾到所教学生的个性特点和个性差异，使每个学生都得到充分的发展。因材施教原则是实施素质教育，促进学生全面发展的最基本要求。

古之所谓"材"是对一个人的整体概括，所谓"因材施教"是在认识某人适合于成为某种之"材"的前提下，用相应的教学内容、手段和方法，促使学生向某个方向发展，以求人尽其"材"。孔子在他长期的教育实践中，创立了人性差异的观念，以"性相近也，习相远也"作为理论指南，"教人各因其材"，教授弟子三千，其中贤人七十二，同样学习诗书礼乐、文行忠信，但程度不同，能力各异。有的"千乘之国，可使治其赋"，有的"千室之邑，百乘之家，可使为之宰"，有的"束带立于朝，可与宾客言"，同样身通六艺，却各有特长。史实表明，正是孔子因材施教的理论和实践造就了门下诸多栋梁之材。

因材施教应是教育者的主动行为，在这方面教师应有更多的作为。在不同的学习场合中，不同类型、不同能力水平学生的学习表现是极为复杂的，需要教师凭着自己的经验和智能灵活地设计因材施教的方法。

(三) 培养学生良好品行，激发学生创新精神，促进学生全面发展

1. 培养学生良好品行，促进学生全面发展

美国教育家杜威说：教育主要是培养儿童的德性。学生的品行好坏关系到学生的终身发展，同时它也是全面贯彻党的教育方针的需要，是全面推进素质教育的需要，是提高全民族素质的需要，是实现伟大的中国梦的需要。怎样才能培养学生的良好品行呢？

(1) 要尊重学生

"为了每一位学生的发展"是新课程改革的核心理念。为了实现这一理念，教师必须尊重每一位学生做人的尊严和价值。它包含三层意思："关注每一位学生；关注学生的情绪生活和情感体验；关注学生的道德生活和人格养成。"因为每一位学生都是生动活泼的人、发展的人、有尊严的人，所以教师要关注全班每一位学生，而关注的实质是尊重学生。不尊重学生，就无法谈塑造学生健全的人格。因此，尊重学生，是塑造学生健全人格的前提条件。

(2) 要赏识学生

教育与人性的最佳切合点是什么呢？是赏识。这是中国陶行知研究会赏识教育研究所所长，被誉为"中国第一位觉醒的父亲"周弘历经 20 年磨难探索出的结论。赏识就是通过激励、表扬手段肯定学生的优点、长处，鼓励他们不断追求成功，不断走向完善。教师对学生的赏识，其实质就是对学生的一种积极"暗示"，属于一种正强化行为。赏识

对学生个性的发展、人格的健全,具有不可替代的作用。因此,教师要赏识每一位学生的独特性、兴趣和专长;赏识每一位学生所付出的努力和表现出来的善意;赏识每一位学生对权威质疑和对自己的超越。赏识能培育学生的信心、责任心、兴趣、爱好;赏识能开发学生潜能;赏识能发展学生个性。因此,赏识学生是塑造学生健全人格的基础。

(3) 要长善救失

长善救失是《学记》所倡导的一种教育思想,也是迄今我国德育工作的一条重要原则,指在教育过程中,教师要发扬学生自身的积极因素,即优点长处;克服学生的消极因素,即缺点短处。长善救失是塑造学生健全完美人格的重要手段和方法。因为“金无足赤,人无完人”,即使最优秀的学生,人格全貌也不可能“完善无缺”。教师要善于利用学生的积极因素,帮助他们扬长避短,择善去恶,强化优点,淡化缺点。即使品德最差的学生,身上也存在积极的因素,只是因他们身上的消极因素占了优势,积极因素被掩盖了,只要教师怀着积极的心态,留心注意,总能找出隐藏内心深处的“闪光点”。教师捕捉闪光点,诱发闪光点,使其自身逐步增长其克服缺点和错误的内在精神力量,促使其内部矛盾转化,这是最有效的教育措施。最后,长善救失,要选准教育时机,不论是完善优秀生,还是转化后进生,都应抓住契机,及时教育,以达最佳效果。

(4) 要培养良好的行为习惯

习惯是人的一种惯常行为模式,有人讲“习惯即人格”,它有巨大的力量,好的习惯可以造就人才,坏的习惯可以湮没人才。要塑造学生健全的人格,就要注重培养学生良好的行为习惯。一个人有多少种行为,就会有多少种习惯,无论是内隐行为,还是外显行为,概不例外。

(5) 做好学生日常品行的综合评价

做好评价环节是对学生课堂与课外品行养成情况的评判、检测、导向。只要求没检查,就跟没说一样。因此对学生日常品行的检查评价工作必须坚持并落实,要根据学生品行的可观测点设计评价方案,还要结合《中小学生日常行为规范》对学生的要求,结合班级开展的“班级小明星”、五好学生、优秀少先队员等活动情况。但是评价、评比终究是外力,养成好行为习惯必须靠内因,为此应使评价、评比的形式多样化,把自我评价、同伴评价、教师评价、家长评价、综合评价结合起来。通过做好评价,对学生品行发展起导向作用,促进日常好行为成为习惯。

2. 激发学生创新精神

创新精神是进行创新活动必须具备的一些心理特征,包括创新意识、创新兴趣、创新胆量、创新决心,以及相关的思维活动。创新精神提倡新颖、独特,同时又受到一定的道德观、价值观、审美观的制约。

学生创新精神的培养是一个长期的过程,需要教师的悉心引导和学生的积极配合。要立足长远,要以学生为中心,将先进的教学理念运用于教学实践中,使课堂教学成为实施创新教育、培养学生创新精神的主要阵地。

(四) 不以分数作为评价学生的唯一标准

长期以来，学校教育中存在用一把尺子衡量学生的问题，这把尺子就是考试成绩。只要分数高，就意味着成绩优秀，就意味着是“三好生”，就能得到很多的机会。这种评价方式导致一些学校只重视课堂和书本知识的学习，忽视实践能力、创新精神与社会责任感的培养。这种对考试分数过于看重是对教育方针和素质教育的歪曲。有些发达国家，早已把学生成绩视为个人隐私。中国个别地方也有这种尝试。这样做，不仅是一种教育艺术的改变，更重要的是对学生人格的尊重，是对学生自尊心的保护。考试分数可以成为学生的隐私，学校不再公开学生成绩，不再排名次，不再评比。这样做，可以把学生的注意力从分数上引开，引到分析问题、解决问题的能力上来。这样做，才能真正调动学生的学习积极性，克服厌学情绪。

教师，不要把学生分等级，给学生贴标签。如果教师给学生分成好与坏两个阵营，学生在内心就会把自己定义成好学生与坏学生。教师不要因为成绩差而否定学生的一切，德、智、体、美、劳中智仅仅是一项，要看到成绩之外学生所做的努力，要赞扬学生的其他品质，比如，对于学生做事认真，待人宽容，爱助人为乐等，教师都应该给予表扬。对成绩好的学生，教师也不要娇宠。给学生赞扬的同时也不忘关注学生的其他品质，要关注学生多方面成长。教师应该随时和学生交谈，了解学生在校和家中表现，尤其对成绩差的学生，教师不要在全体学生面前批评他们，而应该讲一些后进生好的表现。

总之，教师要全面评价学生，要公平公正地评价。教师不要给学生一个为了获得高分成绩而进行比拼的擂台，而是要给学生一个不限时间、不限空间的全面发展自己的平台；学生是一个个体，他们每一个都有着千变万化的区别，不要把每一个学生都限制在一个空间里，要让学生自由自在地遨游学习乐园。

四、教书育人的途径

(一) 要努力提高教学质量

教书育人，教学是基础，质量是关键。教书育人是教师的一种主动行为，它通过教师课堂中和课堂外的教学和言传身教来完成。课堂教学是教书育人的最主要渠道。教师首先要认真执教，致力教学质量的提高。只有高质量的教学，才能增加教师对学生的吸引力和感染力，才能激发学生的上进心和学习热情，并通过教学活动为教书育人、全面提高学生的素质打下坚实的基础，反之，教书育人就会流于形式。

教书育人始终潜移默化地体现在教学活动中。教师，一方面，要理解书中所具有的知识与品德的育人价值不是纯客观的、静态的，它需要为教师掌握，并通过教学与学生的生活经验建立联系，才能真正体现教书的育人价值；另一方面，要理解“育人”是一个促进人思想品德(政治思想、思想意识、道德品质)知情意行全面成长的过程，它不能脱离各科教学，也不能在空洞说教中实现。

首先，教师要深入挖掘具体的教育、教学活动的教育价值，深刻理解和把握各级教育目标对学生发展的规约、引导作用，并把它转化为具体的教学目标。其次，教师要通过对课堂教学、教育内容的选择来实现价值引导。任何教育传递的文化都是经过筛选的，教育的文化选择功能在多种文化观念相冲突的历史时期尤为明显，教师要加强学习，注重自身素质的不断提高。再次，教师作为体现社会价值要求的“文化源”，还应注重其在引领学生中的科学转化问题。

要积极进行教学改革，提高课堂教学的质量。要通过调整和改革课程体系结构和内容，加强课程的综合性和实践性，培养学生实际操作能力，并运用现代化教育技术手段，提高课堂教学质量。

（二）要做好表率

“身教重于言教”。教师的表率作用，对学生来说是一种无声而有效的教育。教师的理想、追求、思想、感情、言行举止、气质性格、对工作的态度和业务能力，对学生都具有熏陶诱导和潜移默化的影响，往往像种子一样在学生的心中生根发芽。如教师在教学过程中所表现出来的对教育事业的热爱，对工作的极大热忱，往往像润物的细雨一样不知不觉地注入学生的心灵，诱发学生的上进心；教师对学生满腔热情的爱，往往会在教学过程中直接转化为学生对教师的尊敬，产生“向师性”；教师渊博的知识和严谨的治学态度，又往往会得到学生的敬佩，成为学生学习的楷模。因此，教师应当多和学生在一起，以自身正确的价值取向、高尚的师德魅力和有效的方法艺术，通过丰富多彩的教学活动激发学生的笃信和仰慕之情，使学生乐于听其言、信其道。同时，要将对学生世界观、人生观和价值观的培养融合到教学中和学生的日常交往中。教师在教书育人过程中，还要不断加强职业道德修养，做到言行一致，表里如一，严于律己，以身作则。凡要求学生做到的，自己首先做到；凡要求学生不做的，自己坚决不做。只有这样，才能保证教书育人的实施，达到教书育人的目的。

（三）要真心关爱学生，关注学生的需求

热爱学生是教师职业道德的核心，是教师热爱教育事业的具体体现，也是“教书育人”取得成效的前提。情感是教书育人的催化剂，教师的情感是教育影响学生的重要因素。教师，只有热爱自己的学生才可能真正做到教书育人。这种热爱不能靠一时的冲动，它需要教师充分认识到教育工作的意义和自身的神圣使命。教师只有明确意识到教育工作的育人性质，才会有高度的使命感，并把自身的工作和祖国的未来发展、国家的繁荣昌盛联系在一起，才能感受到工作的崇高与光荣，才可能从内心深处产生对教育、对学生的热爱之情。只有这样，教师才会将自己的知识、才华、青春和生命奉献给教育，把自己看似平凡的工作做得更好，并从中获得幸福。

教师对学生的态度是积极、热情、关怀备至，还是消极、冷漠、不闻不问，会直接影响到教师与学生之间、教师与学生集体之间的道德关系，并进而影响到“教书育人”能否顺利进行。一个真正热爱学生的教师，他一定会得到学生的热爱。他向学生提出的意见要求，也一定会在学生的情感上产生肯定的倾向和积极的情绪体验，并被愉快地接受。

相反，一个不爱学生的教师，即使他的意见和要求正确，学生有时也可能无动于衷，严重的甚至会产生逆反心理和对抗行为。感情上的相悖，往往会阻碍道理的传导。

需要是个体成长的内在动力。它受内在遗传素质和外在环境的双重因素影响和制约。个体的成长过程就是在这种个体需要与外部环境的相互作用中，通过满足与否而激活或压抑，并在环境引导下不断自我生成的过程。教书育人离不开学生的真实生活需要。教师要对学生成长发生影响，必须关注他们的需要。

关注学生的需要，既要关注学生的理想性需要，又要关注学生的当下需要。理想性需要是一个生命需要的重要组成部分，它导引着生命的航程，但理想性的需要又必须渗透在人的现实需要之中，脱离人的当下需要谈远大理想、雄心壮志容易忽略生命的成长过程。要实现教书育人就要求教师关注每一个学生每一天的健康成长，帮助学生过好每一天。生活不是过去时，也不是未来时，而是现在进行时。教师必须面对学生现实的生活。现实生活中的人有许多的压力、恐慌、诱惑，需要学生认真地面对、积极地解决。人具有解决这种问题的潜能，学生只有在直面这些问题的真实经历中才能获得成长，这也是学生德性的最佳生长点。教师如果抓住此时此刻给予及时的指点、帮助，就能够促进学生的德性成长，这才是真正的教书育人。

要对学生充满期待。期待对学生成长而言是一种能量，是对生命信任的过程。教师对学生的期待可以增强他的自信。以往教育的一个误区就是对学生不信任，将学生视为“被教育”“被塑造”“被改造”的对象，常由此产生诸多的师生矛盾。这里涉及师生的主客体关系问题。随着素质教育、课程改革的推进，学生的主体地位已逐渐被教师在观念上所接受。但在具体的教学行为层面，把教书育人等同督促学生学习，不信任学生，无视学生的长处，甚至对学生的批评、责骂等仍比比皆是。正如陶行知先生曾经批评的：“你这糊涂的先生！你的教鞭下有瓦特，你的冷眼里有牛顿，你的讥笑中有爱迪生。你别忙着把他们赶跑。”教师只有信任学生，对学生充满期待，才能真正起到育人的作用。信任是一种特殊形式的尊重，它会对学生产生特殊的教育效应。教师把学生当作什么样的人看待，就等于暗示他应该成为什么样的人。学生也往往会从教师的信任和期待中体验到人的尊严，看到自身的潜能，激励自己不断进取。实践证明，当学生的言行有错误时，教师依旧给予信任，并引导他们及时纠正，会更有效地保持他们的自尊心，也有利于他们迅速地改正错误，达到老师所期望的目标。

（四）遵循教书育人的规律

学生的成长是有其自身规律的，要教好书、育好人，就必须掌握科学方法、遵循教育规律。现实生活中大量的事实证明，教育方法极为重要，如果方法不妥，其结果往往是事倍功半，甚至是事与愿违。正确的方法、好的方法就是符合规律的方法。教育规律是由诸多规律构成的规律体系，教育活动应遵循多种规律，如学生的生理运动规律、心理运动规律以及各门学科的学习规律，等等。要遵循规律就要认识规律，就要积极探索、努力学习。不同地区、不同学校、不同专业、不同年龄、不同生活阅历的学生有着不同的特点，每个学生都有自己的个性特征。要遵循规律，就要从学生的实际出发，运用适宜的方法,促进学生健康成长。

掌握教育规律,按照规律育人。由此要求教师要努力学习教育科学知识,摸索和掌握教育规律,按照规律来教书育人。

首先,要以马列主义理论做基础,运用马克思主义的立场、观点和方法来教书育人;要转变教育观念,改革优化育人的模式。

其次,要运用第二课堂的活动来激发学生的兴趣,开阔学生的视野,增长学生的才干,锻炼学生的思想和品质。第二课堂是教师教书育人的好天地,教师必须采用各种生动、活泼、丰富的课外活动和社会实践活动,灵活多样地对学生进行教书育人。

再次,教师要深入学生之中,与学生交朋友,沟通心灵,引导学生全面健康地成长。

[推荐阅读]

➢ 扫描本章二维码,阅读“四块糖的故事”。

(五)不断学习,完善自我

教师应当努力学习,不断提高自己的综合素质,以适应教书育人的需要。教师要努力学习科学文化知识,要拓宽知识面,要深入研究问题,这是教好书的知识保证;教师要努力提高思想政治觉悟,形成良好的道德品质,这是育好人的政治素养和道德品质保证;教师要努力学习和研究教育理论,掌握教育教学规律,这是教好书、育好人的方法保证。教师要努力学习教育学、心理学和教学法等基本理论知识,要注意研究学生的生理、心理特征和思想、学习状况,要注意分析各种环境因素对学生成长的影响,探索教育教学规律。在当今社会,科技迅猛发展,社会经济关系、社会观念快速变化,不同价值观念冲撞,社会矛盾极为复杂的情况下,学生遇到的问题、存在的困惑多样而复杂。学生的困惑往往也是教师的困惑,教师更需要注重自身的学习和研究。

教师的自身完善还需要与教育实践紧密结合起来。教师通过各种方式和各种途径获得的理论知识和师德要求,只有通过自身的实践活动转化为自觉的行为,才能真正提高自身修养。而教师的教育实践活动是教师每天都在进行的最基本的实践活动,是最具针对性的道德实践活动。如教师在教育实践中能否做到为人师表,能否关心学生,能否处理好师生关系、同事关系等,都需要在教育实践中躬行体验。只有通过实践,教师才能将所学的理论知识应用起来,才能发现个人的某些不足,并努力在实践中克服和纠正,使自己趋于完善。也只有在实践中,教师才能更好地将理论认识转化为内心深处的真实情感,并形成具有稳定倾向的行为习惯。

总之,教书育人需要教师坚持全面培养的教育理念。教师不仅要向学生传授知识,开发其智力,培养其多方面的能力,还要注意组织学生开展有益的文化娱乐活动和体育活动,活跃气氛,锻炼身体,提高身心健康水平。教师更要注意帮助学生提高思想觉悟水平,形成正确的世界观和人生观,培养良好的道德品质,养成良好的行为习惯,从而促进学生的全面发展。

第二节 为人师表

“师者，人之模范也”，是古今中外的人们对教师的界定。我国古代教育家孔子很早就提出教师要身教重于言教的原则，要求教师正人先正己；教育家陶行知则要求教师“一举一动，一言一行，都要修养到不愧为人师的地步”。德国著名教育家第斯多惠强调教师本人是学校里最重要的师表，是最直观的、最有效益的模范，是学生最活生生的榜样。由此，“为人师表”这一规范就成为教师职业道德区别于其他职业道德的显著标志。

一、为人师表的内涵

（一）为人师表的含义

“师表”一词，出自《史记・太史公自序》，意思与“师范”相同，是指学习的榜样。“为人师表”语出《北齐书・王昕书》：“杨愔重其德业，以为人之师表。”意指杨愔在德业方面可为大家的榜样。“为人师表”原是对官、师的共同要求，孔子所提的“其身正，不令而行。其身不正，虽令不从。”就是对官和师的共同要求，后来逐渐演变为对教师的要求。

古今中外的教育家们都把为人师表作为教师职业道德规范的重要内容。孔子提出教师要“以身作则，为人师表”；孟子认为“教者必以正”；叶圣陶说“教育工作者的全部工作就是为人师表”；昆体良认为教师应该处处给自己的学生做模范、做榜样；洛克认为教师的榜样示范所起到的吸引儿童去模仿的力量，比任何说教的作用都大而深刻；苏霍姆林斯基要求教师要从各方面做学生的榜样；车尔尼雪夫斯基则认为“教师把学生造成一种什么人，自己就应当是这种人”。2014 年教师节前习近平总书记在北京师范大学和教师学生座谈时讲道：“老师的人格力量和人格魅力是成功教育的重要条件。”可见，在教育领域，为人师表对教师的基本要求就是“学为人师，行为世范”，就是要求教师既要做“经师”，又要做“人师”。因此，所谓“为人师表”是指教师要在各方面都应该成为学生和社会上人们效法的表率、榜样和楷模。

（二）为人师表的特征

为人师表是教师职业道德区别于其他职业道德的显著标志，是对教师的特殊规范，它有自己独具的特征。

一是示范性。教师在从教过程中，通过自己良好的思想品质、知识才能、情感意志为学生做出示范，如语言上的文明、礼貌、准确、生动、幽默，仪表上的整洁、端庄，定会起到让学生由敬佩到效仿的作用。因为正在成长的青少年，随时随地都用自己那双敏感的眼睛和稚嫩的心灵观察着教师的言行举止，自觉和不自觉地学习和模仿教师的言行举止。教师就是通过这种时时事事的言传身教,使学生耳濡目染,逐渐地学到丰富、系统的科学文化知识,形成良好的思想品质、高尚的道德情操,培养多种兴趣爱好等。教师的这种为人师表的示范作用,在青少年的成长过程中是其他方面难以代替的。

二是广泛性。教师是学生学习的榜样,同时也要为社会上的人们做出表率,树立榜样。为什么对教师提出这样的要求呢?第一,教师代表正向的价值规范,树立遵守法律法规与职业道德的良好形象,对社会风气起到引导、规范作用。第二,教师是知识分子和文化传承者,既对社会中广泛的知识进行甄别、吸收,丰富自身学识,树立知识分子的形象;又担负文化传承与发展之职,成为引领构建文化社会的力量中不可缺少的一员。第三,教师是社会公益事业的骨干力量。教师是教育事业的践行者,服务学生,造福公众,让社会获益。同时其时时刻刻的言行举止等表现都会受到学生和社会成员的监督。因此,这就要求教师不仅在课堂上、学校里的一切言行举止要严格和谨慎,而且在家庭中、社会上也要为社会普通人做榜样;不仅在语言、仪表上做模范,而且要在思想、行动中做表率;不仅在工作态度、学习精神上为学生和他人做楷模,还要在政治思想、道德品质、生活修养等方面率先垂范。

三是激励性。"为人师表"这一师德规范不仅对教师自身有激励作用,对学生也有激励作用。"为人师表"激励教师必须注重学习,不断提高自己的思想觉悟;必须严于律己,时时处处事事规范自己的行为;必须多关心、多帮助别人;努力用自己的行为、举止、仪表、语言为学生和他人做榜样。试想如果教师要求学生做到,自己却做不到,那教师的话语会大打折扣。对学生而言,当学生看到教师工作如此劳累,事务如此繁忙,还能和学生一起劳动、一起出操、一起学习等,学生会由衷地被教师感动,从而激发自己不断上进。全国优秀班主任任小艾有句名言,她说:"教育学生最好的方法就是让学生感动。"

四是统一性。言传和身教是教师施教与为人师表的两种基本形式。言传和身教在教育学生的过程中各有优势,言传的优势是内容表达准确、严密、系统,逻辑性强,同时能做到有的放矢;身教的优势是以身垂范,直观性强,影响与感召力大,其效果主要通过教师自身的实际行动去感化、感召,让教育对象或社会他人自觉产生模仿、学习的动力。在言传身教过程中,教师言传的知识与做人的道理及身教的行为与示范要科学、高尚,如此才能让人自觉地接受并由衷敬仰;教师自身整体素质越高,言传身教的方法与艺术运用得越好,其为人师表的感召力就越强大,教育的整体效果就越显著。

[推荐阅读]

➢ 扫描本章二维码,阅读"张伯苓戒烟的故事"。

(三)为人师表的意义

"为人师表"规范要求教师在各方面以自己的行为为学生做出表率,不仅在课堂上做到言传身教,还要在理想信念、思想情感等方面为学生做出表率;它要求教师严于律己,做学生的榜样和世人的楷模,对于教师完成教书育人的工作,陶冶学生的情操,影响社会风气，促进社会文明，都有着极其重要的意义。

1. 为人师表是树立教师威信的基础

教师威信一般是指教师个人在教育教学过程中的威望和信誉。教师威信是教书育人不可或缺的条件，相比较而言，在学生中享有崇高威信的教师，其教育教学效果会越突出。中国古代的荀子就十分注意树立教师的道德威信，他说“尊严而惮，可以为师”，意思为只有具有尊严和威信的才能为师。苏联教育家凯洛夫说：“对于新生来说，教师具有无可怀疑的威信。”教师威信越高，教学效果越好，这是每位教师在教学实践中都能亲身体会和认识到的。

由此可见，在教师教育教学过程中逐步树立自己的威信是做好工作的重要环节之一。但教师威信的树立不是凭空而来的，而是靠教师个体通过自身高尚的道德品质和精湛的业务能力的榜样作用逐步实现的。只有教师在教育教学中时时处处事事凭借自己的才学德行做到为人师表，才可以让学生感受到教师在对他们的谆谆教导中所传递出来的爱、关心、呵护和期望，如此学生自然就会对教师产生尊敬之情，从而更容易接受教师的谆谆教导。

2. 为人师表是教师育人的最佳路径

教师的天职是教书育人。在育人过程中，通过学生的认知、情感、意志等心理活动实现教育内容的“内化”，但这只是教育的第一个环节；要完成教书育人的整个过程，还必须让教师所传授的“教育内容”实现由“知”到“行”的转化，即实现将道德认知“外化”为个人的道德行为的过程，实现将科学知识“外化”为学生个人的实际能力，否则再高尚的社会理想、道德准则、价值观念和科学知识也不可能起到造福社会、成就自己的作用。正是在这个意义上，教育更需要强调知行合一，重在力行，强调教师的身教胜于言教，突出为人师表的作用。17 世纪英国教育家洛克在他的《教育漫画》中说：“教师应该以身作则，使儿童去做他所希望做的事情。教师的行动千万不可违反自己的教训。”教师的“为人师表”就是用自己的实际行动去影响学生。为此，教师在学生面前必须严于律己，以身作则，要求学生做到的，教师必须首先做到；要求学生不做的，教师要带头不做，用实际行动为学生起到示范作用。

3. 为人师表可以引领社会风气

教师作为国家科技知识、传统文化和社会道德的传播者和践行者，在教育教学中需要自身具有高尚的思想品德、良好的身心素质、丰富的育人经验和严谨的工作之风，要借助自己的表率作用更好地完成这一使命。在教书育人过程中，教师不仅是学生做人做事的先导，还应是社会其他人做人做事的楷模。教师高尚的品德及其表率作用，直接影响学校所育人才的质量，大批学生走上社会后，必然会影响社会的道德风尚。因此今天的教育成果，将反映到明天社会的各个方面。同时，教师也是各项社会活动的参与者，他们在和社会的交往中，也会以自己的各种行为促进社会风气的优化。所以，从某种程度上来说，教师的为人师表对优化社会风气有举足轻重的作用，进而还会直接或间接地影响到民族的发展和国家的文明进程。

二、为人师表的要求

2008年教育部新修订的《中小学教师职业道德规范》对中小学教师在为人师表方面提出的要求是“坚守高尚情操,知荣明耻,严于律己,以身作则。衣着得体,语言规范,举止文明。关心集体,团结协作,尊重同事,尊重家长。作风正派,廉洁奉公。自觉抵制有偿家教,不利用职务之便谋取私利。”其在教师整体道德方面的要求是“坚守高尚情操,知荣明耻;严于律己,以身作则”;在社会公共生活和教育工作中的要求是“衣着得体,语言规范,举止文明”;在教师职业岗位工作中的要求是“关心集体,团结协作,尊重同事,尊重家长”;其道德准则是“作风正派,廉洁奉公”和“自觉抵制有偿家教,不利用职务之便谋取私利”。下面结合教师工作实际,择其部分内容加以分析。

(一)高尚情操,知荣明耻

2014年9月9日,中共中央总书记习近平在我国第三十个教师节,到北京师范大学同师生谈话时指出:“做好老师,要有道德情操。”习近平总书记把道德情操作为好老师的一个标准、一面镜子,为教师加强道德修养指明了方向。教师职业和教师行为一直备受关注,教师的一言一行对学生、社会有着深远的影响,广大教师必须率先垂范、知荣明耻,不断加强师德修养,塑造良好的人生观、价值观,树立高尚的道德情操和精神追求,用高尚的道德情操去感染和教育学生。

教师肩负着培养新时期中国特色社会主义事业的建设者和提高中华民族素质的使命。在三尺讲台之上,辛勤耕耘、开发着人类最宝贵的智慧资源,传播知识,塑造灵魂,引领着社会进步。在这一过程中,教师个人高尚的道德情操是其践行国家教育使命的核心品质;用自己的道德情操去感染学生、引导学生,是一个具有高尚道德情操的老师做好言传身教工作的根本准则。有敬业爱生精神的教师,才会献身教育,心系学生;才会燃烧自己,成就学生。教师要勤奋好学,使自己拥有一种善于发现美并欣赏美的高尚道德情操,有了这种高尚情操,在教育过程和社会生活中才能经得起各种诱惑,耐得住寂寞,经得起风雨,用奋发有为展示教育者的人生价值。

教师在坚守个人高尚的道德情操的基础上,树立坚定的社会主义核心价值观,做到知荣明耻,是新时期中国特色社会主义思想道德建设和精神文明建设的基本内容和长期任务。胡锦涛同志提出了“以热爱祖国为荣,以危害祖国为耻;以服务人民为荣,以背离人民为耻;以崇尚科学为荣,以愚昧无知为耻;以辛勤劳动为荣,以好逸恶劳为耻;以团结互助为荣,以损人利己为耻;以诚实守信为荣,以见利忘义为耻;以遵纪守法为荣,以违法乱纪为耻;以艰苦奋斗为荣,以骄奢淫逸为耻。”的社会主义荣辱观。它包含着社会主义思想道德建设的指导思想、方针原则和公民基本道德规范,形成了社会主义道德的鲜明指向,是引领社会主义思想道德建设的一面重要旗帜。

古人云“知耻近乎勇”,讲廉耻是为人的底线,更是教师为人师表的底线。源远流长的中华文明,孕育了中华民族的宝贵精神品格,讲究礼义廉耻就是其中一点。《孟子》说:“人不可以无耻”“无羞恶之心,非人也”;《淮南子》也认为“民无廉耻,不可治也”。一个有羞耻之心的人，才能知荣明耻，知道底线在哪里。作为“为人师表”的教师，应具有高尚的精神境界和道德情操，具有正确的社会主义荣辱观，并积极在追求高尚上起表率作用，做到知行统一，明荣辱之分，做当荣之事，拒为辱之行，做社会主义荣辱观的积极倡导者和模范践行者。

（二）严于律己，以身作则

古人有训：“严于律己，宽以待人。”所谓“严于律己”，就是严格约束自己，国有国法，家有家规，个人也有个人的“纪律”，这个“纪律”是对自己的高要求，做到自我批评和自我检讨。古人云“见贤思齐，见不贤而内自省”就是这个道理。教师在严谨治学过程中的“严于律己”，一般是指教师严格按照教育职责所要求的知识和能力素养标准，切实提高自身的素质，从而更好地履行教育教学职责，完成教书育人的任务。一个教师要体现严于律己、严谨治学，就应当对科学抱满腔热情并自觉排斥自身存在的愚昧和迷信，自觉摆脱经验主义、教条主义、保守主义的束缚，勇敢地承认自身的不足。同时，在教书育人工作中，教师还要做到以身作则、当好表率，并且要有高度的自觉性，这是为人师表的基础。一个老师一时一事给学生做出榜样是容易的，但时时事事处处为学生做出表率则是难能可贵的，需要持之以恒的精神，不断提高道德修养。

教师只有不断加强自己的师德修养，不断提高自己的专业技能，才能成为一名合格的人民教师。要做到“为人师表”，首先，教师必须把“严于律己，以身作则”看成一种强烈的内在需要，即自我人格完善的需要；把它看成与职业需要不可分离的重要部分，只要在岗位上工作一天，就应该立志成为“为人师表”的楷模。为此，教师时刻都要加强自己“严于律己，以身作则”的意识，处处严格要求自己，做一个让学生尊敬的优秀人民教师。其次，在履行“严于律己，以身作则”当好表率过程中，教师要不断地进行积极的自我行为反思，努力提高自己的思想道德觉悟，用自己的言行举止引导和教育学生。最后，在履行“严于律己，以身作则”当好表率过程中，教师要不断丰富和提升自己的专业知识、技能和教学能力。教师的本职工作是传播知识、教书育人，所以教师在业务知识、能力素质方面要成为学生的榜样，拥有丰富的专业知识和精湛的专业技能，是教师为人师表的核心与基础。如果学生感到老师“学富五车、才高八斗”，自然会从内心产生钦佩感，从而增强他们对知识的求知欲，向老师看齐。因此，教师要不断充实自己，才能跟上时代的飞速发展和满足学生不断增长的文化知识需求。

（三）衣着得体，语言规范，举止文明

教师文明的言谈举止对学生思想品质的形成起着引领作用。教师是教人怎样做人的人，首先自己就必须知道怎样做人。教师的一言一行都是其内在素养的外在体现，都会给学生以潜移默化的作用影响，而学生也正是通过这一点来了解教师的思想，“桃李不言，下自成蹊”，教师注重修养，注意言行，时时处处事事给学生做出表率，言教辅以身教，身教重于言教，学生受到教师的影响，其不良的行为和习惯受到约束，得到修正。具体说来，教师职业道德规范中关于教师“衣着得体，语言规范，举止文明”等方面的要求

主要包含仪表、仪容、举止和语言等方面的内容。

1. 仪容仪表方面

《现代汉语词典》对人的仪表解释为:“仪表,人的外表,包括容貌、姿态、风度等。”“教师”这一职业对仪表有更严的要求,因为教师的仪表最直接地反映了教师的道德面貌和审美情趣,对学生具有重要的道德意义和审美价值。良好的仪表能获得学生的认同和敬重,糟糕的仪表能引起学生反感,破坏师生间应有的亲和力,从而给教育教学带来一定程度的影响。作为教师,在仪容仪表方面要做到整洁、朴素、美观:

仪容在社会交往中表现了一个人的文化层次和意识修养,它是社交礼仪中最基本的起点。教师的仪容要情绪饱满、朝气蓬勃、光彩焕发、成熟向上。教师在教书育人过程中尤其应注重视觉形象塑造,比如男教师必须剃须,剪鼻毛,头发要修剪;女教师则应发型端庄,梳理整齐,切忌浓妆艳抹(可化淡妆),不戴首饰之类。此外,教师不能蓬头垢面,不能精神萎靡,愁眉苦脸。苏联教育家马卡连柯曾经说过:“无论是对学生,或是对教育机关中的教师和其他工作人员,都必须要求衣服整洁,头发和胡须都要弄得像样,鞋袜洁净,修好指甲和经常备有手帕。”“从口袋里掏出揉皱了的脏手帕的教师,已经失去了当教师的资格。”蔡元培先生十分注意自己的言表,他每次去学校给师生讲话和上课,必定要换上洗得十分清爽的衣服,把每一颗纽扣扣上以后,还要对着镜子整理一番。进入演讲厅或教室前,也习惯整一整衣冠。这种讲究整洁的好习惯对学生是一种无形的教育。

仪表主要包括衣着、修饰打扮等,是教师展现在学生面前的外部形态。日常工作中,教师要注重自身的着装及修饰等。教师的服饰首先要做到衣着整齐清洁、饰物典雅大方、美观素朴,不要奇特古怪、艳丽花哨。教师的服装不能过于艳丽,这会与教育气氛相冲突,分散学生听课的注意力,容易让学生把目光过分地集中在教师服装上。对教师来说,着装、修饰必须符合教师的道德要求。教师是知识的象征、智慧的化身,教师的整个穿着打扮应同职业相适应,应根据自己的年龄、性格、体态、性别,合理选择服装款式、格调,切不可随意化。首先,教师的衣着要朴素美观,不要奇特古怪,艳丽花哨。教师的服装款式要美观大方,既不可太前卫了,也不能太落伍了;衣服颜色和装饰应尽量素静雅致,不要艳丽夺目,花哨惹人。如果教师衣着不整、不修边幅,不仅有伤斯文、有失风雅,还会给学生留下一种生活懒散的感觉。因此,教师的衣着打扮一定要考虑自身的职业特点及环境要求,要和教师的职业身份相适应,考虑它们可能对学生产生的影响。其次,教师还要根据自己的教育对象来选择衣着,如小学低年级和幼儿教师,在衣着上款式线条要明快、色彩要鲜艳点,有利于启迪少年儿童爱美的天性;小学高年级和初中阶段的教师,面对“向师性”、模仿性极强的学生,教师穿衣戴帽更要慎而又慎。教师的着装是一门学问,自觉或不自觉地对学生和社会中的人们起着示范作用,为此,教师的衣着应于朴实大方中见高雅的情趣,于整洁得体中见丰富的涵养。

2. 语言方面

教师的职业特点以及教师劳动的示范性决定了教师语言的重要性,要求教师掌握独特的语言艺术。教师语言的魅力是师生交流思想、沟通情感的桥梁,是教师“传道、授业、解惑”的精神武器。孔子云:“言之无文,行而不远。”由此可见,中国古代的教育家对教师语言就颇为重视。教师的语言对学生有着潜移默化的影响,其语言品质的优劣直接关系着课堂教学的好坏,制约着教学效率的高低。不论课内课外,教师语言艺术的魅力极为重要,教学过程是信息传递的过程,而信息传递的主要载体是教师的语言。教师语言品质的优劣,口头语言表达能力的强弱,直接影响着教育教学的效果。这就要求每位教师必须加强语言修养,锤炼教学语言,提高语言表达艺术。

教师的语言要规范纯洁、准确鲜明、生动幽默并富有激情,教师要善于运用语言的力量启动学生求知的欲望,拨动学生上进的心弦,把知识真理和美好的感情送进学生的心田。

(1) 教师语言要规范准确

一位优秀的教师不仅是一个演员,而且是个演讲家,应该有驾驭教学语言的高超技能,这样才能将学生的注意力紧紧地吸引过来,使学生乐意接受老师所传达的信息。因此,也就注定教师必须注意说话的技巧。首先,教师语言要规范。教师的语言必须符合普通话的要求,教师专业授课必须尽量使用专业术语。其次,教师语言要精练。教师的语言要简洁明了,做到言简意赅,提起兴趣,激起灵感,启迪智慧。再次,教师语言要准确。教师使用语言时要确切清楚,不含混。教师要准确地表达概念、规则、原理等内容,清晰地传达思想感情、愿望等教育要求,不能含混不清,模棱两可,似是而非,互相矛盾。

(2) 教师语言要生动幽默

作为教师,谁都希望自己的讲课或说话收到最佳效果。正如苏霍姆林斯基所言:“教师的语言素养在极大程度上决定着学生在课堂上脑力劳动的效率。”所以教师的语言除了做到规范、精练、准确之外,还必须进一步做到生动幽默。首先,教师用语要文雅,尽量使语言有美感,语调音调抑扬顿挫,富有节奏感和鼓动性,语气亲切,音色甜润优美,话语流畅自然,速度快慢适中,从而提高学生的注意力,减少学生的疲劳感,使学生时刻处于最佳思维状态。其次,教师语言要健康。特别是批评学生时切忌用侮辱性的语言去训斥和辱骂学生,用尖酸刻薄的话去讽刺、挖苦、嘲笑学生。再次,教师语言要尽可能幽默风趣。幽默语言是教师睿智的思想、广博的学识借助诙谐含蓄的语言形式形象生动的再现。它的恰当使用,可以创设出一种风趣动人的情境,驱除学习疲劳,引发学习兴趣,强化知识记忆,往往会收到令人忍俊不禁、余韵隽永的艺术效果。

(3) 教师语言要纯洁文明

教师的育人职责要求教师的语言文明纯洁,切忌一切低级、庸俗、下流的污言秽语,保持语言的纯洁性。要求学生不说脏话,教师首先不能说脏话。因此,教师在任何时候、任何情况下,说话都要讲究文明礼貌,都要自爱自重,尊重别人,保持自己良好的风范形象。如果教师在处理一些鸡毛蒜皮的小问题时,不加分辨地对全体学生进行歇斯底里的破口谩骂,那么,他这是存心使学生变坏。总之,如果教师在教育活动中不能使用文明健康的语言,保持语言的纯洁性,就不仅损害了教师的“形象”,还会给学生心灵带来污痕和创伤,不利于学生的健康成长。

(4) 教师语言要有感情

教师的语言要有热情和感情并富有激励性,以情传情,上课要让学生有激情,教师自己首先要有激情。对缺少激情的课堂,学生缺乏兴趣,听着不过瘾,课堂实效不高。老师没了激情,追寻诗意、高效的课堂就成了一句空话。要想提高课堂实效,教师首先要有情感、有激情,始终是想学生所想,和学生一起共享着生活的快乐与幸福。激情需要点燃,需要一个教师以自己的激情去影响学生,去感染学生。此外,语言作为一种感人的力量,其真正的美离不开言辞的热情、诚恳和富于激励性。激励性语言评价可以触发学生的学习热情,从而培养学生勇敢的品质、探究的兴趣、坚强的意志。因此,教师一定要努力把活生生的灵感和思想贯彻到自己的话语中去,使"情动于中而言溢于表",从而"打动学生的心,使学生产生强烈的共鸣,受到强烈的感染"。

3. 举止方面

举止主要包括教师个人坐立行的姿势以及表情动作的行为习惯等。它是教师与学生交往中的"人体信号",因此,教师应表现出良好的教养和振奋的神态,并且要与教育教学过程密切配合,发挥出最佳的辅助作用。苏联教育家加里宁曾经语重心长地对教师说:"教师的世界观,他的品行,他的生活,他对每一现象的态度,都这样那样地影响着全体学生。所以,一位教师必须时刻检点自己,他应该感到他的一举一动都处在最严格的监督之下,世界上任何人也没有受到这样严格的监督。"教师讲课时要举止适度、动作文雅,表现出文明的气质,不要拍黑板、擂讲台、捶胸顿足,显得缺乏修养;和学生交往谈话,要热情而有分寸,亲切而讲究礼节,表现出庄重而随和的品质。一位教师只有举止适度,行为端庄,才会受到学生的爱戴和欢迎,为学生树立良好的身教形象,给学生以良好的精神感染。

(四) 关心集体,团结协作

现代教育承担着为社会培育具有创新精神与能力的创新型人才的重任,这一伟大而艰巨的任务不是哪一位教师所能独立完成的,它需要各专业学科教师、思想品德课教师、班主任老师和少先队、共青团及各行政管理人员在内的全体教职员工的通力合作。特别是现代社会对人才的要求越来越高,需要学生学习和掌握更多、更新的知识和技能,一个教师即便是知识再渊博,他也只能完成人才培养教学中的一部分,而不可能是全部。只有全体教师团结一致,相互协作,形成集体的智慧和教育的合力,才能产生良好的教育效果,培养出德、智、体、美、劳全面发展的"四有"接班人和新型劳动者。可见,一个团结协作的教师集体是实现教育目标的关键所在。正如苏联教育家马卡连柯说的:"如果没有这样团结一致的教师集体,那么所谓正常的教育工作是很难想象的。"所以需要每一个身处其中的教师个体给予集体更多的关注、关心和支持,一所学校如果有一个志同道合、充满活力的教师集体,那么办好这所学校就有了宝贵的财富和最可靠的根基。苏霍姆林斯基说过:教师集体是大家志同道合进行创造性合作的团体,在这里,每个教师都能为集体的创造做出自己的贡献,每个人都能从集体的创造中吸取精神力量,同时以集体的精神力量去感染同事。

在教师群体中,教师的工作态度、工作能力、工作效益,可以通过比较、鉴别,分出优劣,激励先进,督促后进。同时,教师也可以吸取别人的长处和经验来丰富和对照检验自己,互帮互学,共同提高。新时期的人民教师,在同一个集体中,在同一个教育方针的指导下，在各自的岗位上从事着同一个目标——培育人才的工作。他们之间的关系既是一种各司其职、并肩作战的关系，又是一种同心同德、团结协作的关系。这种关系对于实现教育目标，形成教师人格、提高自身素质和能力，形成良好校风，以及养成学生良好品德，有着重要的意义。所谓团结协作是指人们为了集中力量实现共同理想或任务而联合起来，相互支持，紧密合作。现代教育是一个分工协作的系统工程，必须建立起一种团结协作、互相帮助的新型道德关系，这样才能优势互补、形成强大的教育合力，共同完成好教书育人的任务。因此，团结协作是实现教育目的必要条件，也是调整教师之间关系的职业道德规范。就拿学校的教育教学改革来讲，每一位老师都能自觉按照教改领导小组的指导意见，全心全意投入教改，在集体备课中，每一位的成员都能在备课组长的协调下，承担个人的工作，并积极用集体的智慧完善每一份讲学稿，这是团结协助的最好写照。教师们为了搞好教育和教学工作，应该做到相互尊重，密切配合，互相帮助，相互交流，取长补短，共同提高。

（五）尊重同事，尊重家长

1. 尊重同事

相互尊重是教师进行人际交往的前提，是教师道德境界的体现，也是教师调动帮助自己成长的各方面因素的基础。心理学研究表明，尊重是人的一个非常重要的高层次的心理需要。只有在相互尊重的基础上才能形成团结和睦的同事关系和融洽支持的集体，才能增进教师之间的友谊，真正克服文人相轻的传统陋习。这种和睦融洽的气氛，能够使教师工作愉快，有利于教师的身心健康，有利于教育工作的成功。每个教师对自己在这个教育活动过程中的作用应该有清醒的认识，不能任意贬低其他教师的教育劳动；既要维护自己在学生中的威信，也要维护其他教师的威信。同一个学科的教师担负着同一学科知识的教学工作，彼此了解较多，熟悉业务，应该在教学过程中互相学习，互相交流，取长补短，共同提高，而不要抬高自己，贬低别人，做到换位思考，善解人意，能够体会他人的需要，同情他人，理解他人，做到“己所不欲，勿施于人”，并且能够在他人需要的时候，及时伸出援助之手，这样的教师才会真正得到同事的尊重。此外，班主任与任课教师之间也应密切配合。

2. 尊重家长

教师和学生家长有着共同的目标和任务，教师要想出色地完成教书育人的任务，必须与家长加强联系和沟通，联系和沟通的前提条件就是要尊重家长。由此，尊重家长是教师职业道德之为人师表的又一重要准绳。学生健康成长是教师和学生家长共同的教育目标，在实现这个共同目标的过程中，特别需要教师和家长之间的相互尊重、相互支持、互相联系、互相沟通。学生的成长离不开学校教育和家庭教育的共通作用。教师对学生的因材施教必须通过与家长的联系与沟通，了解学生的个性特征和兴趣爱好，准确全面地掌握形成学生的思想、性格、行为、习惯等方面的情况，只有这样，才能做到有的放矢、因材施教，才能取得教书育人的良好效应。

教师与家长虽然都有共同的目标和愿望，但两者之间由于思维方式、教育经验与方法等存在一些分歧和矛盾，也会产生一些隔阂或误会。为此，教师光有尊重家长的态度和愿望是不够的，还必须掌握科学的、有效的方式和方法，才能做好尊重家长这一规范要求。教师是专门的教育工作者，在教育过程中承担着主要责任，因而在与家长的相互关系之中应采取积极、主动的态度同家长进行联系和沟通，认真听取学生家长的建议和意见。在家校互动中，要做到相互尊重、平等待人，教师对学生家长不能怀有其他不良的动机，要一视同仁地对待家长，特别是对那些有困难或单亲家庭的家长，更要有同情心，给予更多的尊重和关心。在教师和家长针对学生学习的沟通交流中，无论观点与方法正确与否，都应开诚布公、实事求是；正确的方法和育人经验要肯定和发扬，错误的做法要坦诚指出，互相沟通，不能迁就。教师不仅要做到自己尊重家长，还要善于发现和肯定家长的优秀品质，教育和引导学生认识和学习父母的闪光点和有益的东西。如此，教师不仅在学生面前提高了家长的威信，同时也提高了自己在家长心目中的威信。在教育过程中，教师承担着主要的教书育人重任，不能推卸自己的主要职责，不能简单地把家长当作自己的“助教”，更不能仗着教师的身份对学生家长呼来喝去。

（六）廉洁从教，不谋私利

所谓廉洁，包含廉正、廉仆、廉耻等内涵，它是奉公的基础，光明磊落的前提，又是一个人自律的保证、自尊的动力。《辞海》中“廉洁”被解释为清廉、清白，与贪污相对，“廉洁”最早出现在《楚辞・招魂》中，后王逸注曰：“不受曰廉，不污曰洁”。用通俗的话说，廉洁就是不收受不义之财，不贪占公物和他人之物，不受世俗丑行的污染。

“一支粉笔，两袖清风，三尺讲台，四季耕耘”，说的既是教师甘于奉献的“孺子牛”精神，也是教师为人师表的具体体现，更是教师“廉洁从教，不谋私利”的真实写照。教师作为人类灵魂工程师，更要懂得廉洁的含义，牢记廉洁从教。所谓廉洁从教，就是指教师在整个从教生涯中都要坚持行廉操法的原则，不贪学生及家长的钱物，不贪占公共和他人的钱物，不染社会上出现的一些贪、贿、欲等恶习，始终以清廉纯洁的道德品行为学生和世人做出表率。廉洁从教不仅是党和人民对教师的重要要求，也是教师从教的前提，在新时期中国特色社会主义教师职业道德建设中具有重要的意义。教师廉洁从教有助于社会不正风气的匡正，一方面可以为青少年学生做好榜样，另一方面还可以自身的廉洁形象来教育、影响、感化社会中的成员，净化社会风气。

当前我国正处在社会转型时期，现实与虚拟社会的反差给每一个社会个体都带来了价值观的碰撞和社会规范的失衡，少数教师由于受社会上金钱至上、权钱交易等不正之风的影响，经不住物质的诱惑，其人生观、价值观也同样会在一定程度上发生偏差，进而丧失了应有的职业道德。在教师队伍当中，也有少数人被一些诱惑所迷惑，自觉或不自觉地接受了学生和家长送的一些钱物，或进行有偿家教，或直接、间接地向学生出售学习用书等，违背了教师应有的职业道德，损害了教师的形象，降低了教师的人格，造成了不良的社会影响。诚然，当今社会确实还存在着腐败、分配不公、教师待遇偏低等问题，但教师作为社会上一个思想水平较高的群体，应以正确的心态来认识和对待这些社会问题，以坚定的立场来维护教师自身廉洁从教的形象，不能因为心理上的不平衡就利用职责之便谋取私利。习近平总书记强调："教育不能当市场的奴隶，当金钱进入教育领域，原来的净土变得浑浊，教育目的无法实现，教育本真则渐行渐远。"

在新的历史时期，要想使学生、家长、大众发自内心深处、真心地对教师产生敬仰之情，使他们在心里对教师充满着希望，教师自身就要抵制不良风气和腐朽思想的侵蚀，加强自律，摒弃非正当利益的诱惑。教师从事的职业是一个造福人类、奉献人生的事业。教师要做好教书育人工作，很多时候是没有节假日和上下班的清晰边界的，这需要教师具有奉献精神。有了这种献身精神的教师，就不会斤斤计较个人得失，更不会贪图他人、集体和社会的钱物，具有战胜困难、顽强拼搏的意志力和大无畏精神。有了这种精神，教师才能自觉抵制社会不良风气，坚守大义，不取非法之利；才能廉洁自律，不坠秽污俗沼之中；才能公正从教，以廉明维护教育公正。因此，在教师专业化发展过程中，教育管理部门不仅要组织教师的教学知识与技能的学习培训，更要注重在职教师的思想教育，建立制度与监管相结合的管理机制，不断提高在职教师的思想觉悟，把德育当作教育的首要目标，不断改革创新教育方法，才能真正办好教育，培养出有理想、有道德、有文化、有素质的新一代社会主义接班人。

（七）自觉抵制有偿家教

近几年，有偿家教引起了社会的广泛关注和讨论，特别是在职教师搞有偿家教引起的社会反响很大，它的负面影响非常明显，使教育涂上功利化、商业化的色彩，也使师生之间的教学关系蜕变为金钱关系。一些教师在获取个人利益的同时，会渐渐淡薄对本职工作的责任意识，渐渐失去师生互动中纯净的情感。因此，广大教师必须坚决抵制有偿家教。

1. 有偿家教盛行的原因

有偿家教，是指教师利用节假期休息时间对有补课或课外辅导需求的学生提供有偿服务的活动或行为。有偿家教现象一度盛行，其实这不是偶然的，有其深刻的社会原因。一是升学的竞争。中考、高考压力日益增加，一些望子成龙的家长，为了让其子女能够取得高分，通过中考、高考，不惜花重金送孩子参加各种补习班。二是有市场需求。特别是各种打着社会培训机构幌子进行有偿家教的数量越来越多，唯利是图的他们主动找教师招揽学生，这也为从事有偿家教的教师开了方便之门。三是有些家长自身无法辅导孩子，对于孩子不懂的地方家长无法提供帮助，或因工作繁忙，无暇管教帮助自己的子女，只好送其去家教场所接受有偿家教。四是现行的学校评估，教师工作考核都和中考、高考分数挂钩，这也使得校长、教师默许这种现象的蔓延，一定程度上助长有偿家教之风。五是一些教师觉得工资待遇低，特别是农村中小学教师的待遇，想通过家教增加自己的收入，这也是有偿家教盛行的原因。

2. 有偿家教的危害

(1) 有偿家教严重影响了教育的整体形象。教育是孩子成长的守护天使，是教师不可推卸的责任，对学生的辅导应一直延续到课外，这是教师的分内工作。出于对孩子成才的渴望,家长对教师提出的家教要求,很难去拒绝,但是一些家长在背后、网上却大吐苦水,说“教师就是为了钱”“教育都钻到钱眼里去了”如此等等,严重影响教育的形象。

(2) 有偿家教违背了教育公平的原则。每个孩子在学校接受的应是同样的教育。作为实施公平教育的主体,教师如果对参与其家教的学生,格外关照,这势必将拉大教育上的差异。面对经济上给予教师厚报的学生,教师还能在班级内的活动中做到教育公平吗?

(3) 有偿家教影响了学校正常的教学工作。教师的时间、精力是有限的,有偿家教从组织到实施,会占用大量的时间和精力,如果业余时间大部分花在家教上,教师就不可能备好课、上好课。一些教师从事有偿家教后,主要精力都放在了课后补习,也无暇学习,提升自己的教育教学能力。有些教师从事有偿家教后,对于学校安排的教学比赛、培训学习等活动,由于精力有限而拒绝参加,这些都会对学校的正常工作带来不良的影响。

(4) 有偿家教违反了教师的职业道德。一些教师在学生面前暗示,或公开宣传家教的必要性,甚至强迫学生接受各种形式的有偿家教,让纯洁师生关系变成了金钱关系,让教学行为变成商业行为,违背了教师职业道德规范中的“自觉抵制有偿家教,不利用职务之便谋取私利”的要求。

(5) 有偿家教影响了学生的成长。学生参加家教以后,学习负担大大增加。一些学生还会形成依赖心理,丧失了学习的主动性,课前不做预习,不去主动发现问题,有不懂的问题也懒得钻研,等着放学后家教老师来指导,甚至家庭作业也是依赖家教老师完成。短时期看,家教会对学生的成绩提高有一定的作用,但长期看,对学生的自学能力、独立思考能力可能是一种伤害。一些学生一旦离开了这种家教,成绩会有大幅度下滑。到头来,学生通过家教得到的远远赶不上失去的,这不仅仅是知识层面的缺失,更有学生人格层面的缺失。

《新时代中小学教师职业行为十项准则》再次明确提出教师不得组织参与有偿家教。同时,国家也多措并举整顿规范家教市场,并建立健全的广泛监督机制,如通过媒体或群众来对为了谋求利益而进行不法家教的行为进行检举,这些做法都是为了让教育回归常态,让教师回归本位,让师德回归纯洁和高尚。

第三节　终身学习

随着科技的飞速发展,知识显现两大趋势,一是新知识产生的时间短,数量巨大;二是知识陈旧的周期越来越短。加之网络与移动终端普及,人们的学习方式也发生了很大的变化,学生获得知识的途径不断扩大,“一桶水”的教师将无法回答学生提出的许许多多新时代问题,更谈不上对学生传道、授业、解惑了。教师必须具有源源不断的源头活水,方可担当人师。因此,终身学习不仅成为教师的职业之需,更成为道德要求。

一、终身学习的概念与意义

（一）终身学习的含义

终身学习(Lifelong Learning)是指社会每个成员为适应社会发展和实现个体发展的需要，贯穿于人的一生的、持续的学习过程，即我们常说的“活到老学到老”。自20世纪60年代中期以来，在联合国教科文组织及其他有关国际机构的大力提倡、推广和普及下，1994年，“首届世界终身学习会议”在罗马隆重举行，终身学习在世界范围内形成共识。

在教育部新修订的《中小学教师职业道德规范》(2008年版)中，对“终身学习”的具体解读是崇尚科学精神，树立终身学习理念，拓宽知识视野，更新知识结构。潜心钻研业务，勇于探索创新，不断提高专业素养和教育教学水平。

教师的“终身学习”是基于其自身教书育人的需要，这一要求的提出亦起源于终身教育的理念。“终身教育”这一术语自1965年在联合国教科文组织主持召开的成人教育促进国际会议期间，由联合国教科文组织成人教育局局长法国的保罗·朗格朗(Paul Lengrand)正式提出以来，短短数年，已经在世界各国广泛传播，近几十年来关于终身教育概念的讨论可谓众说纷纭，甚至迄今为止也没有统一的权威性定论。这一事实不仅从某一侧面反映出了这一崭新的教育理念在全世界所受到的关注和重视的程度，同时也证实了该理念在形成科学的概念方面所必需的全面解释与严密论证尚存在理论和实践上的差距。以下为几种终身教育的概念：

终身教育所意味的，并不是指一个具体的实体，而是泛指某种思想或原则，或者说是指某种一系列的关心与研究方法。概括而言，也即指人的一生的教育与个人及社会生活全体的教育的总和。

——保罗·朗格朗

终身教育应该是个人或诸集团为了自身生活水平的提高，而通过每个个人的一生所经历的一种人性的、社会的、职业的过程。这是在人生的各种阶段及生活领域，以带来启发及向上为目的，并包括全部的正规的(formal)、非正规的(non-formal)及不正规的(informal)学习在内的，一种综合和统一的理念。

——R. H. 戴维(曾任联合国教科文组织教育研究所专职研究员)

终身教育应该是学校教育和学校毕业以后教育及训练的统和；它不仅是正规教育和非正规教育之间关系的发展，而且也是个人(包括儿童、青年、成人)通过社区生活实现其最大限度文化及教育方面的目的，而构成的以教育政策为中心的要素。

——E. 捷尔比(曾任联合国教科文组织终身教育部部长)

（二）终身教育的特点

一是终身性。这是终身教育最大的特征。它突破了正规学校的框架，把教育看成是个人一生中连续不断的学习过程，是人们在一生中所受到的各种培养的总和，实现了从学前期到老年期的整个教育过程的统一。既包括正规教育，又包括非正规教育。它包括了教育体系的各个阶段和各种形式。

二是全民性。终身教育的全民性，是指接受终身教育的人包括所有的人，无论男女老幼、贫富差别、种族性别。联合国教科文组织教育研究员达贝提出终身教育具有民主化的特色，反对教育知识为所谓的精英服务，而应使具有多种能力的一般民众能平等获得教育机会。当今社会中的每一个人，都要学会生存，而要学会生存就离不开终身教育，因为生存发展是时代的主流，会生存必须会学习，这是现代社会给每个人提出的新课题。

三是广泛性。终身教育既包括家庭教育、学校教育，也包括社会教育。可以这么说，它包括人的各个阶段，是一切时间、一切地点、一切场合和一切方面的教育。终身教育扩大了学习天地，为整个教育事业注入了新的活力。

四是灵活性和实用性。现代终身教育具有灵活性，表现在任何需要学习的人，可以随时随地接受任何形式的教育。学习的时间、地点、内容、方式均由个人决定。人们可以根据自己的特点和需要选择最适合自己的学习方式和内容。

(三) 终身学习的意义

“问渠那得清如许，为有源头活水来。”学习是教师专业发展的源头活水。所谓“学高为师，身正为范”，作为一名教师，不但要有崇高的师德，还要有深厚而扎实的专业知识。“给人一杯水，自己有一桶水、一缸水是不够的，必须是活水源头。”在知识更新异常迅速的今天，教师只有树立终身学习的思想，不断充实自己，拓宽知识视野，才能在学生心目中树立起较高的威信。

1. 教师终身学习是时代的要求

随着网络的普及，学生每天都在接受着大量的信息，面对东西方不同文化思维的碰撞，面对学习和生活中的诸多压力，他们每天都会产生很多疑惑，仅有“一桶水”的教师难以为学生传道、授业、解惑，必须具有源源不断的源头活水，方可担当人师。教师只有通过学习，才能提高思想境界和道德水平；只有通过学习，才能不断丰富自己的专业知识；只有通过学习，才能掌握现代教育技术和教学技能。教师的学习就像植物对水分的吸收一样，一天也不能缺少，否则，教师的职业生命将会逐渐枯萎，教师只有做到学而不厌，才能诲人不倦。因此，在知识经济时代，教师必须认清终身教育和终身学习对自身成长和发展的重要性，自觉地树立终身教育、终身学习的观点，不断地提高自身素质，以适应现代教育的需要。

2. 教师终身学习是教育发展的要求

教师强则学生强，教师强则教育强，教师强则民族强。教育是需要以品德化育品德、以人格塑造人格、以素质提高素质的崇高事业，教师要终身加强道德修养，及时掌握先进的教育理念，树立正确的教育观、人才观和质量观，才能引导学生学会做人、学会合作、学会求知、学会实践、学会创造。“严谨笃学，与时俱进，活到老，学到老”是新世纪教师应有的终身学习观。在知识经济时代，教师必须认清终身教育和终身学习对自身成长和发展的重要性，勤于学习，敢于创新，终身学习，严谨治学，以适应现代教育的需要。

3. 教师终身学习是教学的要求

终身学习的观念不仅是时代的呼唤、教育发展的要求，也是教师教学的需要。“学然后知不足，教然后知困”，教学过程既是教师教育学生的过程，也是教师自我教育的过程，教师在教与学之间循环发展。教师肩负着教书育人的重任，如果教师不能经常地更新知识结构，不能对新知保持长久的好奇与敏锐，教师就有可能被学生看轻。因此，教书者必先强己，育人者必先律己，教师良好的素质并不是表现在一纸文凭上，教师的学历不等于能力，只有持久的学习力，才能使教师的能力不断增长，素质不断提高。只有教师学会读书，才能教会学生学会读书；只有教师的知识不断更新，才能使学生的知识不断更新；只有教师学会终身学习，才能教会学生学会终身学习。

4. 教师终身学习是教师成长的要求

终身学习是教师成长和发展的必由之路，是教师专业持续发展的根本途径，是知识更新或创新过程，这就要求每个教师必须在自己的一生中利用各种机会，去更新、深化和进一步充实已有的知识，使自己适应快速发展的社会。教师绝不能满足于已有知识的掌握，满足于原有教育经验的积累，要不断加强业务学习，在提高自身知识传授能力的同时，着重增强科学研究能力和创新意识的培养，自觉地把自己的教育教学过程变成培养学生创造精神、激发学生创造力的过程，不仅向学生传授现成的知识，更要引导学生探索未知领域，让学生不仅接受解决问题的现成答案，还能自己寻找解决问题的独创性方法。

二、终身学习的内容

在学习型社会里，学校仍是教育的重要场所，教师依旧肩负着传授知识的重任，教师更应成为热爱学习、善于学习和终身学习的楷模，应是全民终身学习的引导者、示范者、推动者。教师唯有不断地再学习，接受新知识，掌握新技能，才能成为名副其实的知识传授者和教育者，才能更快地适应学生的需求和时代的需要。因此，在学习内容的广度上不仅要学习新知与职业技能，同时还要学习道德伦理、体能健康、美学艺术、社群关系等生活文化知识和技能，更要注重学习促进自身身心协调发展的有关知识、内容和技巧等。

（一）广泛阅读各种书籍，学会学习

在当今社会，学会获取知识的方法比获取知识本身更为重要。学会学习、养成良好的学习习惯、使学习成为自己的一种生活方式将是每一个人未来生活幸福和愉快的保证。网络时代给教师博览群书提供了极大的便利，教师应该广泛阅读各个领域的书籍，将知识领域拓宽，面对学生时才会有更多的解决问题的方法，才会使学生在成长的路上走得更平坦更顺利。哲学、文学、历史、天文、地理、科学技术发展新动态等，都是教师应涉猎的范围。多读一些书，读得“杂”一些，这样对教师来说可以增加底气，在学生面前，才不至于“心虚”。

(二) 通晓自己所教的学科

当今时代,科技突飞猛进、信息量与日俱增,专业知识更新周期越来越短,旧知识淘汰很快,教师随时面临知识危机,只有接受严格的、高层次的学科教育,才有可能在教学过程中应付自如、得心应手。一个合格的教师应全面学习一门学科,包括学科历史、学科结构体系、学科基础理论、学科知识应用以及跨学科知识等。教师要有意识地补充更新自身的专业知识,积极了解学科的新动向、新信息,不断更新学科知识。

(三) 学习有关教学的方法

未来的教师必须是一个教育专家,必须在学习学科知识与技能的同时掌握其他有关教育的学问,如心理学、教育哲学、教育技术、管理学等及其学科教学的方法。信息时代的到来,信息技术的飞速发展,深刻地影响着教育的发展,对教育提出了新的要求,这就要求教师还要能够利用信息技术来辅助教学。教育信息化主要强调将现代化信息技术转化为现代教学手段。它包括两类:一是视听技术,如广播、电影、影视、录像等;另一类指信息处理技术,主要是计算机和微型电脑的操作技术。在教学中,教师若能将讲授的内容与多媒体计算机的形象化处理相结合,就能使教师的讲授与多媒体的演示融为一体,将教学中抽象的问题具体化、枯燥的问题趣味化、静止的问题动态化、复杂的问题简单化,以达到优化教学的目的。

(四) 学习有关社会知识

每一个人都生活在社会这个大环境之中,学生最终要走上社会,若教师自己对社会知识都很欠缺,怎么能教育学生在社会上立足呢? 由于受家庭背景和学习环境的影响,不少学生的心理发育不够成熟,他们在社会交往中,心理脆弱,缺乏自信,应变适应能力差;在个性特征上,情绪波动大,忽冷忽热。而高科技强竞争的社会对人的要求又高于他们已有的心理素质。所以,教师应当参与社会,接触社会,了解社会,向社会学习生存知识,使自己能够做纵观时事、适应潮流的人,力求培养出的学生踏上社会后处变不惊。

三、终身学习的途径

每一个人在任何生命发展阶段均需不断学习,教师更要不断学习,才能了解所授学科的发展情况,以便传授给学生最适用的知识技能,并且只有不断学习才能有良好的适应性以跟上社会的变迁与时代的潮流,从而更好地了解学生的发展特点,进行有针对性的教育。终身学习不仅能克服教师教学工作中的困难,解决工作中的新问题,而且能满足教师专业发展的需要,还能充实教师的精神生活,不断提高生活品质。

(一) 积极参加继续教育活动

教师除了接受正规的职前教育外,还要在从教生涯中经常参加各种继续教育活动,当然还可以回到校园进一步提升学历。这些学习活动可以是在学校专门进行的;可以是教师在学校、家中等地方自学的；可以是在某种活动或环境中学习得到的；也可以是通过网络或其他形式学习得到的。总之，学习体系涵盖了正规教育、非正规教育和非正式教育，且各种形态的学习必须具有弹性、有所协调统领，不仅是学校，家庭、社区、社团、工作场所等均可作为学习的场所。学习方式也不再限于面对面的讲授。

我国很重视教师的继续教育问题，尤其是在中小学。全国各地都实施了继续教育的系统工程。教育部明确要求，中小学教师要按期轮训。首先，教师通过脱产进修、函授、自学考试或网络教育提高学历是适应职业的需要，也是自我发展的需要。所以未来教师的日常工作不再完全是教学生，定期接受继续教育将是其工作的重要内容，教师要把每一个阶段的学习作为“加油站”，养成终身学习的习惯。其次，教师还可以通过校本培训把知识转化为解决问题的技能、技巧，不断提高自己的教学技能和技巧。再次，教师还可以参加各类成人教育。如函授学习、电大学习、各类自学考试等。此外，教师还可以参加远程教育或借助媒体学习，可通过光盘、磁带、电视、上网查询等方法学习外地先进的教学经验，提升自己的教学能力。

（二）不断加强自主学习

任何一个教育体系，都不可能涵盖学习者的所有学习，特别是自学。教师的学习不能仅仅是因为学校的规定而进行，也不能仅是在他人或组织的督促下学习，而应是自发的、主动的学习。所谓自发性学习是指学习是有意识、有目的的活动。自发性学习有利于自我导向学习能力的培养，所谓自我导向学习能力是指一个人不但要为个人的学习负大部分的责任，且要知道如何学习。通过不断学习，教师可以促进自己的专业成长和发展，增进各方面知识、技能与态度情感。因此，只有学习者把教育系统中的学习与自学有机地结合起来、协调起来，并在其一生中交替进行，终身学习才能最终实现。

苏联教育学家苏霍姆林斯基在给《给教师的一百条建议》中就曾建议青年教师们要每月买三本书：① 关于你所教的那门学科方面的科学问题的书；② 关于可以作为青年们的学习榜样的那些人物的生活和斗争事迹的书；③ 关于人（特别是儿童、少年、男女青年）的心灵的书（即心理学方面的书）。这是让教师们养成爱读书的习惯。“腹有诗书气自华”，读书是人一生当中最应该养成的一种习惯。一个致力于教育事业的人有了读书的习惯，树立了终身学习的意识，才会不断充实自我、完善自我，才能走得更远。对于教师职业而言，教师只有通过多读书、读好书，才能不断丰富自己的大脑，提高自己的文化底蕴，才能使自己的知识不断更新，在教学上才会有创新，才会有灵感，才能做一个学生喜欢的老师。吴非教授说，教师读书是关系到教育成败的大事。教师不读书，就没有教育思想，就没有教育信念，就没有教育思考，就没有教育智慧，就没有教育活力，就没有教育创新，一句话，就没有教育生命。教师是天生的职业学习者，是天生的职业读书人。教师只有活到老、学到老，才能一辈子“站直了”教书。我国著名教育专家朱永新教授在 2003 年全国两会期间，提出设立一个“读书节”，受到两会代表的广泛关注。他倡导教师必须读“一百本书”的目标，他说：假如，我们的教师都有一些值得一读的好书；假如，我们的教师利用一切可以利用的时间和精力，为丰富自己而不断地读书；假如，我们的教师能够把读书看成是提高生命质量的途径;假如,我们的教师能够边读书边思考,那么,我们的教师生活就充实了,精神就丰满了,心灵就净化了,生命就有价值了,人生就有意义了。

(三) 乐于反思

自我反思是教师对自己的教学理念、教学行为、教学过程、教学结果等进行自我回顾和分析的过程。自我反思是教师的自我对话,自己挑自己的"毛病"。自我反思不是一般意义上的"回顾",而是反省、思考、探索和解决教学过程中存在的问题。"反思的本质是一种理解与实践之间的对话,是这两者之间相互沟通的桥梁,又是理想自我与现实自我心灵上的沟通。"教师反思的过程实际上是使教师在整个教学活动中充分地体现双重角色:既是引导者又是评论者;既是教育者又是受教育者。反思具有目的性,带有研究性质。真正的学习并不是一个人关起门来苦读,而是学会借助有效的表达和倾听,能很好地表达自己的想法,并以开放的心态容纳别人的想法。反思是教师自我发展的重要机制,反思对于提高教师的专业水平具有重要意义。美国学者波斯纳曾经提出一个教师成长的简要公式:"经验+反思=成长";我国著名心理学家林崇德也提出"优秀教师=教学过程+反思"的成长公式。如果教师仅仅满足于获得经验而不对经验进行深入的反思,他的专业成长将受到极大的限制。赞可夫曾经说过:"没有个人的思考,没有对自己经验的寻根究底精神,提高教学水平是不可思议的。"可以说,能否进行自我反思是"教书匠"与"教育家"的根本区别。自我反思是促进教师专业成长的有效途径。

那么,到底什么是反思呢?李镇西老师诠释得非常好:"同样两个大学毕业生分到学校工作,同样兢兢业业地上班,三年后,其中一个无甚进步,最多就是所教学生考上了高一级学校,而另一位教师却硕果累累。什么原因呢?原因就在于,前者每一天的兢兢业业都是盲目而麻木地工作,他表面上工作了三年,其实只工作了一天,因为他每天都在重复昨天的故事,而后者则的的确确工作了三年,他每一天都带着一颗思考的大脑在工作。这就是我说的反思型教师。所谓反思,在我的语境里,不仅仅是'想',而是一种教育的状态,就是不断调整、改进、提升自己教育品质的行为。具体地说,即'四个不停':不停地实践,不停地阅读,不停地思考,不停地创新。"美国学者泽兹纳和雷斯顿提出了反思型教师的五个特征:① 观察、提出并能试图解决课堂教学中的两难问题;② 能有意识地将解决问题的方法运用到教学中去并在教学实践中进行检验;③ 能密切关注制度和文化背景对教学的影响;④ 能积极参与课程建设和促进学校发展;⑤ 能承担起自己专业发展的责任。

(四) 勤于实践

随着科学技术的迅猛发展,知识经济出现,人们对知识的认识发生根本性的变化,传统的知识概念和知识观已不能适应知识经济发展的需要。1996 年,经济合作与发展组织在《以知识为基础的经济》报告中,把知识分为四种类型:知道是什么的知识,即关于事实方面的知识;知道为什么的知识,即关于自然原理和规律的知识;知道怎样做的知识,即关于做事情的技巧、诀窍等方面的知识;知道是谁的知识,即关于谁知道和谁知道做某些事的信息。这四种类型的知识按照个体素质结构由表及里可分为四个层次:第一层,信息性知识,即事实性和陈述性知识,主要回答"是什么"的问题;第二层,思想方法性知识,是解决问题的思想和方法;第三层,经验性知识,是亲身经历或体验到的经验性知识;第四层,是技能,是在反复的实践中形成的技能,是能达到自动化程度的知识。由此可知,当今时代知识概念的内涵与外延大大地丰富和拓展了,传统的满足于事实性知识和陈述性知识的学习方法,满足于课堂和课本的学习方式,已经远远不能适应时代的要求。新的知识结构的构建需要更为广阔的空间和多样的途径,而实践能为教师学习知识提供背景和条件。

教师在教育教学实践中可以培养具有敏锐感受、准确判断生成和变动过程中可能出现的新问题的能力;具有把握教育时机、转化教育矛盾和冲突的能力;具有根据对象实际和面临的情境及时做出决策和选择、调节教育行为的能力。每位教师都必须具备自我发展、自我完善的能力,不断地提高自我素质,不断地接受新知识和新技术,不断更新自己的教育观念、专业知识和能力结构,以使自己的教育观念、知识体系和教学方法等跟上时代的变化,提高自己对教育和学科最新发展的了解。

思考与练习

1. 结合事例,谈谈你对教书育人的理解。
2. 结合具体事例,谈谈你对教师为人师表的理解。
3. 结合自己的经历,谈谈教师为人师表对你成长的影响。
4. 结合实例,谈谈你对教师终身学习的理解。
5. 案例分析。

"女儿现在上五年级,看她的试卷,经常有奥数题,我们做家长的又辅导不了。有一次,女儿周末刚刚在数学班上学了一道题,结果没过几天,题目就出现在学校的测试试卷中,你说这辅导班不去能行?"家住新昌路的一位家长对记者说,老师办辅导班,在班里说自愿,但是哪个孩子放了假会自愿上辅导班?如果孩子真的不去,老师就会打电话动员家长、动员孩子,你说大部分孩子都去了,这些不愿意让孩子去的家长还能沉得住气?谁敢让孩子在老师心中留下不好的印象。听说有的孩子学习不好,老师马上给家长打电话,说孩子得马上补习,要不就落下了,家长一听,肯定会逼着孩子去辅导班。"其实,有些班是孩子想去的,有些是老师'暗示'要上的。我们家长被这种风气推着走,很无奈。"①

请从教师职业道德的要求对这位教师的行为进行评析。

请扫本章二维码,进入 MOOC 链接或者手机下载 APP:中国大学 MOOC,搜索课程《教师职业道德与教育政策法规》参阅本章不断更新的内容,完成单元测试题。

---

① 胡相洋. 教师有偿家教"有令禁止",难啊[N]. 青岛日报,2014-03-03.

第五章 教师职业行为准则

《新时代中小学教师职业行为十项准则》是教育部为弘扬高尚师德，明确底线行为，造就党和人民满意的高素质、专业化、创新型教师队伍而制定的。《准则》要求教师要政治站位正确，增强底线意识，思想行动一致，理解认识到位。要懂得十项准则中的禁止性规定，不是“体检结果”，而是“预防保健手册”，是对广大教师的警示提醒，是严管厚爱，是引导广大教师结合教书育人实践，时刻自重、自省、自励，增强行动自觉，为做以德立身、以德施教、以德育德的教师，承担职责使命。

1. 了解本章“学习要求”，观看本章“微课视频”；
2. 查阅本章课程资源，参与本章深度学习；
3. 欢迎点击“单元测试”，测一测本章学习效果。

- 教师职业行为准则
  - 《新时代中小学教师职业行为十项准则》制定背景
    - 《准则》制定的意义
    - 《准则》的时代特色
  - 《新时代中小学教师职业行为十项准则》的内容
    - 坚定政治方向
    - 自觉爱国守法
    - 传播优秀文化
    - 潜心教书育人
    - 关心爱护学生
    - 加强安全防范
    - 坚持言行雅正
    - 秉持公平诚信
    - 坚守廉洁自律
    - 规范从教行为

第一节 《新时代中小学教师职业行为十项准则》制定背景

2018 年，教育部印发《新时代高校教师职业行为十项准则》《新时代中小学教师职业行为十项准则》《新时代幼儿园教师职业行为十项准则》（以下简称《准则》），明确新时代教师职业规范，划定基本底线，深化师德师风建设。了解《准则》的制定背景与意义，对于深刻认识《准则》显得十分必要。

一、《新时代中小学教师职业行为十项准则》制定的意义

任何职业均有其职业道德规范要求。教师职业道德有其特殊性，如教师职业道德要求更严格，要成为全社会职业道德的表率，其影响也更深远。制定教师职业道德规范显然是十分必要的。如《中小学教师职业道德规范》前后历经四个版本，对于师德建设发挥了重大作用。2018 年颁布的《新时代中小学教师职业行为十项准则》体现了时代要求，表述更为简洁明了，更具操作性。

我国教师队伍较为庞大，有一千多万各级各类学校教师。这支队伍勤勉工作，潜心育人。正如《准则》给予广大教师的评价："长期以来，广大教师贯彻党的教育方针，教书育人，呕心沥血，默默奉献，为国家发展和民族振兴作出了重大贡献。"

但是，也有个别教师放松自我要求，不能认真履职尽责，甚至出现严重违反师德行为，损害教师队伍整体形象。制定教师职业行为准则，明确新时代教师职业规范，针对主要问题、突出问题划定基本底线，是对广大教师的警示提醒和严管厚爱，是深化师德师风建设，造就政治素质过硬、业务能力精湛、育人水平高超的高素质教师队伍的关键之举。①

教育部颁布的《准则》有利于教师对标对表，清楚认识教师应当履行的职责，同时也要避免禁止发生《准则》"负面清单"所列行为。对教育教育行政管理部门与学校来说，对教师的管理也有了明确的依据。对于学生家长乃至全社会，也可以凭借《准则》实施对教师的监督。

显然，广大教师应当深刻领会《准则》要求，结合教书育人实践，增强行动自觉，时刻自重、自省、自警、自励，做以德立身、以德立学、以德施教、以德育德的楷模。

教育部颁布了从高校到幼儿园教师职业行为规范，充分肯定了广大教师恪守职责、乐于奉献的崇高精神，同时也对师德失范行为一票否决，建立规范行为受理处理机制和责任追究机制。

教师在职业生涯中，要坚持高的站位，守住师德底线，不忘教育初心，潜心立德树人。社会对教师职业行为提出较高的要求，强调师德师风的极端重要性。人才培养，关键在教师。建设政治素质过硬、业务能力精湛、育人水平高超的高素质教师队伍是一项基础性工作，规范教师职业行为显然具有重要意义。

二、《新时代中小学教师职业行为十项准则》的时代特色

2018 年，教育部印发的《新时代中小学教师职业行为十项准则》，涵盖了中小学教师的职业规范，划定了中小学教师行为的基本底线，有利于中小学教师的师德师风建设。

---

① 见教育部关于印发《新时代高校教师职业行为十项准则》《新时代中小学教师职业行为十项准则》《新时代幼儿园教师职业行为十项准则》的通知。

（一）具有更高的政治站位

《准则》从党和国家事业全局的角度，对教师的师德师风进行规范，要求教师处理好个人理想和民族梦想的关系，集聚奋斗力量，做新时代的见证者、开创者、建设者。教师要切实增强“四个意识”，站在教师职业承担的重要使命和责任的位置上，从党和国家事业全局的角度理解准则的要求。处理好个人利益和国家、社会利益的关系，处理好个人理想和民族梦想的关系，集聚奋斗力量，努力成为有理想信念、有道德情操、有扎实学识、有仁爱之心的好老师，着力培养德智体美劳全面发展的社会主义建设者和接班人，做新时代的见证者、开创者、建设者。《准则》要求中小学教师必须“坚持以习近平新时代中国特色社会主义思想为指导，拥护中国共产党的领导，贯彻党的教育方针”，并且坚决维护党中央权威。

（二）体现以人为本的理念

以人为本的教育强调将人的发展置于教育的核心，重视在教育全程尊重人、关爱人、发展人。做到以人为本不仅要关注被教育者、教育者，还要关注所服务之对象——国家和人民，为国家服务、为人民服务，不断满足国家和人民群众的需要。当然，以人为本在教育领域最终落实到以生为本，以人为本的学生观承认学生的主体地位，强调以学生作为发展的核心，肯定学生的潜能与价值，倡导尊重、关心、理解、包容每一个学生，能够依据学生的差异有针对性地引导和帮助学生学习、发展，进而为学生的终身可持续发展夯实基础。《准则》条文中“忠于祖国，忠于人民”“落实立德树人根本任务”“关心爱护学生”“保护学生安全”等都是以人为本的生动体现。

（三）划定教师职业行为的底线

《准则》是对中小学教师职业行为的最低要求，因此要牢固确立底线意识，严格遵守相关要求。《准则》条文体现了倡导性要求与禁行性规定相结合的特色，其中禁行性规定是不可触碰的红线。《准则》中有多处禁行性规定，如“不得在教育教学活动中及其他场合有损害党中央权威、违背党的路线方针政策的言行”“不得损害国家利益、社会公共利益，或违背社会公序良俗”“不得通过课堂、论坛、讲座、信息网络及其他渠道发表、转发错误观点，或编造散布虚假信息、不良信息”“不得歧视、侮辱学生，严禁虐待、伤害学生”“不得与学生发生任何不正当关系，严禁任何形式的猥亵、性骚扰行为”。

严是爱，宽是害，划定底线不是体检结果，而是预防保健手册，这是对广大教师的警示提醒，也是对教师最好的保护。当然，教师真正保护自己关键还在于提高自律意识，筑牢思想防线，自觉把“守纪律、讲规矩”内化于心、外化于行。

（四）注重在继承基础上的创新

《准则》是对之前教师职业道德规范和“十条红线”“红七条”等师德底线的继承和发展。《准则》吸收了《中小学教师职业道德规范》（2008 年修订）中反映教师职业道德本质的基本要求，如爱国守法、教书育人、关爱学生等。此外，《准则》也反映了“红七条”等以及严禁教师违规收受学生及家长礼品礼金、严禁中小学校和在职中小学教师有偿补课的规定。值得提及的是，《准则》不仅规范教师职业道德行为，还对教师提高政治素质、传播优秀文化、积极奉献社会等方面提出要求。

《准则》富有鲜明的时代特征，是结合新时代、新要求、新形势、新问题制定的教师职业行为规范，将优秀师德传统与时代要求有机结合。《准则》新增了“习近平新时代中国特色社会主义思想”“社会主义核心价值观”“立德树人根本任务”等表述，这是与时俱进、不断创新的生动写照，体现了“四个自信”。同时，表述又体现了国际化的特点。

（五）增强实际操作性

依据我国高校、中小学、幼儿园教师队伍的实际，分别制订教师职业行为十项准则，三类准则既具有共性又有各自个性。十条针对性的要求有正面倡导，也设定师德底线。其中，坚定政治方向、自觉爱国守法、传播优秀文化等是共性要求，爱岗敬业、关爱学生、诚实守信、廉洁自律等针对不同阶段教师队伍的差异分别提出相应的要求。显然，个性鲜明的准则要求更易被接受，更具操作性。《准则》每一条的表述也较之以前的规范更加细化，如“不得通过课堂、论坛、讲座、信息网络及其他渠道发表、转发错误观点，或编造散布虚假信息、不良信息”“不得在教育教学活动中遇突发事件、面临危险时，不顾学生安危，擅离职守，自行逃离”“不得与学生发生任何不正当关系，严禁任何形式的猥亵、性骚扰行为”等表述就是高压线，简洁明了。《准则》和《中小学教师违反职业道德行为处理办法（2018年修订）》等规定结合，有利于筑牢师德师风防线。

第二节 《新时代中小学教师职业行为十项准则》的内容

《新时代中小学教师职业行为十项准则》与《新时代高校教师职业行为十项准则》《新时代幼儿园教师职业行为十项准则》既具有共性，也具有鲜明的个性。理解《新时代中小学教师职业行为十项准则》的内容，可以为中小学教师的师德师风建设提供基本遵循。教师是人类灵魂的工程师，是人类文明的传承者。长期以来，广大教师贯彻党的教育方针，教书育人，呕心沥血，默默奉献，为国家发展和民族振兴做出了重大贡献。新时代对广大教师落实立德树人根本任务提出新的更高要求，为进一步增强教师的责任感、使命感、荣誉感，规范职业行为，明确师德底线，引导广大教师努力成为有理想信念、有道德情操、有扎实学识、有仁爱之心的好老师，着力培养德智体美劳全面发展的社会主义建设者和接班人，特制定以下准则。

一、坚定政治方向

【准则原文】坚持以习近平新时代中国特色社会主义思想为指导，拥护中国共产党的领导，贯彻党的教育方针；不得在教育教学活动中及其他场合有损害党中央权威、违背党的路线方针政策的言行。

《中共中央 国务院关于全面深化新时代教师队伍建设改革的意见》指出："加强理想信念教育，深入学习领会习近平新时代中国特色社会主义思想，引导教师树立正确的历史观、民族观、国家观、文化观，坚定中国特色社会主义道路自信、理论自信、制度自信、文化自信。"维护党中央权威和党的集中统一领导，是我们党在长期实践中形成的优良传统和独特优势，是中国特色社会主义政治发展道路的历史必然，是推进新时代党和国家各项事业的根本原则。教师要增强"四个意识"，践行"两个维护"，坚决维护党中央的权威。党的教育方针是教育工作的基本政策和指导思想，是实现教育目的所规定的教育工作的总方向。教师要切实执行和维护党的教育方针。

教师在教育教学活动中及其他场合的言行对学生、对社会有较大影响，必须时时绷紧政治这根弦，积极传递正能量，让课堂成为学生健康成长的家园。

二、自觉爱国守法

【准则原文】忠于祖国，忠于人民，恪守宪法原则，遵守法律法规，依法履行教师职责；不得损害国家利益、社会公共利益，或违背社会公序良俗。

习近平总书记在全国教育大会提到"六个下功夫"，要求厚植爱国主义情怀，让爱国主义精神在学生心中牢牢扎根。教师自身首先要弘扬爱国主义，将爱国主义与中国特色社会主义相统一，使爱国主义融入中国特色社会主义伟大实践中。爱国不是抽象的，教师爱国要立足本职工作，勤勉工作，做新时代的奋斗者。

全面推进依法治教是全面依法治国新理念新思想新战略的重大政治任务。广大教师要树立尊法守法的意识，在尊法守法上为全社会做出表率。教师要维护宪法的权威和尊严，维护宪法至高无上的地位，在学习、工作、生活中要以宪法为准则，决不能有违宪的言论和行为。

公序良俗，简单地说就是公共秩序与善良风俗，是国家社会存在及其发展所必需的秩序和道德。一般认为，公序良俗作为我国民法中的基本原则，是一种仅次于法律的调整民事行为的规范。教师应当维护国家利益、社会公共利益，遵守社会公序良俗。（具体要求参考第三章第一节 爱国守法）

三、传播优秀文化

【准则原文】带头践行社会主义核心价值观，弘扬真善美，传递正能量；不得通过课堂、论坛、讲座、信息网络及其他渠道发表、转发错误观点，或编造散布虚假信息、不良信息。

社会主义核心价值观是社会主义核心价值体系内核。"富强、民主、文明、和谐、自由、平等、公正、法治、爱国、敬业、诚信、友善”12 个词是对社会主义核心价值观的高度凝练。习近平总书记强调，要以培养担当民族复兴大任的时代新人为着眼点，把社会主义核心价值观融入社会发展各方面，转化为人们的情感认同和行为习惯。教师的职业特点决定了教师在传播文化中占有举足轻重的地位。教师不仅要带头践行社会主义核心价值观，增强价值判断力，更要在增强学生认知认同上下功夫，使社会主义核心价值观深入人心，使之在学生心中生根、开花、结果。

学术无禁区，课堂有纪律。课堂、论坛、讲座是教师传道授业解惑的神圣殿堂，教师要传递正能量，讲好中国故事，而不能不负责任地借口“言论自由”传播低俗、错误、反动的观点。信息网络及自媒体等其他渠道能够便捷快速地传递信息，教师应当合理加以运用，传递积极向上的声音，不能超越法律与道德边界。

四、潜心教书育人

【准则原文】落实立德树人根本任务，遵循教育规律和学生成长规律，因材施教，教学相长；不得违反教学纪律，敷衍教学，或擅自从事影响教育教学本职工作的兼职兼薪行为。

教师的核心使命是教书育人，培养德智体美劳全面发展的社会主义事业建设者和接班人。教师要淡泊名利，自觉履职担当，遵循教育的自身规律和学生成长发展的规律，潜心钻研教育教学业务。“孔子教人，各因其才”，尊重学生差异，因材施教，本身也是教师应当遵循的教育规律。

在职中小学教师兼职兼薪行为违反教学纪律，不能潜心从事教书育人本职工作，影响学校正常的教育教学秩序，人民群众反映强烈。广大教师应不忘初心、牢记使命，展现无私奉献、崇德向善的精神风貌。（具体要求参考第四章第一节　教书育人）

五、关心爱护学生

【准则原文】严慈相济，诲人不倦，真心关爱学生，严格要求学生，做学生良师益友；不得歧视、侮辱学生，严禁虐待、伤害学生。

爱是教育的灵魂。习近平总书记指出，教育是一门“仁而爱人”的事业。好老师应该是仁师，没有爱心的人不可能成为好老师。好老师对学生的教育和引导应该是充满爱心和信任的。好老师应该把自己的温暖和情感倾注到每一个学生身上，用欣赏增强学生的信心，用信任树立学生的自尊。爱学生就要尊重学生、理解学生、宽容学生。

严格也是一种爱。要做到“严爱相济”，因为严格往往是一种深爱和大爱。片面强调所谓的“快乐教育”，对学生过于放松甚至溺爱往往导致学生品行败坏。当然，严格不等同于严厉、严酷，要把握好严格的尺度。

爱与责任同在。习近平总书记指出，选择当老师就选择了责任，就要尽到教书育人、立德树人的责任，并把这种责任体现到平凡、普通、细微的教学管理之中。要公平公正，关心爱护每一个学生。（具体要求参考第三章第三节　关爱学生）

六、加强安全防范

【准则原文】增强安全意识，加强安全教育，保护学生安全，防范事故风险；不得在教育教学活动中遇突发事件、面临危险时，不顾学生安危，擅离职守，自行逃离。

提高安全防范政治站位。安全责任，重于泰山。教师要增强安全防范工作的责任感和紧迫感，认真执行各项安全教育管理制度。建设平安校园，保障学生健康成长，办好人民满意的教育。

加强安全防范教育，增强安全意识。教师要切实提高自身及学生安全防范意识和自防自控能力。教师要加强对学生的安全监管，培养学生良好的行为习惯和安全常识教育。

牢固树立"安全第一，预防为主"理念。参与建立健全学校安全风险防控体系，带头参加开展常态化的安全隐患排查与风险管控，组织参加各种应急演练，完善各类应急预案。

教师有自己的使命担当。在教育教学活动中，当遇有突发事件，教师有责任挺身而出，优先保障学生的安全，这是人民教师的职业操守。

七、坚持言行雅正

【准则原文】为人师表，以身作则，举止文明，作风正派，自重自爱；不得与学生发生任何不正当关系，严禁任何形式的猥亵、性骚扰行为。

《论语》中说："不学礼，无以立。"也就是说，不学会礼仪礼貌，就难以有立身之处。教师作为最光辉的职业，不仅要有高尚的道德情操与高深的学问，同时也要有雅致的言行。教师良好的举止作风是教师履职尽责的必然要求。由于教师角色的特殊性，无论在社会还是在课堂，教师的言行举止都受到关注，并与教师职业要求伴随始终。美国教育家布鲁纳说："教师也是教育过程中最直接的具有象征意义的人物，是学生可以认同并将自己与其比较的人物。"陶行知先生亦曾说过："教师个人一举一动、一言一行都要修养到不愧人师的地步。"

教师要自重自爱，不能触碰道德底线，败坏教师形象。少数教师理想信念模糊，言行失范，不能正确处理与学生的关系，出现猥亵、性骚扰等严重侵害学生行为，一经查实，要撤销其所获荣誉、称号，依法依规撤销教师资格、解除教师职务、清除出教师队伍。

八、秉持公平诚信

【准则原文】坚持原则，处事公道，光明磊落，为人正直；不得在招生、考试、推优、保送及绩效考核、岗位聘用、职称评聘、评优评奖等工作中徇私舞弊、弄虚作假。

公正是社会发展和进步的标志，是社会主义核心价值体系的重要内容之一。教师秉持公正，表现为对自己、对他人，尤其是对教育对象的公正。公正有利于营造良好的教育氛围，凝聚教育力量，进而促进教育活动的有效开展。教师要尊重学生的个性，理解学生的情感，包容学生的缺点和不足。"其身正，不令而行"。教师对公正的坚守也有助于维护教师形象，提升教师的教育权威，让学生更加信服。教师的公正也是社会公正的组成部分，其影响是深远的。

诚信同样也是社会主义核心价值体系的重要内容。《论语·为政》中提出："人而无信，不知其可也。"可见，立身处世，以诚信为本。诚实守信是中华民族的传统美德，也是现代社会公民应当遵循的基本道德。教师应当言行一致，勇于践诺，以更好地作为学生的表率。

公正、诚信要求教师摒弃私心杂念，忠诚党和人民教育事业，要用师爱公正对待每一位学生，不得在事关学生的升学、招生、考试等工作方面出现袒护、偏心等不公正现象；也不能为个人私利弄虚作假，以在职务、职称、荣誉上不当获益。

九、坚守廉洁自律

【准则原文】严于律己，清廉从教；不得索要、收受学生及家长财物或参加由学生及家长付费的宴请、旅游、娱乐休闲等活动，不得向学生推销图书报刊、教辅材料、社会保险或利用家长资源谋取私利。

古人说："不受曰廉，不污曰洁。"廉洁自律不只是党政领导干部的事，同时也是教师终身都需要坚守的道德准则。"人民教师无上光荣"。习近平总书记希望每位教师都要珍惜这份光荣，执着于教书育人，有热爱教育的定力、淡泊名利的坚守，做"四有"好老师，当好学生的引路人。

极少数教师受拜金主义、享乐主义等不良社会风气的影响，以权谋私，收受好处，严重影响人民教师的形象，削弱学校的育人效果，玷污了纯洁的师生关系，为学生树立了一个反面的榜样，社会舆论反映强烈。教师应严于律己，清廉从教。

十、规范从教行为

【准则原文】勤勉敬业，乐于奉献，自觉抵制不良风气；不得组织、参与有偿补课，或为校外培训机构和他人介绍生源、提供相关信息。

习近平总书记指出，好老师要有"捧着一颗心来，不带半根草去"的奉献精神，自觉坚守精神家园、坚守人格底线，有热爱教育的定力、淡泊名利的坚守。

有偿补课与全面贯彻党的教育方针和立德树人根本任务背道而驰，加剧应试教育的不良竞争，加重学生课业负担，加重人民群众经济负担，并滋生教育腐败。2015 年，教育部出台《严禁中小学校和在职中小学教师有偿补课的规定》，严禁在职中小学教师组织、推荐和诱导学生参加校内外有偿补课；严禁在职中小学教师参加校外培训机构或由其他教师、家长、家长委员会等组织的有偿补课；严禁在职中小学教师为校外培训机构和他人介绍生源、提供相关信息。值得提及的是，对组织学生参与校外机构培训的教师，不管是否谋取利益都要处罚。

思考与练习

1. 新时代中小学教师职业行为必须遵循哪十项准则?

2. 请分别简述新时代中小学幼儿园教师职业行为必须遵循的十项准则的基本要求。

3. 请结合实例谈谈教师应如何做到有坚定的政治方向。

4. 请结合实例简述教师应如何转播中华优秀传统文化。

5. 案例分析。

2018 年度全国教书育人楷模、河南省南阳市镇平县高丘镇黑虎庙小学教师张玉滚,十几年如一日坚守大山深处,只为改变山里娃的命运,托起大山的希望。他,虽然收入微薄,但 17 年资助学生多达 300 多名。从教的黑虎庙小学因交通困难,学生每学期的课本都是他靠着肩上的一根窄窄的扁担挑进大山的。而这一挑,就是 5 年。(来源:央广网,发布时间:2018 年 9 月 4 日)

张玉滚老师体现了一种什么样的师爱?

请扫本章二维码,进入 MOOC 链接或者手机下载 APP:中国大学 MOOC,搜索课程《教师职业道德与教育政策法规》参阅本章不断更新的内容,完成单元测试题。

第六章 教育法规概述

新时代社会，以“法治”代替“人治”成为历史发展的必然趋势。由此，法治素养理应成为人的核心素养。新时代的教育，必然要求每一位教师必须具备法治素养，才能完成法治价值引导的教育责任。本章阐述的是教师要懂得的教育法规、法律关系、法律责任、法律救济等基本的法律常识，这是教师应具备的基本法治素养。

1. 了解本章“学习要求”，观看本章“微课视频”；
2. 查阅本章课程资源，参与本章深度学习；
3. 欢迎点击“单元测试”，测一测本章学习效果。

微信扫一扫

- 教育法规概述
  - 教育法规
    - 教育法规的含义、渊源
    - 教育法规的体系结构
    - 教育法规与教育政策
    - 教育法规与教育道德
  - 法律关系
    - 法律关系的含义
    - 法律关系的构成要素
    - 法律关系的发生、变更和消灭
  - 法律责任
    - 法律责任的含义与类型
    - 法律责任的归责要件与归责原则
  - 法律救济
    - 法律救济的含义与特征
    - 法律救济的途径
    - 申诉制度与教育申诉制度

第一节 教育法规

法律有广义和狭义之分。广义的法律是指由国家制定或认可，并由国家强制力保证实施的各种行为规范的总称。狭义上的法律是指国家最高立法机关按照法定的程序制定和颁布的规范性文件。教育法规是我国法律体系不可缺少的一个组成部分。本节主要阐述了教育法规的概念、教育法规的渊源、教育法规的类型、教育法规的体系结构、教育法规与教育政策的关系、教育法规与教育道德的关系、教育法治与教育法制的关系等。

一、教育法规的含义

教育法规与教育法律从广义上理解，含义是相通的，都是指以国家权力为保障强制执行的教育行为规则的总和。从狭义上理解，教育法律主要是指由国家最高权力机关制定的教育行为规范。教育法规乃是一个泛指概念，既包括国家权力机关制定的教育法律，也包括国家行政机关制定的教育行政法规和规章，还包括地方权力机关和地方行政机关制定的地方教育法规和规章。本教材使用的教育法规概念也就是教育法律的广义概念。①

二、教育法规的渊源

本章所言教育法规的渊源不是指法的历史渊源、理论渊源、政治渊源等，而是指教育法规的法律效力的来源。我国教育法规的基本渊源是指有权创制法律规范的国家机关制定发布的规范性法律文件。规范性法律文件，简称规范性文件，是指由国家机关制定并发布的、具有普遍约束力的法律文件。而非规范性法律文件是指国家机关在适用法的过程中发布的个别性文件，如判决、裁定、行政措施等。在我国这类文件的效力仅及于特定案件或相关的主体、客体及行为，没有普遍的约束力，不是法的渊源。这与英美法系国家法官具有法的创制权很不相同。我国教育法规的主要渊源是宪法、教育法律、教育行政法规、教育行政规章、地方性教育法规、地方性教育规章等。②

（一）宪法中有关教育的条款

宪法是国家的根本大法，在我国法的渊源体系中占据首要地位，具有最高的法律效力，是我国全部立法工作的基础和根据，一切规范性文件皆不能与宪法相抵触。只有全国人民代表大会有宪法的制定和修改权。

《中华人民共和国宪法》(曾于 1954 年 9 月 20 日、1975 年 1 月 17 日、1978 年 3 月 5 日和 1982 年 12 月 4 日通过四个宪法，现行宪法为 1982 年宪法，并历经 1988 年、1993 年、1999 年、2004 年、2018 年五次修订，以下简称《宪法》)作为教育法的渊源，规定了我国教育的社会性质、目的任务、结构系统、办学体制、管理体制，规定了我国教育的社会性质、目的任务、结构系统、办学体制、管理体制，规定了公民有受教育的权利和义务，规定了对少数民族、妇女和有残疾的公民在教育方面予以帮助，规定了对未成年人的保护，规定了学校的教学用语，规定了宗教与教育的关系，这些都是各种形式和层级的教育立法的主要依据和最高依据。任何形式的教育法都不得与宪法相抵触，否则便是违宪。

（二）教育法律

教育法律是国家最高权力机关——全国人大及其常委会制定的教育规范性文件，其效力仅次于宪法。教育法律又分为两种形式：基本法律和基本法律以外的法律。

基本法律一般由全国人民代表大会制定，它比较全面地规定和调整某一方面带根本性、普遍性的社会关系。我国教育基本法律是《中华人民共和国教育法》(1995 年 3 月 18 日通过，2009 年 8 月 27 日第一次修正，2015 年 12 月 27 日第二次修正，2021 年 4

---

① 李晓燕. 教育法学[M]. 2 版. 北京：高等教育出版社，2012：30.

② 公丕祥. 教育法教程[M]. 北京：高等教育出版社，2000：48.

月29日修改，自2021年4月30日起施行，以下简称《教育法》）。

基本法律以外的法律一般由全国人大常委会制定（《中华人民共和国义务教育法》例外），它是调整某类教育或教育的某一具体部分关系的法律，我国现在已通过的这类法律有：

（1）《中华人民共和国学位法》（2024年4月26日通过，自2025年1月1日起施行），以下简称《学位法》。

（2）《中华人民共和国义务教育法》（1986年4月12日通过，自1986年7月1日起施行；2006年6月29日修订，2015年4月24日第一次修正，2018年12月29日第二次修正），以下简称《义务教育法》。

（3）《中华人民共和国教师法》（1993年10月31日通过，自1994年1月1日起施行），以下简称《教师法》。

（4）《中华人民共和国职业教育法》（1996年5月15日通过，自1996年9月1日起施行。2022年4月20日修订，2022年5月1日起施行），以下简称《职业教育法》。

（5）《中华人民共和国高等教育法》（1998年8月29日通过，自1999年1月1日起施行；2015年12月27日第一次修正，2018年12月29日第二次修正），以下简称《高等教育法》。

（6）《中华人民共和国民办教育促进法》（2002年12月29日通过，自2003年1月1日起施行，2013年6月29日第一次修正，2016年11月7日第二次修正，2018年12月29日第三次修正），以下简称《民办教育促进法》。

（7）《中华人民共和国学前教育法》（2024年11月8日通过，自2025年6月1日起施行），以下简称《学前教育法》。

在家庭教育方面，2021年10月23日第十三届全国人民代表大会常务委员会第三十一次会议通过《中华人民共和国家庭教育促进法》（以下简称《家庭教育促进法》），自2022年1月1日起施行。在爱国主义教育方面，2023年10月24日第十四届全国人民代表大会常务委员会第六次会议通过《中华人民共和国爱国主义教育法》（以下简称《爱国主义教育法》），自2024年1月1日起施行。

此外，全国人大或其常委会发布的关于教育的具有规范性内容的决议和决定，也属于教育法律的范畴，与教育法律有同等效力，如1985年1月21日第六届全国人民代表大会常委会第九次会议通过的《关于教师节的决定》就属于此类。

（三）教育行政法规

教育行政法规是由国家最高行政机关即国务院制定的关于教育的规范性文件，其效力仅次于宪法和教育法律。教育行政法规一般有两种发布方式：

一是由国务院直接发布，如《残疾人教育条例》《教师资格条例》都是由国务院直接发布的。

二是由国务院批准、国家各部委发布，如《学校体育工作条例》《学校卫生工作条例》就是这样发布的。教育行政法规不论采取哪种发布形式，其效力都是一样的。

（四）部委教育规章

部委教育规章是指国务院各部委（主要是教育部）根据法律和行政法规在本部门权限内所制定的关于教育的规范性文件。相对于教育法律和教育行政法规而言，部委教育规章的数量是很大的，三者在数量上呈金字塔状。

（五）地方性教育法规

地方性教育法规是由地方人大或其常委会制定的关于教育的规范文件。省、自治区、直辖市的人大及其常委会，在不同宪法、法律、行政法规相抵触的前提下，可以制定地方性法规，报全国人大常委会备案。省、自治区的人民政府所在地的市，经济特区所在地的市和国务院已经批准的较大的市，其他设区的市，可以拟定本地需要的地方性法规草案，提请省、自治区人大常委会审议制定，并报全国人大常委会和国务院备案。由此可见，并不是所有的地方人大及其常委会皆有权制定地方性教育法规。

（六）地方性教育规章

也称地方政府教育规章，由地方政府制定。《中华人民共和国立法法》规定，省、自治区、直辖市和设区的市、自治州的人民政府，可以根据法律、行政法规和本省、自治区、直辖市的地方性法规，制定地方政府规章。地方性教育规章的效力低于同级的地方性教育法规的效力。

这些由不同国家机关制定，具有不同法律地位和效力的法律渊源，构成了我国多种类、多层次的教育法体系。

三、教育法规的体系结构

教育法规体系是指教育法作为一个专门的法律部分，按照一定的原则组成的一个相互联系、相互协调、完整统一的法律有机整体。

（一）教育法规的纵向结构

教育法规体系的纵向结构，即教育法规的表现形式，是指由不同层级的教育法律文件组成的等级、效力有序的纵向体系。我国教育法律体系的纵向结构为：①《宪法》中有关教育的条款；② 教育基本法律；③ 教育单行法律；④ 教育行政法规；⑤ 地方性教育法规；⑥ 教育规章。（见表 6 - 1）

表 6 - 1 我国教育法律体系的纵向结构

层级	形式	制定机关
第一层次	宪法中有关教育的条款	全国人民代表大会
第二层次	教育基本法律	全国人民代表大会

（续表）

层级	形式		制定机关
第三层次	教育单行法律		全国人民代表大会及其常务委员会
第四层次	教育行政法规		国务院
第五层次	地方性教育法规		省（自治区、直辖市）、设区的市、自治州人大及其常委会
第六层次	教育规章	部门教育规章	教育部等国务院部委
		地方政府教育规章	省（自治区、直辖市）、设区的市、自治州人民政府

（二）教育法规的横向结构

教育法规体系的横向结构是指依据教育法规所调整的教育社会关系的特点或教育关系构成要素的不同，划分出若干处于同一层级的部门教育法，形成法规调整的横向体系。我国教育法规体系的横向结构主要包含以下几个部类：① 教育基本法；② 基础教育法；③ 高等教育法；④ 职业教育法；⑤ 成人教育或社会教育法；⑥ 学位法；⑦ 教师法；⑧ 教育投入法或教育财政法。

四、教育法规与教育政策

（一）教育政策的概念

教育政策是指政党、政府等各种政治实体在一定历史时期，为实现一定的教育目的任务而协调内外关系所制定的行动准则。

（二）教育政策的特点

教育政策有着与其他政策相似的一些特点，这些特点表现在：第一，指向明确；第二，相对稳定；第三，影响广泛；第四，体现统治阶级意志；第五，不具强制性。

（三）教育政策的类型

一是根据制定政策主体的不同，可分为政党的教育政策、国家的教育政策、社会团体的教育政策。

二是根据政策内容与层次的不同，可分为总政策、基本政策和具体政策。

三是根据政策效力范围的不同，可分为全局性政策和区域性政策。

四是根据政策所起作用的不同，可分为鼓励性政策与限制性政策。

五是按政策适用时间的不同，教育政策可分为短期政策、中期政策和长期政策。

（四）教育政策的体系结构

教育政策的体系结构是指政党、国家和社会团体制定的有关教育政策的存在及其表现形式。

1. 教育政策的横向结构

教育政策的横向结构是指不同领域的教育政策，依照横向并列关系加以排列形成的组合方式和秩序。如高等教育政策、普通教育政策、职业和成人教育政策、少数民族教育政策和残疾人教育政策。

2. 教育政策的纵向结构

教育政策的纵向结构是指依照教育政策的内在逻辑关系做出的纵向排列。从不同角度出发，就有不同的排列方式。如依照空间系列划分，有教育总政策、基本教育政策和一般教育政策；依照政策阶段性过程划分，有长期教育政策、中期教育政策、短期教育政策和即时教育政策。

（五）教育政策与教育法规的关系①

教育政策与教育法规在本质上是一致的，但并不等于说这两者是一回事，其实，它们既有共性又有个性。

1. 教育政策与教育法规的共性

教育政策与教育法规在本质上是相同的，因此，两者有共同之处，就我国而言，教育法规和教育政策有着共同的指导思想；教育法规与教育政策体现着党和人民共同的利益；教育法规与教育政策都是上层建筑。教育政策通过法定程序变成国家意志，上升为国家的教育法规，在全社会产生效力，要求全体公民认真遵守和执行。这是加强党的领导，加快教育事业发展的有效措施。从这个意义上讲，教育政策与教育法规的本质是一致的。

2. 教育政策与教育法规的区别

（1）制定的机关不同。国家的教育法规是由国家机关制定的，而教育政策也可以由政党制定。

（2）约束力不同。教育法规具有国家的强制性，对全社会成员都有约束力，而教育政策不具有国家强制性，只对某部分人有约束力。

（3）执行的机关不同。教育法规的执行机关只能是国家机关，而教育政策除了国家机关，还有其他有关组织。

（4）发挥的作用不同。教育法规的作用，主要表现为国家的强制性作用，而政策的作用主要是指导性作用。

（5）表现的形式不同。教育法规的表现形式有宪法中的教育条款、教育法律、教育行政法规、地方性教育法规和教育行政规章等；而教育政策主要以决定、指示、决议、纲要、通知、意见等形式出现，内容比较广泛，具有原则性和概括性。

（6）执行的方式不同。教育法规的执行方式是以国家强制力为后盾，要求社会成

---

① 李晓燕. 教育法学[M]. 2版. 北京：高等教育出版社，2006：66－67.

员必须遵照执行;而教育政策主要靠组织与宣传,启发人们自觉遵循,主要依靠党的纪律、政府的行政权力而非司法权来实现和推动。

(7) 稳定的程度不同。教育法规的稳定程度更高,而教育政策的灵活性更高。教育法规一般是在总结贯彻党和国家的教育政策所取得的经验基础上形成的,具有长期性和稳定性,它的制定、修改和废除必须依照一定的法律程序。教育政策则随着教育形势、教育任务的变化需要适时做出调整和修订。

(8) 公布的范围不同。教育法规必须向全社会公布,而教育政策只在一定范围内公布。同时,教育法规的调整范围比教育政策的调整范围要小一些。教育政策制定的灵活性和及时性要求教育政策的调整范围更宽泛。

3. 教育政策与教育法规的联系

教育法规与教育政策是既相联系又有区别的,教育政策是教育法规的灵魂,教育政策是制订教育法规的依据;教育法规是教育政策得到实施的保证,成熟的教育政策可以转化为教育法规。教育法规是教育政策的具体化、定型化、规范化,教育法规能够集中反映党和国家在教育方面的主张和意志,教育政策指导着教育立法过程,体现在教育法规中,指导教育法规的运用和实施。但两者有着本质的区别,这是值得注意的。如果把教育政策同教育法规等同起来,就会降低教育政策的指导意义,也否定了教育法规的强制作用。

随堂小练

(单项选择题)我国教育政策的最高表现形式是(　　)。

A. 教育策略　　B. 教育方针　　C. 教育行动准则　　D. 教育法规

【答案】 B。

【解析】 本题考核知识点是教育政策的类型。教育方针是国家或政党在一定历史阶段提出的教育工作的总的方向和总指针,是教育基本政策的总概括。

五、教育法规与教育道德

教育法规与教育道德具有互相影响、互相制约、不可分割的关系。

(一) 职业道德与教育道德

1. 职业道德

职业道德是人们在一定的职业活动中形成并遵循的、具有自身职业特征的道德规范,以及与之相应的道德观念、情操、品质。它是针对特定职业的道德原则和规范,并通过从业人员的遵从,在职业信念、职业态度、职业纪律和作风等方面表现出来。

2. 教育道德

教育道德亦称“教师职业道德”“师德”,是教师职业活动中的道德要求和道德表现。

在教育教学实践中，教师要依靠社会舆论、传统习俗、内心信念、职业要求和思想感化的力量，调整与学生、其他教师、家长、社会之间的关系，规范自己的行为。教师在道德实践中，对道德的选择、评价和修养等，都必须遵循一定的原则和规范。教师所承担的教育工作，既是社会的要求，也是个人生活和自身个性发展的需要。世界上最早的关于教师职业道德的法规是 1896 年美国佐治亚州教师协会颁布的《教师专业伦理规范》，最有影响的是 1929 年美国全国教育协会颁布的《教学专业伦理规范》，1963 年改为《教育专业伦理规范》。①

新中国成立以来，我国先后四次正式颁布中小学教师职业道德规范，目前正在实施的是 2008 年 9 月 1 日由教育部和中国教科文卫体工会全国委员会联合颁布的《中小学教师职业道德规范(2008 年修订)》，内容包括六条：爱国守法、爱岗敬业、关爱学生、教书育人、为人师表、终身学习。2018 年 11 月 8 日，教育部正式印发实施《新时代中小学教师职业行为十项准则》。

(二) 教育法规与教育道德的共性②

第一，教育法规与教育道德作为社会调整体系的范畴，都以共同的现实物质生活条件为基础。

第二，在同一社会中，教育法规与占社会主导地位的教育道德具有共同的作用方向，反映的利益关系一致。

第三，教育法规与教育道德的作用具有共同性，它们都对社会关系(包括教育关系)起调整作用，对人的行为(包括教育行为)起规范作用，并对一定的利益关系的形成和发展起阻碍或促进作用。

(三) 教育法规与教育道德的区别

1. 教育法规与教育道德的表现形式不同

教育法规表现在与教育有关的宪法、法律、条例、命令等条文中，一般是由国家机关依照一定程序制定的，更加正规和条文化。而教育道德一般没有特定的表现形式，多存在于教育工作者意识和信念之中或形成社会舆论。尽管有的教育道德规范已成为教育法规的一部分，但更多的教育道德仍存在于教育道德体系中。

2. 教育法规与教育道德调整的范围不同

道德与法规基于调整范围视角，有的领域法规能够调整而道德不能调整，有的领域道德能够调整而法规无能为力。一般来说，教育道德调整的教育关系比教育法规更为宽泛。某些违反了教育道德的行为虽然受到舆论的谴责，却不一定受到教育法规的制裁。

3. 教育法规和教育道德调整方法和手段不同

教育法规像其他法律一样具有强制性，它依靠国家权力做后盾，要求人人遵守。而

---

① 顾明远. 教育大辞典[M]. 上海：上海教育出版社，1998.

② 李晓燕. 教育法学[M]. 2 版. 北京：高等教育出版社，2006：54－55.

教育道德是依靠舆论、信念和教育力量来实现，只有当这种教育道德同时是教育法规的内容时，才具有强制性。[①]

(四) 教育法规与教育道德的联系

教育道德与教育法规一样都属于社会调整体系的范畴，在本质上具有一致性。[②]

1. 教育法规与教育道德相互交叉并可以实现相互转化

教育道德是教育法规规定的我国教育的重要内容，教育法规与教育道德相互交叉并可以实现相互转化。

2. 教育法规和教育道德在调整教育行为过程中有互补作用

(1) 教育道德价值判断对制定教育法律规范起指导作用。教育道德是教育法规得以体现的伦理道德基础。教育道德的准则和规范贯彻于教育立法之中，是教育立法的道德基础。单纯的道德规范或单纯的法律规范对现实利益关系的调整都存在不足。道德可以做到事前的积极调整，防止违法侵权行为的发生；法律则主要是事后的消极调整，维护、弥补权利受侵害者的利益。必须同时加强教育法规与教育道德的建设，使两者在教育生活中相辅相成，共同发挥作用。

(2) 教育法规的顺利运行和高效实现，对于教育道德目标的实现，推动教育道德的发展具有重要意义。主要体现在：教育法规的运作和实现本身就包含教育道德受到应有的重视以及教育道德原则和道德规范得到普及；教育法规运用国家强制力使一些教育道德试图解决而无法调整的教育关系得到调整和规范。法律的生命在于它的实行，不能实现的法是对法的本质的歪曲。教育法规实施的基本途径是社会主体自觉遵守教育法规，这就要进行广泛的教育伦理道德的教育，以推动我国教育法规的高效实现。

3. 教育法规约束过程中教育道德因素的作用举足轻重[③]

(1) 教师在享有权利的选择上要受到道德价值观念的支配。

(2) 教师在履行教育义务的主动性上受道德水平的制约。

(3) 教师职业道德能弥补教师权利义务实现保障措施的不足。

由于教师职业道德对于教师职业性质及其职业形象有着极为重要的作用，直接影响着教师职能的发挥，我国已经把遵守国家宪法、法律和职业道德规定为教师的基本法律义务之一。职业道德作为从业规则，一般由行业组织发布。教师职业道德作为一种行业道德，虽然主要从行业组织产生，但对从业者具有“法律”的地位，体现了教师职业的内在凝聚力，也是教师职业社会威望形成的基础，更是国家社会对教师的期望和要求。立德树人，依法执教，任重而道远。

---

① 阮成武. 小学教育政策与法规[M]. 北京：高等教育出版社，2006：113－114.

② 刘旺洪. 教育法教程[M]. 南京：南京师范大学出版社，2006：35－36.

③ 李晓燕. 教育法学[M]. 2 版. 北京：高等教育出版社，2006：54－62.

第二节　法律关系

什么样的关系可以称为法律关系？教育法律关系拥有什么样的特征？可以分为哪些类别？如何通过掌握这些知识，进一步提升教师教育教学的能力以及正确对待和调节在教育环节中产生的教育法律关系的能力？本节就法律关系的基本问题进行研讨。

一、法律关系的含义

所谓法律关系，它是法律规范在调整人们有关活动行为过程中形成的权利和义务的关系。[①] 法律关系的产生是以法律规范的存在为前提的，只有法律规范了的这种关系才能成为法律关系。并不是所有的社会关系都属于法律关系，有些社会关系领域，如友谊关系、爱情关系、政党的内部关系等，一般不由法律调整，不存在相应的法律规定，因此就不存在法律关系。教育行政机关与学校、学校与教师、学校与学生、学校与一些组织和个人的关系因为有相应的法律规定，故皆属于法律关系。

二、法律关系的构成要素[②]

法律关系的构成要素有主体、客体和内容。法律关系的三个要素相互联系、相互制约、缺一不可，其中任何一个要素的改变，都会导致原有法律系关系的变更。

（一）法律关系的主体

法律关系的主体是指法律关系的参加者，亦称作权利主体或权利义务主体，包括法律关系中权利的享受者和义务的承担者，享有权利的一方称为权利人，承担义务的一方称为义务人。我国教育法律关系的主体可分为三类：

1. 公民（自然人）

公民包含两类：一类是我国公民，另一类是居住在中国境内或在境内活动的外国公民或者无国籍人。而外国人和无国籍人只能参加我国的部分教育法律关系，其范围由我国法律以及我国与其他国家签订的条约及国际公约规定。

2. 机构和组织（法人）

机构和组织主要包含两类：一类是国家机关，如权力机关、行政机关、司法机关等，其特点是具有权力特征。另一类是社会组织，包括政党、企业事业单位和社会团体等。

---

① 李晓燕. 教育法学[M]. 2 版. 北京：高等教育出版社，2006：81.

② 李晓燕. 教育法学[M]. 2 版. 北京：高等教育出版社，2006：84－86.

3. 国家

从国际法方面讲，国家主体主要以国际法主体的名义参与国际教育活动、签署国际教育协议等。从国内法方面讲，国家主体主要通过各级权力机关、各级司法机关、各级行政机关等来行使国家的教育立法权、教育司法权和教育行政权，从而成为具体的教育法律关系主体。

法学论坛

请扫描本章二维码，欢迎进入法学论坛，思考讨论下列问题：

(1) 外国公民可否成为我国的教育法律关系主体？

(2) 法人应具备的基本条件有哪些？是不是所有的学校都是法人？哪些不是？

(3) 如何理解“教育法律关系主体的权利能力和行为能力”？

(二) 法律关系客体

法律关系客体是指法律关系主体的权利和义务所指向的对象。法律关系客体是将法律关系主体之间的权利与义务联系在一起的中介。教育法律关系的客体一般包括物质财富、非物质财富、行为三个大的方面。教育领域中存在的法律纠纷，往往都是因之而引起的。

1. 物质财富

物质财富简称“物”，它既可以表现为自然物，如森林、土地、自然资源等，也可以表现为人的劳动创造物，如建筑、机器、各种产品等；既可以是国家和集体的财产，也可以是公民个人的财产。物一般可分为动产与不动产两类：不动产包括土地、房屋和其他建筑设施，如学校的场地，办公、教学、实验用房及其必要的附属建筑物；动产包括资金和教学仪器设备等。教育资金包括国家教育财政拨款、社会捐资等，其表现形式为货币以及其他各种有价证券，如支票、汇票、存折、债券等。

2. 非物质财富

非物质财富包括创作活动的产品和其他与人身相联系的非财产性的财富。前者也被称作智力成果，在教育领域中主要指包括各种教材、著作在内的成果，各种有独创性的教案、教法、教具、课件、专利、发明等。其他与人身相联系的非物质财富包括公民(如教师、学生和其他个人主体)或组织(如教育行政机关、学校和其他组织)的姓名或名称，公民的肖像、名誉、身体健康、生命等。

3. 行为

行为是指教育法律关系主体实现权利义务的作为与不作为。一定的行为可以满足权利人的利益和需要，可以成为教育法律关系的客体。在教育领域中，教育行政机关的行政行为、学校的管理行为和教育教学行为都是教育法律关系赖以存在的最基本的行为。学校、教师、学生的物质财富与非物质财富以及这些主体依法进行的教育行为和教育活动都受法律的承认和保护，都是教育法律关系的重要客体。

【案情简介】 教师的教案属于学校的吗？

重庆市某小学的高老师将一纸诉状递交到了法院，要求学校归还自己的44本教案。高老师首先以“对教案的所有权”为诉求，但是从法院一审、二审和终审判决，到经检察机关抗诉后启动重审程序，在这宗全国首例“教案”官司中，她4次败诉。随后，心有不服的高老师改变诉由，以主张“教案著作权”为由，第五次走进了法院，誓要讨回“公道”。重庆市第一中级人民法院最终认定，某小学私自处分教师教案原稿的行为侵犯了高老师的著作权。

【问题探讨】

1. 什么是著作权？
2. 教师对其教案是否享有著作权？
3. 在教育领域著作权侵权行为有哪些？
4. 本案对教育管理者和教师有何启示？

【案例分析】 本案经历了一审、一审重审、二审、再审，之后又变更诉由另行起诉，争议焦点紧紧围绕教案本与教案作品。本案例说明，要准确认清法律关系的主客体很重要，这往往会决定着官司的成败。

（三）法律关系的内容①

权利与义务构成法律关系的内容，法律的实质是要确定法律关系参加者的权利和义务。权利和义务是法律关系的核心，没有权利和义务为内容，无所谓法律关系。

1. 法律上的权利

法律上的权利是指法律关系主体依法享有的某种利益或资格，表现为权利人可以作出一定的作为或不作为，并能要求义务人实施一定的作为或不作为。一切法定的权利，国家都以其强制力给予保障，当法定的权利受到侵害时，权利人有权向有关国家机关请求法律保护。

2. 法律上的义务

法律上的义务是指法律关系主体依法承担的责任，表现为义务的承担者（即义务人）必须依法实施一定的作为或不作为。一切法定的义务，不论是积极义务（作为），还是消极义务（不作为），国家都以其强制力强制义务人履行，当义务的承担者拒绝履行其

---

① 杨颖秀．教育法学［M］．北京：中国人民大学出版社，2008：59．

应尽的义务时，国家的司法机关或其他有关机关有权采取措施强制其履行，甚至要求义务的承担者负相应的行政、民事或刑事法律责任。

3. 权利与义务的统一性

权利与义务是不可分的，没有无义务的权利，也没有无权利的义务。在任何一种法律关系中，权利人享受权利依赖于义务人承担义务，否则权利人的权利就会受到侵害。权利与义务表现的是同一行为，对一方当事人来讲是权利，对另一方来讲就是义务；权利和义务所指向的对象(即法律关系的客体)也是同一的，比如在债权债务法律关系中，权利和义务指向的都是同一个客体。权利与义务的统一性还表现在不能一方只享受权利不承担义务，另一方只承担义务不享受权利，法律面前人人平等的法律原则要求任何一个法律关系主体在享受权利的同时也必须承担相应的义务。另外，权利与义务的统一性还表现在，在有些法律关系中尤其是在行政法律关系中，权利与义务具有交叉性，如学校校长依法管理学校，这既是校长的法定权利也是校长的法定义务。再如适龄儿童接受九年制义务教育，既是其权利，又是其义务。

请扫描本章二维码，欢迎进入法学论坛，思考：

(1) 权利与权力有何区别？

(2) 如何正确理解学生受教育权，家长、国家、学校和教师的教育权？

(3) 如何正确理解学生受教育义务，家长、国家、学校和教师的教育义务？

(4) 如何正确处理学校管理权与学生、家长、教师等主体权利的关系？

三、法律关系的发生、变更和消灭[①]

(一) 法律关系的发生

法律关系的发生是指法律关系主体之间权利义务关系的确立。如因委托培养合同的签订产生了用人单位与学校以及学生之间的权利和义务关系。

(二) 法律关系的变更

法律关系的变更是指法律关系构成要素的变更，即主体、客体、内容的变更。

主体变更是指主体的增加、减少和改变。如学校与企业间的委托培养学生因原委托企业破产而改变委托方。再如几所学校合并为一所学校也会使法律关系发生变更。客体变更是指标的变化，如学校基建合同的地点、面积的变更。内容变更是指权利、义

① 杨颖秀. 教育法学[M]. 北京：中国人民大学出版社，2008：62.

务的变更，如学校之间签订的协作合同，经过协商后修改某些法定义务或履行期限及条件等。

(三) 法律关系的消灭

法律关系的消灭是指教育法律关系主体、客体的消灭，主体间权利义务的终止。如学校向某一企业借款而形成了民事法律关系（债权关系），学校为债务人，企业为债权人。届时学校依照合同返还了借款，则与该企业的债权债务民事关系归于消灭。

第三节　法律责任

近年来，学校与教师、学校与学生间的纠纷事件频频发生，如何处理和预防这些校园纠纷？如何防范处理校园纠纷中的法律风险？理清法律责任的类型，尤其是法律责任的归责原则和归责要件很重要。

一、法律责任的含义

法律责任有广义和狭义两种解释。广义的法律责任，是指任何组织和公民都有遵守法律的义务，自觉维护法律的尊严。此含义与法律义务同义。狭义的法律责任是指法律关系主体实施了违法行为而必须承担的否定性的法律后果。在司法上，通常把法律责任做狭义解释。

基于上述对法律责任的理解，本书对教育法律责任的定义：教育法律关系主体因实施了违反教育法的行为，依照有关法律、法规的规定，应当承担的否定性的法律后果。

二、法律责任的类型

(一) 行政法律责任及其承担方式①

行政法律责任是指行为人因实施行政违法行为而应承担的法律责任。其性质属于轻微违法失职或违反内务纪律。承担法律责任的方式为法律制裁，由特定的国家行政机关或企业事业组织对违反有关行政法规的行为和责任人所采取的惩罚措施叫行政制裁。根据处分主体和违法情节的不同，行政制裁可分为行政处分和行政处罚两种方式。

1. 行政处分

这是国家机关、企业事业单位按照行政隶属关系，给予犯有轻微违法违纪失职行

① 李晓燕.教育法学[M].2版.北京：高等教育出版社，2006：225－227.

为、尚不够刑事处分的所属人员的一种惩罚措施。国家教育行政机关对其工作人员，学校及其他教育机构对其工作人员所给予的纪律处分，以及其他国家机关、企业事业组织对其工作人员违反教育法规行为的纪律处分都属于行政处分。行政处分的种类有：警告、记过、记大过、降级、撤职、开除等。除此之外，还可以要求行政赔偿。

随堂小练

（单项选择题）对违反学校管理制度的学生，义务教育学校应当（　　）。

A. 予以批评教育　　B. 予以劝退

C. 勒令退学　　D. 予以开除

【答案】 A。

【解析】《中华人民共和国义务教育法》第二十七条规定："对违反学校管理制度的学生，学校应当予以批评教育，不得开除。"

2. 行政处罚

《中华人民共和国行政处罚法》（2021 年 1 月 22 日修订通过，以下简称《行政处罚法》）第二条："行政处罚是指行政机关依法对违反行政管理秩序的公民、法人或者其他组织，以减损权益或者增加义务的方式予以惩戒的行为。"这是特定的行政机关或法定的授权组织对违反特定的行政管理法规，但尚未构成犯罪的个人和组织的惩罚措施。行政处罚的方式很多，哪种行政违法行为应给予哪种方式的行政处罚，由哪一行政机关或授权的组织实施，均在行政管理法规中做了明确的规定。例如，公安机关有权对违反《中华人民共和国治安管理处罚法》的人实施处罚；卫生行政部门有权对违反《学校卫生工作条例》的行为实施处罚；教育行政部门有权对违反《教师资格条例》的行为实施处罚。《行政处罚法》第二章规定了行政处罚的种类和设定。第九条规定行政处罚的种类：警告、通报批评；罚款、没收违法所得、没收非法财物；暂扣许可证件、降低资质等级、吊销许可证件；限制开展生产经营活动、责令停产停业、责令关闭、限制从业；行政拘留；法律、行政法规规定的其他行政处罚。

（二）民事法律责任及其承担方式

民事法律责任是指民事主体因违反民事法律规范而应当依法承担的民事法律后果，简称民事责任。民事法律责任包括违约责任和侵权责任。依据《中华人民共和国民法典》第一百七十九条承担民事责任的方式主要有：① 停止侵害；② 排除妨碍；③ 消除危险；④ 返还财产；⑤ 恢复原状；⑥ 修理、重作、更换；⑦ 继续履行；⑧ 赔偿损失；⑨ 支付违约金；⑩ 消除影响、恢复名誉；⑪ 赔礼道歉。法律规定惩罚性赔偿的，依照其规定。本条规定的承担民事责任的方式，可以单独适用，也可以合并适用。

随堂小练

（单项选择题）下列法律责任的承担方式中，不属于民事责任承担方式的是（　　）。

A. 没收违法所得　　B. 返还财产

C. 赔礼道歉　　D. 消除危险

【答案】 A。

【解析】《中华人民共和国民法典》第一百七十九条规定了承担民事责任的方式主要有 11 种，不包括“没收违法所得”。

（三）刑事法律责任及其承担方式

刑事法律责任是指由于实施刑事违法行为所导致的受刑罚处罚的法律责任。刑事责任是一种惩罚最为严厉的法律责任。刑罚是承担刑事法律责任制裁的主要方式，依据《中华人民共和国刑法》（以下简称《刑法》）规定，刑罚分为主刑和附加刑。主刑的种类有：① 管制；② 拘役；③ 有期徒刑；④ 无期徒刑；⑤ 死刑。附加刑的种类有：① 罚金；② 剥夺政治权利；③ 没收财产。对于犯罪的外国人，还可以独立适用或者附加适用驱逐出境。我国《刑法》第 138 条、第 284 条和第 418 条，专门针对教育犯罪的特点，设置了“教育设施重大安全事故罪”“非法使用窃听、窃照专用器材罪”“组织考试作弊罪”“非法出售、提供试题、答案罪”“代替考试罪”和“招收公务员、学生徇私舞弊罪”的罪名。

（四）违宪责任及其承担方式

违宪责任是指因违反宪法而应当依法承担的法律后果。

三、法律责任的归责要件

归责要件，也称为构成要件。法律责任的构成要件就是指构成法律责任所必备的客观要件和主观要件的总和，包括主体、主观方面、客体和客观方面。主体指应负相应法律责任的人或组织。主观方面指主体在行为过程及对行为结果所采取的态度及心理状态。客体指主体行为所影响的社会关系。客观方面指行为和由其所引起的后果。根据违法行为的一般特点，可以把法律责任的构成要件概括为主体、行为、心理状态、损害事实和因果关系五个方面。

（一）责任主体

法律责任需要一定的主体来承担。法律责任构成要件中的主体是指具有法定责任能力的自然人、法人或其他社会组织。并不是实施了违法行为就要承担法律责任，就自然人来说，只有到了法定年龄，具有理解、辨认和控制自己行为能力的人，才能成为责任承担的主体。没有达到法定年龄或不能理解、辨认和控制自己行为的精神病患者，即使其行为造成了对社会的危害，也不能承担法律责任。对他们行为造成的损害，由其监护人承担相应的责任。同样，依法成立的法人和社会组织，其承担法律责任的能力，自成立时开始。

（二）违法行为

有行为才有责任，纯粹的思想不会导致法律责任。同时我们务必注意：行为人实施了违反法律、法规的行为，这个条件也包括了两个方面的含义：一方面是指行为的违法性。只有行为违反了现行法律的规定才是违法行为。这种违法行为可以是积极的作为，如考试作弊，殴打、侮辱教师；也可以是消极不作为，如不及时救助学生等。另一方面，违法行为必须是一种行为。人的行为虽然受思想支配，但是如果思想不表现为行为，则并不构成违法。内在的思想，只有表现为外在的行为时，才可能构成违法。我国法治原则不承认思想违法。

（三）主观过错

构成法律责任要件的心理状态，是指行为主体的主观故意和主观过失，通称主观过错。故意是指行为人明确自己行为的不良后果，却希望或放任其发生。过失是指行为人应当预见到自己的行为可能发生不良后果而没有预见，或者已经预见而轻信不会发生或自信可以避免。应当预见或能够预见而竟没有预见，称为疏忽；已经预见而轻信可以避免，称为懈怠。过错在不同的法律关系中的重要程度是不同的。在民事法律中一般较少区分故意与过失，过错的意义不像在刑事法律中那么重要，有时民事责任不以有过错为前提条件，比如我国《中华人民共和国民法典》（以下简称《民法典》）第一千一百六十六条："行为人造成他人民事权益损害，不论行为人有无过错，法律规定应当承担侵权责任的，依照其规定。"在刑事法律关系中有过错非常重要。

（四）损害事实

所谓损害事实，指行为人的违法行为对受害方构成客观存在的确定的损害后果。有损害事实包括对人身的、财产的、精神的或者三者兼有的。损害必须具有确定性。它意味着损害事实是一个确定的事实，而不是臆想的、虚构的、尚未发生的现象。损害事实是法律责任的必要条件，任何人只有因他人的行为受到损害的情况下才能请求法律上的补救，也只有在行为致他人损害时，才有可能承担法律责任。违法行为造成的损害后果，表现为物质性的后果和非物质性的后果。物质性的后果具体、有形、能够计量，如挪用学校建设经费，其数额可以计算；非物质性的后果抽象、无形、难以计量，如教师侮辱学生，造成学生精神上、心理上长期的伤害，则无法计量。

（五）因果关系

因果关系是指违法行为与损害事实二者之间存有必然的联系，即某一损害事实是由行为人与某一行为直接引起的，二者存在着直接的因果关系。因此，要确定法律责任，必须在认定行为人违法责任之前，首先确认行为与危害或损害结果之间的因果联系，确认意志、思想等主观方面因素与外部行为之间的因果联系，还应当区分这种因果联系是必然的还是偶然的，是直接的还是间接的。直接因果关系中的联系称为直接原因，间接因果关系中的联系称为间接原因。作为损害直接原因的行为要承担责任，而作为间接原因的行为只有在法律有规定的情况下才承担法律责任。

【视频视点】 自习课上，学生跳楼自杀，学校承担法律责任吗？

请扫描本章二维码观看视频，该视频讲述了一位19岁高三学生，在晚自习课上突然跳楼自杀，录像显示，此时教室安静，教师在黑板上写字。家长认为孩子是被学校逼死的，要求学校承担全部责任。

【问题探讨】

1. 学校教师辱骂学生导致学生自杀，叫逼人自杀吗？该案例中教师承担责任吗？
2. 该案例中学校承担全部责任吗？为什么？

【案例启示】 学校是否承担法律责任问题需要厘清法律责任的归责要件，需要提高我们运用法治思维和法治方式做好学生管理工作的能力，形成办事依法、遇事找法、解决问题用法、化解矛盾靠法的良好法治环境。

四、法律责任的归责原则

法律责任的归责是一个复杂的责任判断过程，判断、确认、追究以及免除责任时必须依照一定的标准和规则，这就是归责原则。它是法律责任制度的核心问题。

（一）一般原则

（1）责任法定原则。责任法定原则是指法律责任必须在法律上有明确具体的规定，任何人都不得向他人实施和追究法律明文规定以外的责任。

（2）责任自负原则。责任自负原则是指只有实施了违法行为的人才独立承担相应的法律责任，在追究当事人法律责任时不允许株连。

（3）违法行为与法律责任相适应原则。法律责任的性质、大小应当与违法行为的轻重相适应。

（4）责任平等原则。任何违法行为都必须受到追究，任何人都没有逃避法律责任的特权。

（5）惩罚与教育相结合原则。对违法的惩罚只是手段，目的是教育违法者和其他公民避免重蹈覆辙，增强守法的自觉性。

（二）追究民事责任适用的主要原则

1. 过错责任原则

过错责任原则，是指主体由于过错侵害了他人权利而应承担的法律责任。在过错责任原则中，行为人是否有过错是最核心的问题。过错责任原则把行为人是否有过错作为是否承担责任的依据，使行为人对其自身的过错行为所造成的后果负责，这样既有利于保护受害人的法律权利，也有利于教育行为人。

2. 过错推定原则

过错推定原则，是指如果原告能证明其所受的损害是由被告所致，而被告不能证明自己没有过错的，则应推定被告有过错并应承担民事责任。

《民法典》第一千一百六十五条规定：行为人因过错侵害他人民事权益造成损害的，应当承担侵权责任。依照法律规定推定行为人有过错，其不能证明自己没有过错的，应当承担侵权责任。

《民法典》第一千一百九十九条规定：无民事行为能力人在幼儿园、学校或者其他教育机构学习、生活期间受到人身损害的，幼儿园、学校或者其他教育机构应当承担侵权责任；但是，能够证明尽到教育、管理职责的，不承担侵权责任。

《民法典》第一千二百条规定：限制民事行为能力人在学校或者其他教育机构学习、生活期间受到人身损害，学校或者其他教育机构未尽到教育、管理职责的，应当承担侵权责任。

《民法典》第一千二百零一条规定：无民事行为能力人或者限制民事行为能力人在幼儿园、学校或者其他教育机构学习、生活期间，受到幼儿园、学校或者其他教育机构以外的第三人人身损害的，由第三人承担侵权责任；幼儿园、学校或者其他教育机构未尽到管理职责的，承担相应的补充责任。幼儿园、学校或者其他教育机构承担补充责任后，可以向第三人追偿。

《民法典》第一千一百七十六条规定：自愿参加具有一定风险的文体活动，因其他参加者的行为受到损害的，受害人不得请求其他参加者承担侵权责任；但是，其他参加者对损害的发生有故意或者重大过失的除外。活动组织者的责任适用本法第一千一百九十八条至第一千二百零一条的规定。

3. 公平责任原则

公平责任原则，指当事人双方在对造成损害均无过错的情况下，由法院（法官）以公平作为价值判断标准，结合当事人财产状况及其他条件，确定一方对另一方的损失给予适当的补偿的法律责任。公平责任原则是利益权衡的过程，在损害事实是由于第三方介入、不可抗力事件的发生或者无法区分当事人双方的过错状态等情况下造成时，仅仅让一方承担损害结果，是明显有失公平的，这种情况适用公平责任原则。因此，根据《民法典》和教育部颁布的《学生伤害事故处理办法》的有关规定，学生伤害事故的归责原则是过错责任原则。在特殊情况下，可适用公平责任原则。《民法典》第一千一百八十六条规定:“受害人和行为人对损害的发生都没有过错的,依照法律的规定由双方分担损失。”这一规定就体现了公平责任原则。

4. 无过错责任原则

无过错责任原则也称为严格责任原则,是指当损害发生后,当事人无过错也要承担责任的一种法定责任形式。以无过错作为归责原则时,其具体条件和事由是由法律明确规定的。例如《民法典》第一千一百六十六条规定:“行为人造成他人民事权益损害,不论行为人有无过错,法律规定应当承担侵权责任的,依照其规定。”在我国,立法对一些特殊行业采用了这种归责原则。《民法典》第一千二百三十六条规定:“从事高度危险作业造成他人损害的,应当承担侵权责任。”这种归责原则不以行为人主观上是否存有过错作为责任承担的条件,认为只要行为人的行为造成了危害的结果,行为人即要承担法律责任。严格责任原则是一种绝对责任,即无过错并不构成抗辩事由。

第四节 法律救济

当前,各级各类学校在如火如荼地进行综合改革的同时,不得不面临着由学生发起的法律挑战。随着法律规则的完善、家长与学生权利意识的勃兴及司法的积极回应,学校将会面临纠纷案的频发。除此之外,借助信息化的便捷、高速,网络与媒体的广泛关注唤醒了民众的权利意识,大量过去隐而不发的事件也提升至诉讼层面。由此,全面提高学生管理的权利救济意识与能力,加强和改善学校法治建设显得尤为紧迫和重要。本节就法律救济的基本问题进行学习研讨。

一、法律救济的含义

法律救济是指当法律关系主体的相关权益受到损害时,特定机关通过一定的程序和途径对其利益进行恢复和补救的一种法律制度。法律救济是以损害事实的发生为前提的,没有损害事实就没有法律救济,只有当相对人的合法权益受到侵害时才可提出救济请求。

案例链接

【案情简介】 某校化学教师赵某参加了县教育学会组织的为期一天的学术研讨会。事先未向学校请假,致使他所任教的两个班各有一节化学课没有上。学校按旷职论处,按照本校的有关规定,扣发其当日的工资和本月全勤奖,并在全校职工大会上提出批评。

【问题探讨】 教师赵某对学校做出的处理决定不服,如何救济自己的权利?

【案例分析】 该案中赵老师向本学校的教育主管部门提出了申诉。其申诉理由是依据《教师法》第七条第二项规定，教师享有从事科学研究的权利。《教师法》第八条第六项规定，教师要履行不断提高教育教学水平的义务。要求学校返回扣发的工资和奖金，在全校职工大会上取消对其所做的批评。

教育行政部门经调查，教师所述情况基本属实。但认为，教师既享有法律赋予的权利，也应当完成法律规定的义务。《教师法》第八条第二项规定，教师应当履行"贯彻国家的教育方针，遵守规章制度，执行学校的教学计划，履行教师聘约，完成教育教学工作任务"的义务。赵老师只强调了权利的方面，而没有遵守学校的规章制度和执行教学计划，没有很好地完成教育教学工作任务。学校做出的决定符合权限和程序，适用法律法规正确，事实清楚。因此决定：维持学校原处理结果。

教师赵某如果不服有关部门可以提起行政复议和诉讼。

二、法律救济的特征①

其一，法律救济是宪法公平、正义的立法精神的体现。

其二，法律救济以各种法定权益纠纷的存在为基础。

其三，法律救济以侵权损害事实为前提。

其四，法律救济以补救权益受害者的合法权益为目的。

三、法律救济的途径

法律救济的途径是指法律关系主体认为其合法权益受到损害时，请求法律救济的渠道和方式。法律救济的途径有四种，即诉讼途径、行政途径、仲裁途径和调解途径。

（一）诉讼途径

诉讼是解决纠纷最权威和最有效的渠道。诉讼途径又称司法途径，是指国家专门机关依照法定程序处理案件的司法救济活动，包括民事诉讼、行政诉讼和刑事诉讼。从我国现行法律制度看，凡是符合我国《中华人民共和国行政诉讼法》（以下简称《行政诉讼法》）、《中华人民共和国民事诉讼法》（以下简称《民事诉讼法》）和《中华人民共和国刑事诉讼法》（以下简称《刑事诉讼法》）规定的受案范围的案件，都可以通过诉讼渠道获得司法救济。

1. 民事诉讼

民事诉讼是指在有各方当事人和其他诉讼参与人的参与下，人民法院依法审理和解决民事纠纷，保护当事人合法权益的法律救济活动。《民事诉讼法》为民事诉讼提供了法律上的依据和保证。人民法院受理公民之间、法人之间、其他组织之间以及他们相互之间因财产关系和人身关系提起的民事诉讼。民事诉讼的范围可包括由民法、经济

① 李晓燕. 教育法学[M]. 2版. 北京：高等教育出版社，2006：266-267.

法、劳动法及其他法律所调整的相关民事纠纷案件，如侵权纠纷、肖像权纠纷、抚育费纠纷等。

2. 行政诉讼

行政诉讼是一种“民告官”的诉讼。行政诉讼是指公民、法人或其他组织认为行政机关及其工作人员的具体行政行为侵犯其合法权益，依法向人民法院起诉，人民法院依据其权限对该具体行政行为的合法性进行审查并作出裁判，保护公民、法人或其他组织合法权益的法律救济活动。《行政诉讼法》为行政诉讼提供了法律上的依据和保证。

3. 刑事诉讼

刑事诉讼，是指国家司法机关在当事人及其他诉讼参与人的参加下，依照法定的诉讼程序，审理有关刑事案件的活动。刑事诉讼的主要内容就是揭露犯罪，证实犯罪，追究犯罪人的刑事责任。《刑事诉讼法》为刑事诉讼提供了法律上的依据和保证。

（二）行政途径

行政救济途径，是指公民、法人或其他组织认为具体行政行为侵害其合法权益，请求主管机关依法纠正行政违法或行政不当行为，追究其行政责任，以保护行政相对人的合法权益的法律救济途径。在我国，行政救济的方式主要包括行政申诉制度、行政复议制度以及行政赔偿制度等。在教育法律救济中，我国《教育法》和《教师法》也进一步规定了教师申诉和学生申诉两种行政救济方式。

1. 行政申诉

行政申诉是指公民在其合法权益受到损害时，向行政机关申诉理由，请求救济的制度。行政申诉只是我国申诉制度中的一种。我国申诉制度基本概况见本节第四部分：申诉制度与教育申诉制度。

2. 行政复议

行政复议是指行政管理相对人认为行政机关作出的具体行政行为侵犯了其合法权益，向作出该行为的原行政机关或其上一级行政机关提出申诉，请求给予补救，由受理的行政机关根据相对人的申请，对发生争议的具体行政行为进行复查，判明其是否合法、适当和责任的归属，并决定是否给予相对人以救济的法律制度。《中华人民共和国行政复议法》为行政复议提供了法律上的依据和保证。

3. 行政赔偿

行政赔偿是指行政机关及其工作人员在行使职权过程中，违法侵犯公民、法人或其他组织的合法权益，造成了损害，依照《中华人民共和国国家赔偿法》（以下简称《国家赔偿法》）或《行政诉讼法》的规定，由国家对权益受损者进行赔偿的法律救济制度。我国《国家赔偿法》为国家赔偿提供了法律上的依据和保证。

（三）仲裁途径

仲裁是根据纠纷双方的意愿，由仲裁机构以第三者的身份，对当事人双方发生的争议，依据事实作出判断，在权利义务上作出裁决的活动。仲裁渠道与行政、司法渠道不同。行政、司法救济是由国家机关运用国家强制力实施的，仲裁则没有国家机关的参与，是建立在纠纷双方自愿接受仲裁的基础上，由非国家机关的仲裁机构进行的。《中华人民共和国仲裁法》（以下简称《仲裁法》）对仲裁活动做了全面的规范。

（四）调解途径

调解是双方或多方当事人发生纠纷后，由人民法院、行政机关、群众调解组织，从中排解疏导，说服当事人互相谅解，在民主协商的基础上解决纠纷的活动。调解有司法调解、行政调解、民间调解三种形式。

随着教育法制的日趋完善，根据《教育法》和《教师法》的基本精神，我国正在逐步建立教育仲裁制度和校内调解制度。

四、申诉制度与教育申诉制度

（一）申诉制度

1. 申诉制度的含义

申诉制度是指当公民的合法权益受到损害时，向国家机关或有关法律授权部门机构单位申述理由，请求处理或重新处理的制度。

2. 申诉制度的分类

申诉制度可分为诉讼上的申诉制度和非诉讼上的申诉制度两类。

（1）诉讼上的申诉。诉讼上的申诉是诉讼当事人认为已经发生法律效力的判决、裁定有错误，向人民法院或人民检察院提出申请，要求依法重新审理，给予纠正。诉讼上的申诉有刑事诉讼中的申诉、民事诉讼中的申诉和行政诉讼中的申诉三种。

（2）非诉讼上的申诉。非诉讼上的申诉制度是指不以发生法律效力的判决、裁定为必要前提，当事人或其他公民对处分、处罚不服，依法向司法机关以外的机构提出要求改正的申诉。这种申诉制度的范围非常广泛，包括向中国共产党各级纪律检查委员会的申诉；向政府行政监察部门的申诉；向人民代表大会常务委员会或通过人大代表向权力机关的申诉；向作出具体行政行为的行政机关的上一级行政机关或其设置的专门机构的申诉；等等。这里主要介绍《教育法》和《教师法》规定的教师申诉制度和学生申诉制度。这两种教育申诉制度都属于非诉讼的申诉制度。

（二）教育申诉制度

1. 教育申诉制度的含义

教育申诉制度是指当教育法律关系主体的合法权益受到损害时，向学校或国家机关申诉理由，请求处理或重新处理的制度。它是我国宪法赋予公民申诉权利在教育法律关系中的具体体现。

2. 教育申诉制度的特征

第一，教育申诉制度是一项法定的申诉制度。

第二，教育申诉制度是一种权利救济制度。

第三，教育申诉制度属于非诉讼上的申诉制度。

第四，教育申诉制度是一项专门性的申诉制度。申诉主体、被申诉主体、受理主体都是特定的，与一般的信访制度不同。在教育法律关系中，由于教师和学生法律地位的特殊性，当他们的权益受到损害时不能完全依靠诉讼等途径来进行自我救济，因此，我国《教育法》等法律赋予了教师和学生进行申诉的权利，以维护他们的合法权益。

第五，教育申诉制度由教师申诉制度和学生申诉制度两部分组成。这两部分在很多方面的规定是相同的，但在申诉主体、被申诉主体以及申诉范围等方面又表现出明显不同。

3. 教育申诉的途径①

学生受教育权受到侵犯后所能寻求的申诉包括两类：一是向所在学校提出申诉，可以简称为“校内申诉”；二是向教育行政机关提出申诉，可简称为“教育行政申诉”。

(1) 校内申诉。教育部《全面推进依法治校实施纲要》(教政法〔2012〕9 号)第十九条和第二十条明确规定：“依法健全校内纠纷解决机制。要把法治作为解决校内矛盾和冲突的基本方式，建立并综合运用信访、调解、申诉、仲裁等各种争议解决机制，依法妥善、便捷地处理学校内部各种利益纠纷。”“完善教师学生权利救济制度。学校要设立教师申诉或者调解委员会，就教师因职责权利、职务评聘、年度考核、待遇及奖惩等，与学校及有关职能部门之间发生的纠纷，或者对学校管理制度、规范性文件提出的意见，及时进行调处，做出申诉结论或者调解意见。教师申诉或者调解委员会应当有广泛的代表性和权威性，成员应当经教职工代表大会认可。”

(2) 教育行政申诉。教育行政申诉是指各级各类学校的教师和学生对学校、其他教育机构或政府有关部门作出的影响其利益的处理决定不服，或者在其合法权益遭受侵害时，依法行使申诉权，向法定的国家机关声明不服、申诉理由、请求复查或重新处理的一项法律制度。教师和学生如果对校内申诉处理决定不服的，可以向教育行政机关提出行政申诉。

(三) 教师申诉制度

1. 教师申诉制度的含义

教师申诉制度，即教师在其合法权益受到侵害时，依照法律、法规的规定，向学校或其他教育机构及主管的行政机关申诉理由、请求处理的制度。

---

① 王太高，陈建. 高等教育政策与法规[M]. 南京：南京大学出版社，南京师范大学出版社，2017：145 - 148.

2. 教师申诉制度的范围

我国《教师法》对教师可以对学校或其他教育机构及教育行政机关提出申诉的范围规定得比较宽泛，主要有：

（1）教师认为学校或其他教育机构侵犯其《教师法》规定的合法权益的，可以提出申诉。这里的合法权益包括教师认为学校侵犯了自己职务聘任、科研、工作条件、民主管理、培训进修、考核奖惩、工资福利待遇、退休等各方面的合法权益。

（2）教师对学校或其他教育机构作出的处理决定不服，可以提出申诉。

（3）教师认为当地政府有关部门侵犯了《教师法》所规定的合法权益的，可以提出申诉。

3. 教师申诉制度的程序

教师申诉制度由申诉的提出、受理和处理三个环节组成，并依次进行。如果是对学校提出申诉，受理申诉的机关应该是主管的教育部门；如果是对当地政府的有关行政部门提出申诉，受理申诉的机关可以是同级的人民政府，也可以是上级政府对口的行政主管部门。这里要注意：提出申诉不要向行政机关的个人提出，而应向行政机关提出。教师应以递交申诉书的书面形式提出申诉。申诉书的内容主要包括以下事项：① 申诉人的姓名、性别、年龄、住址等；② 被申诉人的名称、地址，法定代表人的姓名、性别、职务等；③ 申诉要求，写明申诉人对被申诉人因侵犯其合法权益或不服其处理决定而要求受理机关进行处理的具体要求；④ 申诉理由，写明被申诉人侵害其合法权益或不服其处理决定的事实依据，针对被申诉人的侵权行为或处理决定的错误，提出纠正的法律、政策依据，并陈述理由；⑤附项，写明并附交相关物证书证或复印件。

4. 教师申诉制度的处理

对于教师提出的申诉，主管教育行政部门应在收到申诉书的次日起 30 天内进行处理。处理分成三种情况：① 符合申诉条件的予以受理；② 不符合申诉条件的，可以答复申诉人不予受理；③ 申诉书未说清申诉理由和要求的，要求其重新提交申诉书。

教师申诉学校的几种不同处理结果：① 学校管理行为如果符合法定权限和程序且适用法律法规正确，维持原处理结果；② 学校管理行为中如果存在有程序上的不足，则要求其加以补正；③学校如果不履行法律、法规和规章规定的职责，则要求其限期改正；④ 学校管理行为如果是部分适用法律法规错误，则变更原处理结果或不适用的部分；⑤ 学校管理行为所依据的内部规章如果与法律法规相抵触，则撤销原处理决定。

案例链接

【案情简介】 杨某，30 岁，2010 年师专毕业，在某乡中学任初中物理教师。工作以来，杨某教学能力突出，很快成为学科的骨干教师。2002 年，为了提高自己的学历层次，经杨某申请，当地教委和学校批准其到某师范大学进修。杨某十分珍惜这次来之不易的进修机会，在一年的进修期间，不仅成绩优秀，还发表了数篇论文。然而，进修结束后，她才发现学校将她进修期间的工资扣了一半，并告知：进修期间，没有在学校正常工作的，一律扣发一半工资。

【问题探讨】 杨某应该怎么办？

【案例分析】 根据《教师法》第三十九条规定，教师对校方处理决定不服，可向学校所在地的教育行政部门提出申诉。如果教育行政部门在30日内未做出决定，杨某可以其不作为为由依法向人民法院提起行政诉讼。杨某应当向学校所在地的教育行政部门提出申诉。

（四）学生申诉制度

1. 学生申诉制度的含义

学生申诉制度，是指学生在其合法权益受到侵害时，依照《教育法》及其他法律的规定，向主管的行政机关申诉理由，请求处理的制度。

教育部《全面推进依法治校实施纲要》（教政法〔2012〕9号）明确规定：完善学生申诉机制。学校应当建立相对独立的学生申诉处理机构，其人员组成、受理及处理规则，应当符合正当程序原则的要求，并允许学生聘请代理人参加申诉。学校处理教师、学生申诉或纠纷，应当建立并积极运用听证方式，保证处理程序的公开、公正。

2. 学生申诉的范围

依据申诉的对象和内容可分为如下几种：① 学生对学校给予的处理不服的，包括学籍管理、考试、校规等方面，有权申诉；② 学生对学校侵犯其合法财产的，可以提出申诉；③ 学生对学校侵犯其人身权利的，可以提出申诉；④ 学生对教师侵犯其合法财产的，可以提出申诉；⑤ 学生对教师侵犯其人身权利的，可以提出申诉；⑥ 学生对学校或教师侵犯其知识产权的，可以提出申诉。

3. 学生申诉的对象

学生对学校所给予的处分不服提出申诉，被申诉人则限于该学校教育机构；如果是学校、学校工作人员或教师侵犯学生的人身权、财产权等合法权益，这些学校、学校工作人员或教师将作为侵权主体成为被申诉人。

4. 学生申诉的程序

学生申诉的程序一般是：① 提出申诉；② 等待学校或主管机关的受理审查；③ 听取对申诉的处理结果。

提出学生申诉可以采用口头的或书面的这两种形式。

5. 对申诉的处理

主管机关受理申诉后，应该对事件进行调查核实，根据实际情况作出正确处理。学生对申诉处理结结果不服的，可依法向法院起诉。

学生申诉能否被受理的几种情况：① 受理机关对属于自己主管的申诉，予以受理；② 受理机关对不属自己主管的申诉，告知学生向其他部门申诉或驳回申诉；③ 受理机关对虽属本部门主管，但不符合申诉条件的申诉，告知学生不能申诉；④ 受理机关对未说明申诉理由和要求的申诉，可要求其再次说明或重新提交申诉书。

主管机关对口头申诉应在当时或规定时间内作出是否受理的答复；对书面申诉则应在规定时间内给予是否受理的正式通知。

学生提出申诉后的几种处理情况：① 学校、教师的行为或决定符合法定权限或程序，适用法律规定正确，将维持原来的处分决定和结果；② 如果处分或决定违反了相关的法律法规，侵害了申诉人合法权益，将被撤销原处理决定并限期改正；③ 处分决定部分适用法律、法规错误，或事实不清，将责令退回重新处理或部分撤销原决定；④ 处理或决定所依据的校纪校规如果与法律、法规相抵触，将被撤销原处理决定；⑤ 学校、教师的确有侵犯学生人身权、财产权的，将责令侵权学校、教师赔礼道歉或赔偿损失。学生如对上述处理结果不服，还可依法向法院起诉。

思考与练习

1. 试述我国教育法律体系的纵向结构。

2. 试述教育政策与教育法规、教育法规与教育道德的关系。

3. 试述法律责任的构成要件与归责原则。

4. 试述教师申诉和学生申诉的范围和程序。

5. 有很多家长认为，学生伤害事故发生在学校，就是学校的过错，因此不管是什么情况，学校都要承担责任。请谈谈你对上述观点的看法。

6. 案例分析。

案情简介：教师体罚导致学生离家出走被拐卖

2021 年 3 月 2 日，某初中教师在一女生的课桌里发现一本武侠小说，教师完全可以采用正面教育的手段提醒学生注意。但该教师撕毁武侠小说，让该女生在教室内站立一节课，课后该教师让她停课找家长，这就激化了矛盾，结果导致学生离家出走被拐卖，并引起了一系列的纠纷。

(1) 请依据相关法规评价该案例中的教师行为。

(2) 该案例中的家长和学生，应该如何维权？

(3) 该案例对你有何启示？

请扫本章二维码，进入 MOOC 链接或者手机下载 APP：中国大学 MOOC，搜索课程：《教师职业道德与教育政策法规》参阅本章不断更新的内容，完成单元测试题。

第七章 我国主要的教育法规解读

没有规矩，不成方圆。法律是由国家制定或认可的人们必须遵循的行为准则，是人类历史由荒蛮走向文明的主要标志。一个社会各个层面的法律体系建设和运行如何，对其良性运转和进一步发展起着至关重要的作用。为了保证我国教育的健康发展，一系列教育法规应运而生。本章介绍了《中华人民共和国教育法》《中华人民共和国义务教育法》和《中小学教育惩戒规则（试行）》。

1. 了解本章“学习要求”，观看本章“微课视频”；
2. 查阅本章课程资源，参与本章深度学习；
3. 欢迎点击“单元测试”，测一测本章学习效果。

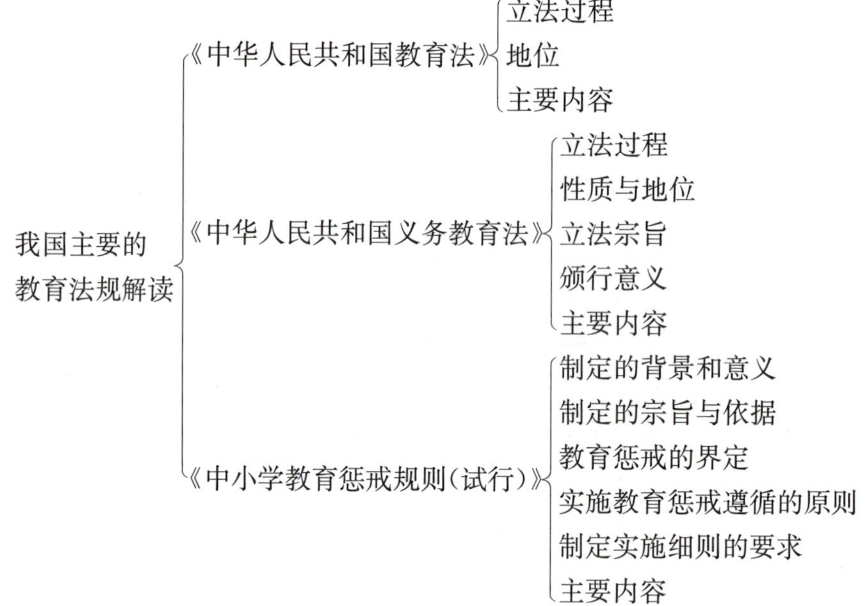

第一节 《中华人民共和国教育法》

根据法律的制定机构和调整对象不同，法律分为基本法律和基本法律以外的法律两种。基本法律由全国人民代表大会制定和发布，它规定和调整的是某一方面社会关系的根本性、普遍性的问题。根据《宪法》制定的《中华人民共和国教育法》是我国教育工作的基本法，其法律的地位和效力仅次于宪法。了解掌握《中华人民共和国教育法》是教师职业生涯中的必修课程。

一、《教育法》的立法过程

《中华人民共和国教育法》(以下简称《教育法》),1995 年 3 月 18 日第八届全国人民代表大会第三次会议通过。根据 2009 年 8 月 27 日第十一届全国人民代表大会常务委员会第十次会议通过《关于修改部分法律的决定》第一次修改;根据 2015 年 12 月 27 日第十二届全国人民代表大会常务委员会第十八次会议通过《关于修改〈中华人民共和国教育法〉的决定》第二次修改。根据 2021 年 4 月 29 日第十三届全国人民代表大会常务委员会第二十八次会议《关于修改〈中华人民共和国教育法〉的决定》第三次修改,自 2021 年 4 月 30 日起施行。

二、《教育法》的地位

《教育法》是中国教育工作的根本大法,是依法治教的根本大法,是由全国人民代表大会审议通过的,是位于国家根本大法《宪法》之下的国家基本法律之一。我国的教育工作应当全面置于《教育法》的规范之中,它所规定的内容是我国全面依法治教的基本法律依据,是我国依法治教之本。《教育法》的颁布是关系中国教育改革与发展和社会主义现代化建设全局的一件大事,对落实教育优先发展的战略地位,促进教育的改革与发展,建立具有中国特色的社会主义现代化教育制度,维护教育关系主体的合法权益,加速教育法治建设,提供了根本的法律保障。

三、《教育法》的主要内容

《教育法》涉及面广,内容丰富,有关教育的全局性重大问题,如我国教育的性质和方针,教育基本制度,各类教育关系主体的法律地位和权利义务,教育与社会的关系,教育投入,教育对外交流与合作,法律责任等。全文共十章八十六条。

(一)《教育法》的立法宗旨

《教育法》总则第一条明确了教育法的立法宗旨:为了发展教育事业,提高全民族的素质,促进社会主义物质文明和精神文明建设,根据宪法,制定本法。

(二) 我国教育的指导思想与性质

《教育法》第三条明确规定:国家坚持中国共产党的领导,坚持以马克思列宁主义、毛泽东思想、邓小平理论、“三个代表”重要思想、科学发展观、习近平新时代中国特色社会主义思想为指导,遵循宪法确定的基本原则,发展社会主义的教育事业。

(三) 我国教育的地位与作用

《教育法》第四条明确规定:教育是社会主义现代化建设的基础,对提高人民综合素质、促进人的全面发展、增强中华民族创新创造活力、实现中华民族伟大复兴具有决定性意义,国家保障教育事业优先发展。全社会应当关心和支持教育事业的发展。全社会应当尊重教师。

（四）我国的教育方针

《教育法》第五条规定了我国的教育方针："教育必须为社会主义现代化建设服务、为人民服务，必须与生产劳动和社会实践相结合，培养德智体美劳全面发展的社会主义建设者和接班人。"教育方针进一步规定了我国教育的社会主义性质：教育必须为社会主义现代化建设服务、为人民服务；规定了我国教育的目的：培养德智体美劳全面发展的社会主义建设者和接班人；规定了实现教育目的的途径：教育必须与生产劳动和社会实践相结合。

（五）我国教育必须遵循的基本原则

《教育法》在总则中，对发展我国教育事业必须遵循的基本原则做了规定。

（1）重视政治思想道德教育。《教育法》第六条规定：教育应当坚持立德树人，对受教育者加强社会主义核心价值观教育，增强受教育者的社会责任感、创新精神和实践能力。国家在受教育者中进行爱国主义、集体主义、中国特色社会主义的教育，进行理想、道德、纪律、法治、国防和民族团结的教育。

（2）继承和弘扬优秀文化成果。《教育法》第七条规定：教育应当继承和弘扬中华优秀传统文化、革命文化、社会主义先进文化，吸收人类文明发展的一切优秀成果。

（3）教育活动必须符合国家和社会公共利益。所有教育行政部门、各级各类学校和其他教育机构，应该以维护国家和公共利益为出发点，教育活动必须接受国家和社会的依法管理和合法监督，不得片面地追求经济利益而忽视国家和社会公共利益，更不能借办教育之名，损害国家、集体和他人的合法权益，侵害社会公共利益。《教育法》第二十六条规定：国家制定教育发展规划，并举办学校及其他教育机构。国家鼓励企业事业组织、社会团体、其他社会组织及公民个人依法举办学校及其他教育机构。国家举办学校及其他教育机构，应当坚持勤俭节约的原则。以财政性经费、捐赠资产举办或者参与举办的学校及其他教育机构不得设立为营利性组织。

（4）教育与宗教相分离。《教育法》第八条规定：教育活动必须符合国家和社会公共利益。国家实行教育与宗教相分离。任何组织和个人不得利用宗教进行妨碍国家教育制度的活动。

（5）公民受教育机会平等。《教育法》第九条规定：中华人民共和国公民有受教育的权利和义务。公民不分民族、种族、性别、职业、财产状况、宗教信仰等，依法享有平等的受教育机会。

（6）帮助扶持特殊地区和人群教育。《教育法》第十条规定：国家根据各少数民族的特点和需要，帮助各少数民族地区发展教育事业。国家扶持边远贫困地区发展教育事业。国家扶持和发展残疾人教育事业。

（7）促进教育公平。《教育法》第十一条规定：国家适应社会主义市场经济发展和社会进步的需要，推进教育改革，推动各级各类教育协调发展、衔接融通，完善现代国民教育体系，健全终身教育体系，提高教育现代化水平。国家采取措施促进教育公平，推动教育均衡发展。国家支持、鼓励和组织教育科学研究，推广教育科学研究成果，促进教育质量提高。

(8) 国家通用语言文字为学校及其他教育机构的基本教育教学语言文字。《教育法》第十二条规定：学校及其他教育机构应当使用国家通用语言文字进行教育教学。民族自治地方以少数民族学生为主的学校及其他教育机构，从实际出发，使用国家通用语言文字和本民族或者当地民族通用的语言文字实施双语教育。国家采取措施，为少数民族学生为主的学校及其他教育机构实施双语教育提供条件和支持。

(9) 奖励突出贡献。《教育法》第十三条规定：国家对发展教育事业做出突出贡献的组织和个人，给予奖励。

(六) 教育管理体制

对于我国教育工作的领导和管理，《教育法》第十四条明确规定由国务院和地方各级人民政府根据分级管理、分工负责的原则进行，明确了国务院和地方各级人民政府对于教育工作具有义不容辞的法律责任。

《教育法》第十四、十五、十六条还对我国现阶段教育工作的分级管理、分工负责体制做了具体划分：一是中等及中等以下教育在国务院领导下，由地方人民政府管理。二是高等教育由国务院和省、自治区、直辖市人民政府管理。三是国务院教育行政部门主管全国教育工作，统筹规划、协调管理全国的教育事业。县级以上地方各级人民政府教育行政部门主管本行政区域内的教育工作。县级以上各级人民政府其他有关部门在各自的职责范围内，负责有关的教育工作。国务院和县级以上地方各级人民政府应当向本级人民代表大会或者其常务委员会报告教育工作和教育经费预算、决算情况，接受监督。

随堂小练

1. (单项选择题)国务院和地方各级人民政府领导和管理教育的原则是(　　)。

A. 分级管理，分工负责　　B. 统一管理，分工负责

C. 统筹规划，以县为主　　D. 统筹规划，协调管理

【答案】 A。

【解析】 《教育法》第十四条第一款规定："国务院和地方各级人民政府根据分级管理、分工负责的原则，领导和管理教育工作。"

出处：2012 年下半年小学教师资格考试《综合素质》真题。

2. (单项选择题)根据《教育法》的规定，中等及中等以下教育在国务院领导下，由(　　)管理。

A. 教育部门　　B. 学校自己

C. 地方人民政府　　D. 国务院行政部门

【答案】 C。

【解析】《教育法》第十四条第二款规定:“中等及中等以下教育在国务院领导下,由地方人民政府管理。”

(七) 教育基本制度

新中国成立以来,我国教育制度日臻完善,形成了一系列基本制度。《教育法》第二章对我国教育的基本制度做了法律规定。这些基本制度包括:

1. 学校教育制度

学校教育制度简称学制。它规定各级各类学校的性质、任务、入学条件、修业年限以及它们之间的衔接和关系。《教育法》第十七条规定:国家实行学前教育、初等教育、中等教育、高等教育的学校教育制度。国家建立科学的学制系统。学制系统内的学校和其他教育机构的设置、教育形式、修业年限、招生对象、培养目标等,由国务院或者由国务院授权教育行政部门规定。

2. 学前教育制度

《教育法》第十八条规定:国家制定学前教育标准,加快普及学前教育,构建覆盖城乡,特别是农村的学前教育公共服务体系。各级人民政府应当采取措施,为适龄儿童接受学前教育提供条件和支持。

3. 义务教育制度

《教育法》第十九条规定:国家实行九年制义务教育制度。各级人民政府采取各种措施保障适龄儿童、少年就学。适龄儿童、少年的父母或者其他监护人以及有关社会组织和个人有义务使适龄儿童、少年接受并完成规定年限的义务教育。

此外,教育基本制度还包括职业教育和继续教育制度、国家教育考试制度、学业证书制度和学位制度、扫除文盲制度、教育督导制度和评估制度。

(八) 学校及其他教育机构的设立条件

《教育法》第二十七条规定,设立学校及其他教育机构,必须具备下列基本条件:① 有组织机构和章程;② 有合格的教师;③ 有符合规定标准的教学场所及设施、设备等;④ 有必备的办学资金和稳定的经费来源。

(九) 学校及其他教育机构的权利义务及其管理体制

1. 学校及其他教育机构行使的权利

国家保护学校及其他教育机构的合法权益不受侵犯。《教育法》第二十九条规定,学校及其他教育机构行使下列权利:① 按照章程自主管理;② 组织实施教育教学活动；③ 招收学生或者其他受教育者；④ 对受教育者进行学籍管理，实施奖励或者处分；⑤ 对受教育者颁发相应的学业证书；⑥ 聘任教师及其他职工，实施奖励或者处分；⑦ 管理、使用本单位的设施和经费；⑧ 拒绝任何组织和个人对教育教学活动的非法干涉；⑨ 法律、法规规定的其他权利。

2. 学校及其他教育机构应当履行的义务

《教育法》第三十条规定，学校及其他教育机构应当履行下列义务：① 遵守法律、法规；② 贯彻国家的教育方针，执行国家教育教学标准，保证教育教学质量；③ 维护受教育者、教师及其他职工的合法权益；④ 以适当方式为受教育者及其监护人了解受教育者的学业成绩及其他有关情况提供便利；⑤ 遵照国家有关规定收取费用并公开收费项目；⑥ 依法接受监督。

3. 学校管理体制

《教育法》第三十一条规定：学校及其他教育机构的举办者按照国家有关规定，确定其所举办的学校或者其他教育机构的管理体制。学校及其他教育机构的校长或者主要行政负责人必须由具有中华人民共和国国籍、在中国境内定居、并具备国家规定任职条件的公民担任，其任免按照国家有关规定办理。学校的教学及其他行政管理，由校长负责。学校及其他教育机构应当按照国家有关规定，通过以教师为主体的教职工代表大会等组织形式，保障教职工参与民主管理和监督。

4. 学校法人地位

《教育法》第三十二条规定：学校及其他教育机构具备法人条件的，自批准设立或者登记注册之日起取得法人资格。学校及其他教育机构在民事活动中依法享有民事权利，承担民事责任。学校及其他教育机构中的国有资产属于国家所有。学校及其他教育机构兴办的校办产业独立承担民事责任。

随堂小练

（单项选择题）因经营不善，某学校兴办的校办产业负债20多万元。根据《中华人民共和国教育法》对这一债务，应当承担偿还责任的是（　　）。

A. 学校　　B. 校长　　C. 校办产业　　D. 政府

【答案】 C。

【解析】 根据《教育法》第三十二条第四款：学校及其他教育机构兴办的校办产业独立承担民事责任。

（十）教师和其他教育工作者的规定

1. 对教师的规定

《教育法》第三十三条规定：教师享有法律规定的权利，履行法律规定的义务，忠诚于人民的教育事业。《教育法》第三十四条规定：国家保护教师的合法权益，改善教师的工作条件和生活条件，提高教师的社会地位。教师的工资报酬、福利待遇，依照法律、法规的规定办理。《教育法》第三十五条规定：国家实行教师资格、职务、聘任制度，通过考核、奖励、培养和培训，提高教师素质，加强教师队伍建设。

2. 对其他教育工作者的规定

《教育法》第三十六条规定：学校及其他教育机构中的管理人员，实行教育职员制度。学校及其他教育机构中的教学辅助人员和其他专业技术人员，实行专业技术职务聘任制度。

（十一）受教育者的权利与义务

1. 受教育者的权利

《教育法》第四十三条规定，受教育者享有下列权利：① 参加教育教学计划安排的各种活动，使用教育教学设施、设备、图书资料；② 按照国家有关规定获得奖学金、贷学金、助学金；③ 在学业成绩和品行上获得公正评价，完成规定的学业后获得相应的学业证书、学位证书；④ 对学校给予的处分不服向有关部门提出申诉，对学校、教师侵犯其人身权、财产权等合法权益，提出申诉或者依法提起诉讼；⑤ 法律、法规规定的其他权利。

2. 受教育者的义务

《教育法》第四十四条规定，受教育者应当履行下列义务：① 遵守法律、法规；② 遵守学生行为规范，尊敬师长，养成良好的思想品德和行为习惯；③ 努力学习，完成规定的学习任务；④ 遵守所在学校或者其他教育机构的管理制度。

《教育法》第四十五条规定：教育、体育、卫生行政部门和学校及其他教育机构应当完善体育、卫生保健设施，保护学生的身心健康。

（十二）对社会组织和个人的规定

《教育法》第四十六条至第五十三条对教育与社会的要求做出了规定。

（十三）教育投入与条件保障

1. 投入体制

《教育法》第五十四条规定：国家建立以财政拨款为主、其他多种渠道筹措教育经费为辅的体制，逐步增加对教育的投入，保证国家举办的学校教育经费的稳定来源。企业事业组织、社会团体及其他社会组织和个人依法举办的学校及其他教育机构，办学经费由举办者负责筹措，各级人民政府可以给予适当支持。

2. 两个提高

《教育法》第五十五条规定：国家财政性教育经费支出占国民生产总值的比例应当

随着国民经济的发展和财政收入的增长逐步提高。具体比例和实施步骤由国务院规定。全国各级财政支出总额中教育经费所占比例应当随着国民经济的发展逐步提高。

3. 三个增长

《教育法》第五十六条规定：各级人民政府的教育经费支出，按照事权和财权相统一的原则，在财政预算中单独列项。各级人民政府教育财政拨款的增长应当高于财政经常性收入的增长，并使按在校学生人数平均的教育费用逐步增长，保证教师工资和学生人均公用经费逐步增长。

《教育法》第五十七条至第六十六条对教育投入与条件保障的其他要求做出了规定。

（十四）对外交流与合作

《教育法》第六十七条规定：国家鼓励开展教育对外交流与合作，支持学校及其他教育机构引进优质教育资源，依法开展中外合作办学，发展国际教育服务，培养国际化人才。教育对外交流与合作坚持独立自主、平等互利、相互尊重的原则，不得违反中国法律，不得损害国家主权、安全和社会公共利益。《教育法》第六十八条至第七十条对对外交流与合作的其他要求做出了规定。

（十五）法律责任

《教育法》第七十一条至第八十三条对违反教育法的违法行为及其法律责任做出了规定。

1. 违反教育经费规定的法律责任

《教育法》第七十一条规定：违反国家有关规定，不按照预算核拨教育经费的，由同级人民政府限期核拨；情节严重的，对直接负责的主管人员和其他直接责任人员，依法给予处分。违反国家财政制度、财务制度，挪用、克扣教育经费的，由上级机关责令限期归还被挪用、克扣的经费，并对直接负责的主管人员和其他直接责任人员，依法给予处分；构成犯罪的，依法追究刑事责任。

2. 扰乱学校教育教学秩序、破坏侵占学校财产的法律责任

《教育法》第七十二条规定：结伙斗殴、寻衅滋事，扰乱学校及其他教育机构教育教学秩序或者破坏校舍、场地及其他财产的，由公安机关给予治安管理处罚；构成犯罪的，依法追究刑事责任。侵占学校及其他教育机构的校舍、场地及其他财产的，依法承担民事责任。

3. 使用危险教育教学设施造成人员伤亡或者重大财产损失的法律责任

《教育法》第七十三条规定：明知校舍或者教育教学设施有危险，而不采取措施，造成人员伤亡或者重大财产损失的，对直接负责的主管人员和其他直接责任人员，依法追究刑事责任。

4. 违反国家规定向学校收取费用的法律责任

《教育法》第七十四条规定：违反国家有关规定，向学校或者其他教育机构收取费用的，由政府责令退还所收费用；对直接负责的主管人员和其他直接责任人员，依法给予处分。

5. 违反国家规定举办学校的法律责任

《教育法》第七十五条规定：违反国家有关规定，举办学校或者其他教育机构的，由教育行政部门或者其他有关行政部门予以撤销；有违法所得的，没收违法所得；对直接负责的主管人员和其他直接责任人员，依法给予处分。

6. 招生与入学中的法律责任

《教育法》第七十六条规定：学校或者其他教育机构违反国家有关规定招收学生的，由教育行政部门或者其他有关行政部门责令退回招收的学生，退还所收费用；对学校、其他教育机构给予警告，可以处违法所得五倍以下罚款；情节严重的，责令停止相关招生资格一年以上三年以下，直至撤销招生资格、吊销办学许可证；对直接负责的主管人员和其他直接责任人员，依法给予处分；构成犯罪的，依法追究刑事责任。

《教育法》第七十七条规定：在招收学生工作中滥用职权、玩忽职守、徇私舞弊的，由教育行政部门或者其他有关行政部门责令退回招收的不符合入学条件的人员；对直接负责的主管人员和其他直接责任人员，依法给予处分；构成犯罪的，依法追究刑事责任。

盗用、冒用他人身份，顶替他人取得的入学资格的，由教育行政部门或者其他有关行政部门责令撤销入学资格，并责令停止参加相关国家教育考试二年以上五年以下；已经取得学位证书、学历证书或者其他学业证书的，由颁发机构撤销相关证书；已经成为公职人员的，依法给予开除处分；构成违反治安管理行为的，由公安机关依法给予治安管理处罚；构成犯罪的，依法追究刑事责任。

与他人串通，允许他人冒用本人身份，顶替本人取得的入学资格的，由教育行政部门或者其他有关行政部门责令停止参加相关国家教育考试一年以上三年以下；有违法所得的，没收违法所得；已经成为公职人员的，依法给予处分；构成违反治安管理行为的，由公安机关依法给予治安管理处罚；构成犯罪的，依法追究刑事责任。

组织、指使盗用或者冒用他人身份，顶替他人取得的入学资格的，有违法所得的，没收违法所得；属于公职人员的，依法给予处分；构成违反治安管理行为的，由公安机关依法给予治安管理处罚；构成犯罪的，依法追究刑事责任。

入学资格被顶替权利受到侵害的，可以请求恢复其入学资格。

7. 考试作弊的法律责任

《教育法》第七十九条规定：考生在国家教育考试中有下列行为之一的，由组织考试的教育考试机构工作人员在考试现场采取必要措施予以制止并终止其继续参加考试；组织考试的教育考试机构可以取消其相关考试资格或者考试成绩；情节严重的，由教育行政部门责令停止参加相关国家教育考试一年以上三年以下；构成违反治安管理行为的，由公安机关依法给予治安管理处罚；构成犯罪的，依法追究刑事责任：① 非法获取考试试题或者答案的；② 携带或者使用考试作弊器材、资料的；③ 抄袭他人答案的；④ 让他人代替自己参加考试的；⑤ 其他以不正当手段获得考试成绩的作弊行为。

《教育法》第八十条规定：任何组织或者个人在国家教育考试中有下列行为之一，有违法所得的，由公安机关没收违法所得，并处违法所得一倍以上五倍以下罚款；情节严重的，处五日以上十五日以下拘留；构成犯罪的，依法追究刑事责任；属于国家机关工作人员的，还应当依法给予处分：① 组织作弊的；② 通过提供考试作弊器材等方式为作弊提供帮助或者便利的；③ 代替他人参加考试的；④ 在考试结束前泄露、传播考试试题或者答案的；⑤ 其他扰乱考试秩序的行为。

《教育法》第八十一条规定：举办国家教育考试，教育行政部门、教育考试机构疏于管理，造成考场秩序混乱、作弊情况严重的，对直接负责的主管人员和其他直接责任人员，依法给予处分；构成犯罪的，依法追究刑事责任。

8. 违法颁发证书的法律责任

《教育法》第八十二条规定：学校或者其他教育机构违反本法规定，颁发学位证书、学历证书或者其他学业证书的，由教育行政部门或者其他有关行政部门宣布证书无效，责令收回或者予以没收；有违法所得的，没收违法所得；情节严重的，责令停止相关招生资格一年以上三年以下，直至撤销招生资格、颁发证书资格；对直接负责的主管人员和其他直接责任人员，依法给予处分。

前款规定以外的任何组织或者个人制造、销售、颁发假冒学位证书、学历证书或者其他学业证书，构成违反治安管理行为的，由公安机关依法给予治安管理处罚；构成犯罪的，依法追究刑事责任。

以作弊、剽窃、抄袭等欺诈行为或者其他不正当手段获得学位证书、学历证书或者其他学业证书的，由颁发机构撤销相关证书。购买、使用假冒学位证书、学历证书或者其他学业证书，构成违反治安管理行为的，由公安机关依法给予治安管理处罚。

案例链接

【案情简介】 法院会不会管“试卷”的标准答案?

某年夏天，原告在毕业语文考试中都把“自作自受”一词中的“作”字的读音选择为四声，而校方规定的标准答案为一声。这就使原告的毕业考试总分数差省重点中学的录取分数线一分。为此，原告必须向校方交纳 6000 元的“捐资助学金”。

双方在经过多次协商无果的情况下，原告同被告展开行政诉讼。本案大概是中国考试史上第一次为“1 分分数”而诉诸法院，也是第一次因“标准答案”有异作为受教育者的学生起诉作为教育行政机关的教委。

【问题探讨】

1. 试述该案学生胜诉的法理依据。

2. “标准答案”有异，学生起诉，法院也管起来了。本案对你未来做好教师工作有何启示？

【案例分析】 本案法院受理的法律依据是《教育法》第四十三条第三项规定，学生享有“在学业成绩和品行上获得公正评价，完成规定的学业后获得相应的学业证书、学位证书”的权利，根据《普通话异读词审音表》(1985 年 12 月 27 日国家语委、教委、广电部审定公布)的规定：除在“作坊”中读一声外，其余都读四声，学生胜诉。

【案例启示】 法治思维应是我们工作的第一思维。对这种观点，您是怎么认识的？

第二节 《中华人民共和国义务教育法》

义务教育发端于 16 世纪的欧洲。到二十世纪二三十年代，西方主要发达国家已先后普及初等义务教育。1906 年，清朝政府学部颁布的《强迫教育章程》是我国的第一部强制就学法，被视为我国近代最早的义务教育法。1912 年 9 月，孙中山领导的南京临时政府教育部颁布《学校系统令》，规定初等小学 4 年为义务教育期。1927 年后，中国共产党领导人民建立的根据地和解放区，先后颁布和实施过一些重要的义务教育法令。1949 年的《共同纲领》中规定了“有计划、有步骤地实行普及教育”。十一届三中全会以后，加快了普及教育的步伐。1986 年全国人民代表大会通过了《中华人民共和国义务教育法》，是我国教育发展史上的一个里程碑，标志着我国的基础教育步入一个新时期。

一、《义务教育法》的立法过程

《中华人民共和国义务教育法》(以下简称《义务教育法》)是 1986 年 4 月 12 日第六届全国人大四次会议通过并于 1986 年 7 月 1 日起施行，2006 年 6 月 29 日第十届全国人民代表大会常务委员会第二十二次会议修订通过并于 2006 年 9 月 1 日起施行。2015 年 4 月 24 日第十二届全国人民代表大会常务委员会第十四次会议通过《全国人民代表大会常务委员会关于修改〈中华人民共和国义务教育法〉等五部法律的决定》，自公布之日起施行。2018 年 12 月 29 日第十三届全国人民代表大会常务委员会第七次会议通过《关于修改〈中华人民共和国产品质量法〉等五部法律的决定》，自公布之日起施行。

二、《义务教育法》的性质与地位

《义务教育法》是关于教育的单行法，也是我国历史上第一部关于基础教育的法律。义务教育通常是指国家用法律形式规定对一定年龄阶段的儿童免费、强制普及实施特定年限的基础学校教育。《义务教育法》明确了我国义务教育的三个基本性质：

1. 公益性

《义务教育法》第二条规定：“国家实行九年义务教育制度。义务教育是国家统一实施的所有适龄儿童、少年必须接受的教育，是国家必须予以保障的公益性事业。实施义务教育，不收学费、杂费。国家建立义务教育经费保障机制，保证义务教育制度实施。"公益性和免费性是联系在一起的。对农村而言，从2006年到2007年全部免除学费、杂费；对城市而言，从2008年秋季学期开始，在全国范围内全部免除城市义务教育阶段学生学杂费。

2. 统一性

《义务教育法》自始至终强调在全国范围内实行统一的义务教育，这个统一包括要制定统一的义务教育阶段学校设置标准、课程教学标准、经费标准、建设标准、学生公用经费标准等。

3. 义务性

让适龄儿童、少年接受义务教育是学校家长和社会的义务。谁违反这个义务，谁就要受到法律的制裁。家长不送学生上学，家长要承担责任；学校不接受适龄儿童、少年上学，学校要承担责任；学校不提供相应的条件，也要受到法律的规范。《义务教育法》第七条规定：义务教育实行国务院领导，省、自治区、直辖市人民政府统筹规划实施，县级人民政府为主管理的体制。

三、《义务教育法》的立法宗旨

《义务教育法》第一条明确规定我国义务教育法的立法宗旨：为了保障适龄儿童、少年接受义务教育的权利，保证义务教育的实施，提高全民族素质，根据宪法和教育法，制定本法。

《义务教育法》第三条明确规定我国义务教育发展的指导方针：义务教育必须贯彻国家的教育方针，实施素质教育，提高教育质量，使适龄儿童、少年在品德、智力、体质等方面全面发展，为培养有理想、有道德、有文化、有纪律的社会主义建设者和接班人奠定基础。

四、《义务教育法》的颁行意义

从教育法治建设角度讲，《义务教育法》的颁布施行是中国教育法治建设的一个新的、重要的标志。从义务教育发展来看，义务教育关乎整个民族素质的提高和民族的复兴，《义务教育法》的颁布施行对我国整个教育的发展具有奠基性意义和深远的历史作用。

五、《义务教育法》的主要内容

（一）义务教育的管理体制

《义务教育法》第七条规定：义务教育实行国务院领导，省、自治区、直辖市人民政府统筹规划实施，县级人民政府为主管理的体制。县级以上人民政府教育行政部门具体负责义务教育实施工作；县级以上人民政府其他有关部门在各自的职责范围内负责义务教育实施工作。

(二)《义务教育法》规定的入学年龄与原则

1. 入学年龄

《义务教育法》第十一条规定:凡年满六周岁的儿童,其父母或者其他法定监护人应当送其入学接受并完成义务教育;条件不具备的地区的儿童,可以推迟到七周岁。适龄儿童、少年因身体状况需要延缓入学或者休学的,其父母或者其他法定监护人应当提出申请,由当地乡镇人民政府或者县级人民政府教育行政部门批准。

2. 适龄儿童、少年免试入学

《义务教育法》第十二条规定:适龄儿童、少年免试入学。地方各级人民政府应当保障适龄儿童、少年在户籍所在地学校就近入学。父母或者其他法定监护人在非户籍所在地工作或者居住的适龄儿童、少年,在其父母或者其他法定监护人工作或者居住地接受义务教育的,当地人民政府应当为其提供平等接受义务教育的条件。

3. 禁止用人单位招用应当接受义务教育的适龄儿童、少年

《义务教育法》第十四条规定:禁止用人单位招用应当接受义务教育的适龄儿童、少年。根据国家有关规定经批准招收适龄儿童、少年进行文艺、体育等专业训练的社会组织,应当保证所招收的适龄儿童、少年接受义务教育;自行实施义务教育的,应当经县级人民政府教育行政部门批准。

(三)《义务教育法》对学校建设的要求

1. 学校规划要求

《义务教育法》第十五条规定:县级以上地方人民政府根据本行政区域内居住的适龄儿童、少年的数量和分市状况等因素,按照国家有关规定,制定、调整学校设置规划。新建居民区需要设置学校的,应当与居民区的建设同步进行。

2. 特殊教育要求

《义务教育法》第十九条规定:县级以上地方人民政府根据需要设置相应的实施特殊教育的学校(班),对视力残疾、听力语言残疾和智力残疾的适龄儿童、少年实施义务教育。特殊教育学校(班)应当具备适应残疾儿童、少年学习、康复、生活特点的场所和设施。普通学校应当接收具有接受普通教育能力的残疾适龄儿童、少年随班就读,并为其学习、康复提供帮助。

3. 均衡发展要求

《义务教育法》第二十二条规定:县级以上人民政府及其教育行政部门应当促进学校均衡发展,缩小学校之间办学条件的差距,不得将学校分为重点学校和非重点学校。学校不得分设重点班和非重点班。县级以上人民政府及其教育行政部门不得以任何名义改变或者变相改变公办学校的性质。

随堂小练

(单项选择题)某县级政府为了提高本县的中考成绩,将辖区内两所初中列为重点学校,并给予政府倾斜。该县级政府的做法(　　)。

A. 合法,县级政府有权自主管理

B. 合法,有助于校际教育质量竞争

C. 不合法,不能设置重点校和非重点校

D. 不合法,应该平均分配各类教育资料

【答案】 D。

【解析】 某县级政府违反了《义务教育法》第二十二条的规定。

出处:2016 年上半年中学教师资格考试《综合素质》真题。

4. 安全保障要求

《义务教育法》第二十三条与第二十四条规定:"各级人民政府及其有关部门依法维护学校周边秩序,保护学生、教师、学校的合法权益,为学校提供安全保障。""学校应当建立、健全安全制度和应急机制,对学生进行安全教育,加强管理,及时消除隐患,预防发生事故。县级以上地方人民政府定期对学校校舍安全进行检查;对需要维修、改造的,及时予以维修、改造。学校不得聘用曾经因故意犯罪被依法剥夺政治权利或者其他不适合从事义务教育工作的人担任工作人员。"

5. 不得违法谋利

《义务教育法》第二十五条规定:学校不得违反国家规定收取费用,不得以向学生推销或者变相推销商品、服务等方式谋取利益。

6. 学校实行校长负责制

《义务教育法》第二十六条规定:学校实行校长负责制。校长应当符合国家规定的任职条件。校长由县级人民政府教育行政部门依法聘任。

7. 不得开除学生

《义务教育法》第二十七条规定:对违反学校管理制度的学生,学校应当予以批评教育,不得开除。

(四)《义务教育法》关于教师的规定

1. 教师权利义务要求

《义务教育法》第二十八条规定:教师享有法律规定的权利,履行法律规定的义务,应当为人师表,忠诚于人民的教育事业。全社会应当尊重教师。

2. 教师行为要求

《义务教育法》第二十九条规定:教师在教育教学中应当平等对待学生,关注学生的个体差异,因材施教,促进学生的充分发展。教师应当尊重学生的人格,不得歧视学生,不得对学生实施体罚、变相体罚或者其他侮辱人格尊严的行为，不得侵犯学生合法权益。

3. 教师资格及职称

《义务教育法》第三十条规定：教师应当取得国家规定的教师资格。国家建立统一的义务教育教师职务制度。教师职务分为初级职务、中级职务和高级职务。

4. 教师待遇

《义务教育法》第三十一条规定：各级人民政府保障教师工资福利和社会保险待遇，改善教师工作和生活条件；完善农村教师工资经费保障机制。教师的平均工资水平应当不低于当地公务员的平均工资水平。特殊教育教师享有特殊岗位补助津贴。在民族地区和边远贫困地区工作的教师享有艰苦贫困地区补助津贴。

5. 支教工作

《义务教育法》第三十二条规定：县级以上人民政府应当加强教师培养工作，采取措施发展教师教育。县级人民政府教育行政部门应当均衡配置本行政区域内学校师资力量，组织校长、教师的培训和流动，加强对薄弱学校的建设。第三十三条规定：国务院和地方各级人民政府鼓励和支持城市学校教师和高等学校毕业生到农村地区、民族地区从事义务教育工作。国家鼓励高等学校毕业生以志愿者的方式到农村地区、民族地区缺乏教师的学校任教。县级人民政府教育行政部门依法认定其教师资格，其任教时间计入工龄。

（五）《义务教育法》对教育教学的规定

1. 基本要求

《义务教育法》第三十四条规定：教育教学工作应当符合教育规律和学生身心发展特点，面向全体学生，教书育人，将德育、智育、体育、美育等有机统一在教育教学活动中，注重培养学生独立思考能力、创新能力和实践能力，促进学生全面发展。《义务教育法》第三十五条规定：国务院教育行政部门根据适龄儿童、少年身心发展的状况和实际情况，确定教学制度、教育教学内容和课程设置，改革考试制度，并改进高级中等学校招生办法，推进实施素质教育。学校和教师按照确定的教育教学内容和课程设置开展教育教学活动，保证达到国家规定的基本质量要求。国家鼓励学校和教师采用启发式教育等教育教学方法，提高教育教学质量。

2. 德育要求

《义务教育法》第三十六条规定：学校应当把德育放在首位，寓德育于教育教学之中，开展与学生年龄相适应的社会实践活动，形成学校、家庭、社会相互配合的思想道德教育体系，促进学生养成良好的思想品德和行为习惯。

3. 教科书要求

《义务教育法》第三十八条至第四十一条规定："教科书根据国家教育方针和课程标准编写，内容力求精简，精选必备的基础知识、基本技能，经济实用，保证质量。国家机关工作人员和教科书审查人员，不得参与或者变相参与教科书的编写工作。""国家实行教科书审定制度。教科书的审定办法由国务院教育行政部门规定。未经审定的教科书,不得出版、选用。”“教科书价格由省、自治区、直辖市人民政府价格行政部门会同同级出版主管部门按照微利原则确定。”“国家鼓励教科书循环使用。”

(六) 实施义务教育的经费保障

1. 经费的行政保障

《义务教育法》第四十二条规定:国家将义务教育全面纳入财政保障范围,义务教育经费由国务院和地方各级人民政府依照本法规定予以保障。国务院和地方各级人民政府将义务教育经费纳入财政预算,按照教职工编制标准、工资标准和学校建设标准、学生人均公用经费标准等,及时足额拨付义务教育经费,确保学校的正常运转和校舍安全,确保教职工工资按照规定发放。国务院和地方各级人民政府用于实施义务教育财政拨款的增长比例应当高于财政经常性收入的增长比例,保证按照在校学生人数平均的义务教育费用逐步增长,保证教职工工资和学生人均公用经费逐步增长。

2. 经费的责任主体

《国义务教育法》第四十四条规定:义务教育经费投入实行国务院和地方各级人民政府根据职责共同负担,省、自治区、直辖市人民政府负责统筹落实的体制。农村义务教育所需经费,由各级人民政府根据国务院的规定分项目、按比例分担。各级人民政府对家庭经济困难的适龄儿童、少年免费提供教科书并补助寄宿生生活费。义务教育经费保障的具体办法由国务院规定。《义务教育法》第四十五条规定:地方各级人民政府在财政预算中将义务教育经费单列。县级人民政府编制预算,除向农村地区学校和薄弱学校倾斜外,应当均衡安排义务教育经费。

3. 经费使用

《义务教育法》第四十九条与第五十条规定:“义务教育经费严格按照预算规定用于义务教育;任何组织和个人不得侵占、挪用义务教育经费,不得向学校非法收取或者摊派费用。”“县级以上人民政府建立健全义务教育经费的审计监督和统计公告制度。”

(七) 违反《义务教育法》的法律责任

《义务教育法》第七章“法律责任”的第五十一条至第六十条对违反义务教育法的违法行为及法律责任做出了规定。

第五十一条规定:国务院有关部门和地方各级人民政府违反本法第六章的规定,未履行对义务教育经费保障职责的,由国务院或者上级地方人民政府责令限期改正;情节严重的,对直接负责的主管人员和其他直接责任人员依法给予行政处分。

第五十二条规定:县级以上地方人民政府有下列情形之一的,由上级人民政府责令限期改正;情节严重的,对直接负责的主管人员和其他直接责任人员依法给予行政处分:① 未按照国家有关规定制定、调整学校的设置规划的;② 学校建设不符合国家规定的办学标准、选址要求和建设标准的;③ 未定期对学校校舍安全进行检查,并及时维修、改造的;④ 未依照本法规定均衡安排义务教育经费的。

第五十三条规定:县级以上人民政府或者其教育行政部门有下列情形之一的,由上级人民政府或者其教育行政部门责令限期改正、通报批评;情节严重的,对直接负责的主管人员和其他直接责任人员依法给予行政处分:① 将学校分为重点学校和非重点学校的;② 改变或者变相改变公办学校性质的。县级人民政府教育行政部门或者乡镇人民政府未采取措施组织适龄儿童、少年入学或者防止辍学的,依照前款规定追究法律责任。

第五十四条规定:有下列情形之一的,由上级人民政府或者上级人民政府教育行政部门、财政部门、价格行政部门和审计机关根据职责分工责令限期改正;情节严重的,对直接负责的主管人员和其他直接责任人员依法给予处分:① 侵占、挪用义务教育经费的;② 向学校非法收取或者摊派费用的。

第五十五条规定:学校或者教师在义务教育工作中违反教育法、教师法规定的,依照教育法、教师法的有关规定处罚。

第五十六条规定:学校违反国家规定收取费用的,由县级人民政府教育行政部门责令退还所收费用;对直接负责的主管人员和其他直接责任人员依法给予处分。学校以向学生推销或者变相推销商品、服务等方式谋取利益的,由县级人民政府教育行政部门给予通报批评;有违法所得的,没收违法所得;对直接负责的主管人员和其他直接责任人员依法给予处分。国家机关工作人员和教科书审查人员参与或者变相参与教科书编写的,由县级以上人民政府或者其教育行政部门根据职责权限责令限期改正,依法给予行政处分;有违法所得的,没收违法所得。

第五十七条规定:学校有下列情形之一的,由县级人民政府教育行政部门责令限期改正;情节严重的,对直接负责的主管人员和其他直接责任人员依法给予处分:① 拒绝接收具有接受普通教育能力的残疾适龄儿童、少年随班就读的;② 分设重点班和非重点班的;③ 违反本法规定开除学生的;④ 选用未经审定的教科书的。

第五十八条规定:"适龄儿童、少年的父母或者其他法定监护人无正当理由未依照本法规定送适龄儿童、少年入学接受义务教育的,由当地乡镇人民政府或者县级人民政府教育行政部门给予批评教育,责令限期改正。"

第五十九条规定:有下列情形之一的,依照有关法律、行政法规的规定予以处罚:① 胁迫或者诱骗应当接受义务教育的适龄儿童、少年失学、辍学的;② 非法招用应当接受义务教育的适龄儿童、少年的;③ 出版未经依法审定的教科书的。

第六十条规定:"违反本法规定,构成犯罪的,依法追究刑事责任。"

第三节 《中小学教育惩戒规则(试行)》

教育部在广泛调研、公开征求意见基础上,制定颁布了《中小学教育惩戒规则(试行)》(以下简称《规则》)。第一次以部门规章的形式对教育惩戒做出规定,系统规定了教育惩戒的属性、适用范围以及实施的规则、程序、措施、要求等,旨在把教育惩戒纳入法治轨道。

一、《中小学教育惩戒规则(试行)》制定的背景和意义

教育惩戒问题长期以来一直是中央关心、社会关注、群众关切的热点问题。2019年6月,《中共中央　国务院关于深化教育教学改革全面提高义务教育质量的意见》对制定教育惩戒有关实施细则提出明确要求。中央领导同志多次作出指示批示,两会代表、委员提出许多有关建议、提案,基层学校校长、教师普遍希望国家明确规则,解决老师不敢管、不愿管、不会管学生这一突出问题,大多数家长也对此表示支持。教育部自2019年开始组织研究《规则》的起草,开展了深入的理论研究,并广泛听取了地方教育行政部门、学校、教师等各方面的意见,还面向社会公开征求了意见,受到了高度关注,起草部门全面梳理了相关意见,经反复修改形成现在的《规则》。

教育惩戒问题"小切口""大问题",关系到学校能否全面落实教育方针,关系到落实立德树人根本任务的大战略,关系到营造良好教育生态的大问题。《中小学教育惩戒规则(试行)》于2020年9月23日教育部第3次部务会议审议通过,2020年12月23日正式公布,自2021年3月1日起施行。《规则》出台是建立在科学研判、广集民意、慎重决策基础上的,有利于将教育惩戒全面纳入法治轨道,更好地推动学校全面贯彻落实党的教育方针和立德树人根本任务。《规则》的制定和实施,让学校、教师会用、敢用、慎用教育惩戒,让家长、社会理解、支持、配合学校、教师教育和管理,共同营造良好教育生态,具有十分重要的意义。

二、《中小学教育惩戒规则(试行)》制定的宗旨与依据

《规则》第一条规定:为落实立德树人根本任务,保障和规范学校、教师依法履行教育教学和管理职责,保护学生合法权益,促进学生健康成长、全面发展,根据教育法、教师法、未成年人保护法、预防未成年人犯罪法等法律法规和国家有关规定,制定本规则。

三、《中小学教育惩戒规则(试行)》对教育惩戒的界定

《规则》第二条明确规定,教育惩戒是指"学校、教师基于教育目的,对违规违纪学生进行管理、训导或者以规定方式予以矫治,促使学生引以为戒、认识和改正错误的教育行为"。

这一规定,首先明确了教育惩戒的属性,其是在教育过程中发生的,学校、教师行使教育权的一种具体方式,而不是单独赋予学校、教师的一种权力。其次,明确了实施的对象和方式,是对违规违纪学生的管理、训导或者以规定方式予以矫治。再次,强调了行为的目的性,即要使学生认识和改正错误,而不能为了惩戒而惩戒。

《规则》将教育惩戒的实施范围限定在普通中小学校、中等职业学校(以下称学校)。

四、《中小学教育惩戒规则(试行)》明确了实施教育惩戒遵循的原则

《规则》第三条规定:学校、教师应当遵循教育规律,依法履行职责,通过积极管教和教育惩戒的实施,及时纠正学生错误言行,培养学生的规则意识、责任意识。教育行政部门应当支持、指导、监督学校及其教师依法依规实施教育惩戒。

《规则》第四条明确,实施教育惩戒应当遵循教育性、合法性、适当性的原则,主要体现在:一是强调教育惩戒应当符合教育规律,注重育人效果,坚持育人为本。要基于关爱学生的宗旨,注重人文关怀,达到教育学生遵守规则、增强自律、改过向上的目的。二是明确实施教育惩戒要遵循法治原则,做到客观公正、合法合规。要以事先公布的规则为依据,尊重学生基本权利和人格尊严。三是要求实施教育惩戒应当选择适当措施,与学生过错程度相适应。《规则》要求要综合考虑学生的一贯表现、主观认识、悔过态度以及家庭环境等因素,以求最佳育人效果。

制定《规则》是确权,也是限权,出发点就是将法律规定的学校、教师的教育权进一步细化,对法律禁止的体罚等教师不当管理行为划出红线,推动落实党和国家教育方针,促进学生全面发展。

五、《中小学教育惩戒规则(试行)》规定了制定实施细则的要求

(一)应当结合本地本校实际,健全实施教育惩戒的细则

《规则》第五条规定:学校应当结合本校学生特点,依法制定、完善校规校纪,明确学生行为规范,健全实施教育惩戒的具体情形和规则。

《规则》第二十条规定:各地可以结合本地实际,制定本地方实施细则或者指导学校制定实施细则。

(二)学校制定校规校纪应当广泛征求意见

《规则》第五条规定:学校制定校规校纪,应当广泛征求教职工、学生和学生父母或者其他监护人(以下称家长)的意见;有条件的,可以组织有学生、家长及有关方面代表参加的听证。校规校纪应当提交家长委员会、教职工代表大会讨论,经校长办公会议审议通过后施行,并报主管教育部门备案。教师可以组织学生、家长以民主讨论形式共同制定班规或者班级公约,报学校备案后施行。

(三)未经公布的校规校纪不得施行

《规则》第六条规定:学校应当利用入学教育、班会以及其他适当方式,向学生和家长宣传讲解校规校纪。未经公布的校规校纪不得施行。学校可以根据情况建立校规校纪执行委员会等组织机构,吸收教师、学生及家长、社会有关方面代表参加,负责确定可适用的教育惩戒措施,监督教育惩戒的实施,开展相关宣传教育等。

六、《中小学教育惩戒规则(试行)》的主要内容

(一) 对学生实施教育惩戒的情形

《规则》第七条对应当给予教育惩戒的情形做了具体化规定，学生有下列情形之一，学校及其教师应当予以制止并进行批评教育，确有必要的，可以实施教育惩戒：① 不服从：故意不完成教学任务要求或者不服从教育、管理的；② 扰乱秩序：扰乱课堂秩序、学校教育教学秩序的；③ 行为失范：吸烟、饮酒，或者言行失范违反学生守则的；④ 具有危险性：实施有害自己或者他人身心健康的危险行为的；⑤ 侵犯权益：打骂同学、老师，欺凌同学或者侵害他人合法权益的；⑥ 其他违反校规校纪的行为。

学生实施属于预防未成年人犯罪法规定的不良行为或者严重不良行为的，学校、教师应当予以制止并实施教育惩戒，加强管教；构成违法犯罪的，依法移送公安机关处理。

[知识拓展]

➢ 欢迎扫本章二维码或参见本教材第九章，查看“《预防未成年人犯罪法》规定的不良行为和严重不良行为”。

(二) 学校、教师可以采取的教育惩戒措施

1. 教师可以对情节较轻微的学生采取的教育惩戒措施

《规则》第八条规定，教师在课堂教学、日常管理中，对违规违纪情节较为轻微的学生，可以当场实施以下教育惩戒：① 点名批评；② 责令赔礼道歉、做口头或者书面检讨；③ 适当增加额外的教学或者班级公益服务任务；④ 一节课堂教学时间内的教室内站立；⑤ 课后教导；⑥ 学校校规校纪或者班规、班级公约规定的其他适当措施。教师对学生实施前款措施后，可以以适当方式告知学生家长。

《规则》第十一条第一款规定：学生扰乱课堂或者教育教学秩序，影响他人或者可能对自己及他人造成伤害的，教师可以采取必要措施，将学生带离教室或者教学现场，并予以教育管理。

2. 学校可以对情节较重的学生采取的教育惩戒措施

《规则》第九条规定，学生违反校规校纪，情节较重或者经当场教育惩戒拒不改正的，学校可以实施以下教育惩戒，并应当及时告知家长：① 由学校德育工作负责人予以训导；② 承担校内公益服务任务；③ 安排接受专门的校规校纪、行为规则教育；④ 暂停或者限制学生参加游览、校外集体活动以及其他外出集体活动；⑤ 学校校规校纪规定的其他适当措施。

3. 学校可以对情节严重的学生采取的教育惩戒措施

《规则》第十条规定，小学高年级、初中和高中阶段的学生违规违纪情节严重或者影

响恶劣的，学校可以实施以下教育惩戒，并应当事先告知家长：① 给予不超过一周的停课或者停学，要求家长在家进行教育、管教；② 由法治副校长或者法治辅导员予以训诫；③ 安排专门的课程或者教育场所，由社会工作者或者其他专业人员进行心理辅导、行为干预。

对违规违纪情节严重，或者经多次教育惩戒仍不改正的学生，学校可以给予警告、严重警告、记过或者留校察看的纪律处分。对高中阶段学生，还可以给予开除学籍的纪律处分。对有严重不良行为的学生，学校可以按照法定程序，配合家长、有关部门将其转入专门学校教育矫治。

4. 教师、学校可以采取的教育惩戒措施

《规则》第十一条第二款规定：教师、学校发现学生携带、使用违规物品或者行为具有危险性的，应当采取必要措施予以制止；发现学生藏匿违法、危险物品的，应当责令学生交出并可以对可能藏匿物品的课桌、储物柜等进行检查。

《规则》第十一条第三款规定：教师、学校对学生的违规物品可以予以暂扣并妥善保管，在适当时候交还学生家长；属于违法、危险物品的，应当及时报告公安机关、应急管理部门等有关部门依法处理。

（三）教育惩戒过程中教师禁止性行为

《规则》第十二条规定，教师在教育教学管理、实施教育惩戒过程中，不得有下列行为：① 以击打、刺扎等方式直接造成身体痛苦的体罚；② 超过正常限度的罚站、反复抄写，强制做不适的动作或者姿势，以及刻意孤立等间接伤害身体、心理的变相体罚；③ 辱骂或者以歧视性、侮辱性的言行侵犯学生人格尊严；④ 因个人或者少数人违规违纪行为而惩罚全体学生；⑤ 因学业成绩而教育惩戒学生；⑥ 因个人情绪、好恶实施或者选择性实施教育惩戒；⑦ 指派学生对其他学生实施教育惩戒；⑧ 其他侵害学生权利的。

（四）教育惩戒对教师和学校的要求

1. 教师应当注重与学生的沟通和帮扶

《规则》第十三条第一款规定：教师对学生实施教育惩戒后，应当注重与学生的沟通和帮扶，对改正错误的学生及时予以表扬、鼓励。

2. 学校要建立学生教育保护辅导工作机制

《规则》第十三条第二款规定：学校可以根据实际和需要，建立学生教育保护辅导工作机制，由学校分管负责人、德育工作机构负责人、教师以及法治副校长（辅导员）、法律以及心理、社会工作等方面的专业人员组成辅导小组，对有需要的学生进行专门的心理辅导、行为矫治。

3. 学校要尊重学生程序性权利

《规则》第十四条规定：学校拟对学生实施本规则第十条所列教育惩戒和纪律处分

的，应当听取学生的陈述和申辩。学生或者家长申请听证的，学校应当组织听证。学生受到教育惩戒或者纪律处分后，能够诚恳认错、积极改正的，可以提前解除教育惩戒或者纪律处分。

4. 学校应当支持、监督教师正当履行职务

《规则》第十五条规定：学校应当支持、监督教师正当履行职务。教师因实施教育惩戒与学生及其家长发生纠纷，学校应当及时进行处理，教师无过错的，不得因教师实施教育惩戒而给予其处分或者其他不利处理。教师违反本规则第十二条，情节轻微的，学校应当予以批评教育；情节严重的，应当暂停履行职责或者依法依规给予处分；给学生身心造成伤害，构成违法犯罪的，由公安机关依法处理。

5. 学校、教师应当重视家校协作

《规则》第十六条规定：学校、教师应当重视家校协作，积极与家长沟通，使家长理解、支持和配合实施教育惩戒，形成合力。家长应当履行对子女的教育职责，尊重教师的教育权利，配合教师、学校对违规违纪学生进行管教。家长对教师实施的教育惩戒有异议或者认为教师行为违反本规则第十二条规定的，可以向学校或者主管教育行政部门投诉、举报。学校、教育行政部门应当按照师德师风建设管理的有关要求，及时予以调查、处理。家长威胁、侮辱、伤害教师的，学校、教育行政部门应当依法保护教师人身安全、维护教师合法权益；情形严重的，应当及时向公安机关报告并配合公安机关、司法机关追究责任。

6. 学校应当加强对教师的培训

《规则》第十九条规定：学校应当有针对性地加强对教师的培训，促进教师更新教育理念、改进教育方式方法，提高教师正确履行职责的意识与能力。每学期末，学校应当将学生受到本规则第十条所列教育惩戒和纪律处分的信息报主管教育行政部门备案。

（五）教育惩戒的救济

1. 学生及其家长可以向学校提起申诉

《规则》第十七条第一款规定：学生及其家长对学校依据本规则第十条实施的教育惩戒或者给予的纪律处分不服的，可以在教育惩戒或者纪律处分作出后15个工作日内向学校提起申诉。

2. 学校应当成立学生申诉委员会

《规则》第十七条第二、三款规定：学校应当成立由学校相关负责人、教师、学生以及家长、法治副校长等校外有关方面代表组成的学生申诉委员会，受理申诉申请，组织复查。学校应当明确学生申诉委员会的人员构成、受理范围及处理程序等并向学生及家长公布。学生申诉委员会应当对学生申诉的事实、理由等进行全面审查，作出维持、变更或者撤销原教育惩戒或者纪律处分的决定。

3. 学生或者家长可以申请行政复核、行政复议或者行政诉讼

《规则》第十八条规定：学生或者家长对学生申诉处理决定不服的，可以向学校主管

教育部门申请复核；对复核决定不服的，可以依法提起行政复议或者行政诉讼。

思考与练习

1. 《教育法》规定的我国教育的性质、教育方针是什么？
2. 试述学校设立的条件、学校的权利与义务。
3. 试述受教育者的权利与义务。
4. 列举《义务教育法》关于教师的规定。
5. 如何理解《中小学教育惩戒规则(试行)》对教育惩戒的界定？
6. 试述《中小学教育惩戒规则(试行)》明确的实施教育惩戒遵循的原则。
7. 试述《中小学教育惩戒规则(试行)》规定的对学生实施教育惩戒的情形。
8. 试述教师可以对情节较轻微的学生采取的教育惩戒措施。
9. 试述学校可以对情节较重的学生采取的教育惩戒措施。
10. 试述学校可以对情节严重的学生采取的教育惩戒措施。
11. 试述在教育教学管理、实施教育惩戒过程中，教师禁止实施的行为。
12. 案例分析。

《湖北日报》于3月8日刊登了一封初中生的来信：我们是武汉某大学附中的一群初中生。十三四岁、十五六岁的我们，本应无忧无虑、快乐成长，但学校教育使我们负担沉重、忧虑重重、心情郁闷！现在，学校的教育完全是为升学考试进行的。说搞素质教育，其实只不过是一块金字招牌而已，甚至成了加重学生负担的借口。请看我们的作息时间：早上7时15分至20分到校(这就意味着我们必须在6时左右起床)；每天8节课，偶尔有一节自习课，也总是被占用而上了语文、数学、英语、科学等课(对应中考的主课)；每天晚上都有不少家庭作业，一般要做到晚11时左右；每个周末是休息不成的，因为周日照常上课(但要另外交钱)，而周六又有大量家庭作业要做。在这样的重压之下，我们的睡眠严重不足；我们没有正常的休息和娱乐时间；我们没有机会锻炼身体；我们没有机会做我们很想做的课外科学观察等实践活动。

我们知道，学校、老师和家长这样待我们，肯定是一番好心，肯定是希望我们能成才。但是，他们知不知道，在这样的重压之下，在这样的状况中生活和学习，我们真的能够顺利长大成才吗？

(1) 请用教育法规知识分析这一现象，指出学校的做法是否正确。

(2) 请你谈谈实施素质教育，应该如何实现学习方式的转变。

请扫本章二维码，进入MOOC链接或者手机下载APP：中国大学MOOC，搜索课程：《教师职业道德与教育政策法规》参阅本章不断更新的内容，完成单元测试题。

第八章 我国关于教师的教育法规解读

百年大计，教育为本；教育大计，教师为本。“三寸粉笔，三尺讲台系国运；一颗丹心，一生秉烛铸民魂。”①“各级党委和政府要把加强教师队伍建设作为教育事业发展最重要的基础工作来抓，提升教师素质，改善教师待遇，关心教师健康，维护教师权益，充分信任、紧紧依靠广大教师，支持优秀人才长期从教、终身从教。”②为了加强教师队伍建设，我国制定颁布了一系列关于教师的政策与法律，本章主要对《中华人民共和国教师法》《中小学班主任工作规定》《中小学教师违反职业道德行为处理办法(2018年修订)》等我国关于教师的教育法规进行解读。

---

① 2018年8月30日，习近平总书记给中央美术学院8位老教授的回信中写道。

② 师者为师亦为范 习近平这样关心“筑梦人”，人民网-中国共产党新闻网，2019-09-10.

1. 了解本章“学习要求”，观看本章“微课视频”；
2. 查阅本章课程资源，参与本章深度学习；
3. 欢迎点击“单元测试”，测一测本章学习效果。

微信扫一扫

思维导图

- 我国关于教师的教育法规解读
  - 《中华人民共和国教师法》
    - 立法与修订
    - 颁行意义
    - 主要内容
  - 《中小学班主任工作规定》
    - 颁布的意义
    - 主要内容
  - 《中小学教师违反职业道德行为处理办法》
    - 实施目的与适用对象
    - 处理的种类和期限
    - 处理适用的行为
    - 处理原则、权限与程序
    - 救济程序
    - 处理运用
    - 监督与问责

第一节 《中华人民共和国教师法》

教师负有特殊的责任和使命，教师专业化是现代教师职业发展的必然趋势。《中华人民共和国教师法》(以下简称《教师法》)以法律的形式确立了教师职业的专业属性，并以教师资格制度、教师聘任制度、教师职务制度和教师考核制度等作为相应的法律保障，以确保教师专业化的实现程度。

一、《教师法》的立法与修订

《教师法》于 1993 年 10 月 31 日经第八届全国人大常委会第四次会议通过，1994 年 1 月 1 日起施行。2018 年 1 月，中共中央、国务院印发了《关于全面深化新时代教师队伍建设改革的意见》，其中第26条提到，要研究修订《教师法》。2019年1月，全国人大教科文卫委、教育部组织召开教师法修订调研座谈会，听取专家、一线校长的意见建议，正式启动教师法修订工作。据了解，教育部已经展开深入研究，形成初步研究成果，提出初步修订建议。教科文卫委一直密切关注教师法修改工作，积极推动立法进程。

[推荐阅读]

《中华人民共和国教师法(修订草案)(征求意见稿)》，欢迎扫描本章二维码阅读。

二、《教师法》的颁行意义

《教师法》的颁行有利于从根本上提高教师的社会地位，保障教师的合法权益，使教师成为受人尊重的职业；有利于加强教师队伍的建设，教师队伍有了规范化的管理机制；"全社会都要尊师重教"有了法律的保障，有利于促进社会主义教育事业的发展。

法学论坛

《教师法》修订的意义，谈谈你对修改《教师法》的建议。

欢迎扫描本章二维码，进入法学论坛或慕课平台互动交流。

三、《教师法》的主要内容

(一)《教师法》的立法宗旨

《教师法》以教师为立法对象，把国家尊师重教的方针上升为法律，体现了全国人民的共同愿望和意志。总则第一条对其立法宗旨做了明确规定：为了保障教师的合法权益，建设具有良好思想品德修养和业务素质的教师队伍，促进社会主义教育事业的发展，制定本法。

(二) 教师的法律地位

《教师法》第三条规定：教师是履行教育教学职责的专业人员。教师职业是一种专门职业，教师是履行教育教学的专业人员，根据社会的一定要求，有计划、有组织地对学生施以影响，使之成为合格的社会成员。

法学论坛

有一些专家建议，修订《教师法》必须解决一个核心问题：确立公办中小学教师作为国家公职人员的法律地位。因此有人就提出要设立"教育公务员"系列，如果修订成功，教师就拥有一个叫得响的新身份了,教师的权利义务、资格、待遇和奖励、法律责任等都会随之明晰。现实中,有人认为教师地位已经够高了,有人认为教师地位仍然很低。到底是高还是低,众说纷纭。这实际是和教师在法律上的地位有关。

欢迎扫描本章二维码,进入法学论坛或慕课平台互动交流:谈谈你对《教师法》的修改要明确教师“国家公职人员”法律地位的看法。

(三)教师的权利和义务

1. 教师的权利

《教师法》第七条规定,教师享有下列权利:

(1)进行教育教学活动,开展教育教学改革和实验;

(2)从事科学研究、学术交流,参加专业的学术团体,在学术活动中充分发表意见;

(3)指导学生的学习和发展,评定学生的品行和学业成绩;

(4)按时获取工资报酬,享受国家规定的福利待遇以及寒暑假期的带薪休假;

(5)对学校教育教学、管理工作和教育行政部门的工作提出意见和建议,通过教职工代表大会或者其他形式,参与学校的民主管理;

(6)参加进修或者其他方式的培训。

案例链接

【案情简介】 民办学校寒暑假不带薪休假

丁某,23岁,从某师范大学毕业后应聘到一所民办学校,担任小学英语教师。学校地处市郊、实行封闭化管理,平时不能外出;教学任务很重,不过每月有8 000元的收入,比公办学校的教师工资高很多,这使她感到很欣慰。然而,随着寒假的到来,她才知道,学校有一个规定:寒暑假期间不上课,每人每月仅发150元的生活费。丁某很是不解,为什么公办教师可以带薪休假,而民办学校的教师就不可以呢?150元的生活费甚至低于当地最低生活标准。

【问题探讨】 该校的规定违法吗?丁某应该怎么做?

【案例分析】 该校的规定违法。丁某有权向学校所在地的教育行政机关提起申诉。根据《教师法》第二条规定:“本法适用于在各级各类学校和其他教育机构中专门从事教育教学工作的教师。”丁某在民办学校专门从事教育教学工作.因而属于《教师法》的适用范围,和公办学校教师一样受《教师法》的保护。《教师法》第七条规定:教师享有按时获取工资报酬,享有国家规定的福利待遇以及寒暑假期的带薪休假。这所学校在寒暑假期间给教师仅发生活费的做法是违反《教师法》规定的,丁某可向学校所在地教育行政部门提出申诉,由教育行政部门责令该学校改正。

【案例启示】 教师作为《教师法》所保障的合法权益的主体,在《教师法》的有效实施中起着不可替代的作用。《教师法》明确规定了教师的申诉权利,使教师对侵犯自己合法权益的行为和现象有权进行理直气壮的抗争。

随堂小练

（单项选择题）某中学规定，教师因休产假不能工作的，其工资由学校扣除用作其他代课教师的代课费用。该学校的做法（　　）。

A. 不合法，侵犯了教师享受国家规定的福利待遇的权利

B. 不合法，代课教师的工资应由学校自筹经费予以保障

C. 合法，学校享有对教师实施奖励或处分的权利

D. 合法，学校享有按照章程进行自主管理的权利

【答案】 A。解析略。

出处：2018 年下半年中学教师资格考试《综合素质》真题。

2. 教师的义务

《教师法》第八条规定，教师应当履行下列义务：

（1）遵守宪法、法律和职业道德，为人师表；

（2）贯彻国家的教育方针，遵守规章制度，执行学校的教学计划，履行教师聘约，完成教育教学工作任务；

（3）对学生进行宪法所确定的基本原则的教育和爱国主义、民族团结的教育，法制教育以及思想品德、文化、科学技术教育，组织、带领学生开展有益的社会活动；

（4）关心、爱护全体学生，尊重学生人格，促进学生在品德、智力、体质等方面全面发展；

（5）制止有害于学生的行为或者其他侵犯学生合法权益的行为，批评和抵制有害于学生健康成长的现象；

（6）不断提高思想政治觉悟和教育教学业务水平。

［新闻速递］

欢迎扫描本章二维码阅读详细新闻：教育部对 8 起违反教师职业行为十项准则典型问题的公开曝光。

法学论坛

黄山某教师涉嫌在别墅有偿补课被查。教师有偿补课一直是社会热议的话题，教师有偿补课究竟违不违法呢？

欢迎扫描本章二维码，进入法学论坛或慕课平台互动交流。

随堂小练

1. (单项选择题)孙老师把没有按时完成作业的学生赶到操场上,让他们在冷风中把作业写完,说要让学生明白学习的艰辛。这说明,孙老师没有做到( )。

A. 关爱学生　　B. 因材施教
C. 廉洁从教　　D. 严谨治学

【答案】 A。

【解析】 关爱学生要求不讽刺、挖苦、歧视学生,不体罚或变相体罚学生。孙老师的行为属于体罚学生,没有做到关爱学生。

出处:2016 年上半年中学教师资格考试《综合素质》真题。

2. (单项选择题)下列关于教师与学生之间法律关系的说法,不正确的是( )。

A. 教育与被教育的关系　　B. 管理与被管理的关系
C. 保护与被保护的关系　　D. 控制与被控制的关系

【答案】 D。

【解析】 《教师法》第七条、第八条规定了教师的权利与义务。教师有教育、管理学生的权利,保护学生的义务。

出处:2016 年下半年中学教师资格考试《综合素质》真题。

(四) 保障教师完成教学任务中有关部门和学校的职责

为保障教师完成教育教学任务,《教师法》第九条规定,各级人民政府、教育行政部门、有关部门、学校和其他教育机构应当履行下列职责:

(1) 提供符合国家安全标准的教育教学设施和设备;

(2) 提供必需的图书、资料及其他教育教学用品;

(3) 对教师在教育教学、科学研究中的创造性工作给以鼓励和帮助;

(4) 支持教师制止有害于学生的行为或者其他侵犯学生合法权益的行为。

随堂小练

(单项选择题)依据《中华人民共和国教师法》,为保障教师完成教学任务,下列有关各级人民政府、教育行政部门、有关部门、学校和其他教育机构应当履行职责的说法,不正确的一项是( )。

A. 提供教育教学设施和设备

B. 提供必需的图书、资料及其他教育教学用品

C. 对教师在教育教学、科学研究中的创造工作给以鼓励和帮助

D. 支持教师制止有害于学生的行为或者其他侵犯学生合法权益的行为

【答案】 A。

【解析】 A项没有对教育设施和设备加定语“符合国家安全标准”，表述不准确。B、C、D三项都符合《中华人民共和国教师法》的规定。

（五）教师的资格和任用

1. 获取教师资格的条件

《教师法》第十条规定，国家实行教师资格制度，获取教师资格的基本条件包括：“中国公民凡遵守宪法和法律，热爱教育事业，具有良好的思想品德，具备本法规定的学历或者经国家教师资格考试合格，有教育教学能力，经认定合格的，可以取得教师资格。”

《教师法》第十一条规定，取得教师资格应当具备的相应学历，并规定“不具备本法规定的教师资格学历的公民，申请获取教师资格，必须通过国家教师资格考试。国家教师资格考试制度由国务院规定。”

2. 教师资格的认定与任用

《教师法》第十三条规定：中小学教师资格由县级以上地方人民政府教育行政部门认定。中等专业学校、技工学校的教师资格由县级以上地方人民政府教育行政部门组织有关主管部门认定。普通高等学校的教师资格由国务院或者省、自治区、直辖市教育行政部门或者由其委托的学校认定。具备本法规定的学历或者经国家教师资格考试合格的公民，要求有关部门认定其教师资格的，有关部门应当依照本法规定的条件予以认定。取得教师资格的人员首次任教时，应当有试用期。

《教师法》第十四条规定：受到剥夺政治权利或者故意犯罪受到有期徒刑以上刑事处罚的，不能取得教师资格；已经取得教师资格的，丧失教师资格。

《教师法》第十五条规定：各级师范学校毕业生，应当按照国家有关规定从事教育教学工作。国家鼓励非师范高等学校毕业生到中小学或者职业学校任教。

随堂小练

（单项选择题）曾受到有期徒刑两年刑事处罚的孙某申请获取教师资格证。下列选项中正确的是（　　）。

A. 刑满之后孙某可以取得教师资格

B. 经培训后孙某可以取得教师资格

C. 五年之后孙某方能取得教师资格

D. 依照法律孙某不能获得教师资格

【答案】 D。

【解析】 依据《中华人民共和国教师法》第十四条的规定，曾受到两年有期徒刑处罚的孙某不能取得教师资格。

出处：2014年下半年中学教师资格考试《综合素质》真题。

（六）教师职务制度和教师聘任制度

《教师法》第十六条与第十七条规定："国家实行教师职务制度，具体办法由国务院规定。""学校和其他教育机构应当逐步实行教师聘任制。教师的聘任应当遵循双方地位平等的原则，由学校和教师签订聘任合同，明确规定双方的权利、义务和责任。实施教师聘任制的步骤、办法由国务院教育行政部门规定。"

法学论坛

由于教师的收入是直接与职称挂钩的，假如可以评上高级职称，收入会更多，身份也会愈加尊贵。所以不少教师都想评上高级职称，可是每年可以评上职称的教师数量非常有限。

你如何规划自己的教师专业生涯？谈谈你对《教师法》教师职务制度和教师聘任制度的修改建议。

欢迎扫描本章二维码，进入"法学论坛"或慕课平台互动交流。

（七）教师的培养和培训

《教师法》第十八条至第二十一条对教师的培养和培训做出了规定。

第十八条：各级人民政府和有关部门应当办好师范教育，并采取措施，鼓励优秀青年进入各级师范学校学习。各级教师进修学校承担培训中小学教师的任务。非师范学校应当承担培养和培训中小学教师的任务。各级师范学校学生享受专业奖学金。

第十九条：各级人民政府教育行政部门、学校主管部门和学校应当制定教师培训规划，对教师进行多种形式的思想政治、业务培训。

第二十条：国家机关、企业事业单位和其他社会组织应当为教师的社会调查和社会实践提供方便，给予协助。

第二十一条：各级人民政府应当采取措施，为少数民族地区和边远贫困地区培养、培训教师。

（八）教师的考核

《教师法》第二十二条至第二十四条对教师的考核做出了规定。

第二十二条规定了教师考核内容：学校或者其他教育机构应当对教师的政治思想、业务水平、工作态度和工作成绩进行考核。教育行政部门对教师的考核工作进行指导、监督。

第二十三条规定了教师考核原则：考核应当客观、公正、准确，充分听取教师本人、其他教师以及学生的意见。

第二十四条规定了教师考核结果：教师考核结果是受聘任教、晋升工资、实施奖惩的依据。

法学论坛

我对《教师法》教师考核的修改建议。

欢迎扫描本章二维码，进入法学论坛或慕课平台互动交流。

随堂小练

（单项选择题）根据《教师法》，学校或者其他教育机构对教师进行考核的内容不包括（　　）。

A. 业务水平　　B. 工作态度　　C. 工作成绩　　D. 工作年限

【答案】 D。

【解析】 关于教师考核，《教师法》明确规定，学校或者其他教育机构应当对教师的政治思想、业务水平、工作态度和工作成绩进行考核，不包括对工作年限的考核。

出处：2012 年上半年中学教师资格考试《综合素质》真题。

（九）教师的待遇

《教师法》第二十五条至第三十二条对教师的待遇做出了规定。

第二十五条：教师的平均工资水平应当不低于或者高于国家公务员的平均工资水平，并逐步提高。建立正常晋级增薪制度，具体办法由国务院规定。

第二十六条：中小学教师和职业学校教师享受教龄津贴和其他津贴，具体办法由国务院教育行政部门会同有关部门制定。

第二十七条：地方各级人民政府对教师以及具有中专以上学历的毕业生到少数民族地区和边远贫困地区从事教育教学工作的，应当予以补贴。

第二十八条：地方各级人民政府和国务院有关部门，对城市教师住房的建设、租赁、出售实行优先、优惠。县、乡两级人民政府应当为农村中小学教师解决住房提供方便。

第二十九条：教师的医疗同当地国家公务员享受同等的待遇；定期对教师进行身体健康检查，并因地制宜安排教师进行休养。医疗机构应当对当地教师的医疗提供方便。

第三十条：教师退休或者退职后，享受国家规定的退休或者退职待遇。县级以上地方人民政府可以适当提高长期从事教育教学工作的中小学退休教师的退休金比例。

第三十一条：各级人民政府应当采取措施，改善国家补助、集体支付工资的中小学教师的待遇，逐步做到在工资收入上与国家支付工资的教师同工同酬，具体办法由地方各级人民政府根据本地区的实际情况规定。

第三十二条：社会力量所办学校的教师的待遇，由举办者自行确定并予以保障。

法学论坛

我对《教师法》教师的待遇的修改建议。

欢迎扫描本章二维码，进入法学论坛或慕课平台互动交流。

（十）教师的奖励

《教师法》第三十三条和第三十四条对教师的奖励做出了规定。

第三十三条：教师在教育教学、培养人才、科学研究、教学改革、学校建设、社会服务、勤工俭学等方面成绩优异的，由所在学校予以表彰、奖励。国务院和地方各级人民政府及其有关部门对有突出贡献的教师，应当予以表彰、奖励。对有重大贡献的教师，依照国家有关规定授予荣誉称号。

第三十四条：国家支持和鼓励社会组织或者个人向依法成立的奖励教师的基金组织捐助资金，对教师进行奖励。

［榜样感召］

走进南通，走进李吉林老师

2011 年，李吉林老师光荣当选为第二届“全国教书育人楷模”。作为新中国培养起来的儿童教育家、全国著名特级教师，李吉林老师为了寻求儿童发展的最佳途径，30 多年如一日，把人生黄金岁月倾注在情境教育的实验与研究中，创立了中国情境教育的理论框架及操作体系，成为我国实施素质教育的重要模式之一。数十年来，李吉林老师一直奋战在教学、研究一线，被称为“学生的贴心人，青年教师的好导师”，她利用业余时间刻苦钻研，撰写数百篇论文，出版了多部专著，先后在全国十多次获奖。

欢迎扫描本章二维码，了解他人眼中的李吉林：《记忆中的李吉林老师》，了解更多关于李吉林老师的故事。

（十一）违反《教师法》的法律责任

《教师法》第三十五条至第三十九条对违反《教师法》的法律责任做出了规定。

1. 侮辱、殴打教师的法律责任

《教师法》第三十五条：侮辱、殴打教师的，根据不同情况，分别给予行政处分或者行政处罚；造成损害的，责令赔偿损失；情节严重，构成犯罪的，依法追究刑事责任。

2. 打击报复教师的法律责任

《教师法》第三十六条：对依法提出申诉、控告、检举的教师进行打击报复的，由其所在单位或者上级机关责令改正；情节严重的，可以根据具体情况给予行政处分。国家工作人员对教师打击报复构成犯罪的，依照刑法第一百四十六条的规定追究刑事责任。

3. 处分或者解聘教师的情形

《教师法》第三十七条：教师有下列情形之一的，由所在学校、其他教育机构或者教育行政部门给予行政处分或者解聘。

(1) 故意不完成教育教学任务给教育教学工作造成损失的；

(2) 体罚学生，经教育不改的；

(3) 品行不良、侮辱学生，影响恶劣的。

教师有前款第(2)项、第(3)项所列情形之一，情节严重，构成犯罪的，依法追究刑事责任。

4. 拖欠教师工资的法律责任

《教师法》第三十八条：地方人民政府对违反本法规定，拖欠教师工资或者侵犯教师其他合法权益的，应当责令其限期改正。违反国家财政制度、财务制度，挪用国家财政用于教育的经费，严重妨碍教育教学工作，拖欠教师工资，损害教师合法权益的，由上级机关责令限期归还被挪用的经费，并对直接责任人员给予行政处分；情节严重，构成犯罪的，依法追究刑事责任。

（十二）教师的法律救济

《教师法》第三十九条：教师对学校或者其他教育机构侵犯其合法权益的，或者对学校或者其他教育机构作出的处理不服的，可以向教育行政部门提出申诉，教育行政部门应当在接到申诉的三十日内，作出处理。教师认为当地人民政府有关行政部门侵犯其根据本法规定享有的权利的，可以向同级人民政府或者上一级人民政府有关部门提出申诉，同级人民政府或者上一级人民政府有关部门应当作出处理。

随堂小练

（单项选择题）被学校行政处分后，张老师认为学校对自己很不公平，依据《中华人民共和国教师法》张老师可以(　　)。

A. 向当地党委提出申诉　　B. 向当地纪检部门提出申诉

C. 向当地法院提出申诉　　D. 向当地教育部门提出申诉

【答案】 D。

【解析】《教师法》第三十九条规定，教师对学校或者其他教育机构作出的处理不服的，可以向教育行政部门提出申诉。

出处：2015 年上半年中学教师资格考试《综合素质》真题。

法学论坛

我对《教师法》法律责任与法律救济的修改建议。

欢迎扫描本章二维码，进入法学论坛或慕课平台互动交流。

第二节 《中小学班主任工作规定》

为了进一步加强中小学班主任工作，发挥班主任在中小学教育中的重要作用，保障班主任的合法权益，全面推进素质教育，教育部于 2009 年 8 月制定了《中小学班主任工作规定》(以下简称《规定》)，并自发布之日起施行。

一、《中小学班主任工作规定》颁布的意义①

一是素质教育的时代呼唤。实施素质教育，首要的是解决培养什么样的人和如何培养人的问题。中小学班主任作为中小学教师队伍的重要组成部分，是班级工作的组织者、班集体建设的指导者、中小学生健康成长的引领者，是中小学思想道德教育的骨干，是加强和改进未成年人思想道德建设，全面实施素质教育的重要力量。

二是内涵发展的必然选择。随着我国经济社会改革的进一步深入，基础教育步入了由全面普及转向更加重视提高质量、由规模发展转向更加注重内涵发展的新时期。经济社会的深刻变化、教育改革的不断深化、中小学生成长的新情况新特点，对中小学班主任工作提出了更高的要求。迫切需要制订更加有效的政策，保障和鼓励中小学教师愿意做班主任，努力做好班主任工作；迫切需要采取更加有力的措施，保障和鼓励班主任有更多的时间和精力了解学生、分析学生学习生活成长情况，以真挚的爱心和科学的方法教育、引导、帮助学生成长进步。《规定》的出台，正是中小学班主任工作适应时代发展的需要。

三是学生成长的现实需要。学校教育是以班集体为单位来进行的，学校教育的各项工作，都跟班主任有关系，班主任既要关心学生的学习状况，教育学生明确学习目的，端正学习态度，掌握正确学习方法，养成良好学习习惯，增强创新意识和学习能力；又要进行有效的班集体管理，保证学校各项教育工作的顺利进行；还要组织学生开展班会、团队会以及各种主题教育活动和文体活动；更要了解每个学生的身体、心理和思想状

① 教育部基础教育一司负责人就《中小学班主任工作规定》答记者问，http://www. law-lib. com，2009－08－24.

况，开展有针对性的教育，做每一位学生人生路上的引路人。对班主任教师而言，做班主任工作和授课一样，都是主业；对学校而言，班主任队伍建设与任课教师队伍建设一样重要。《规定》的出台，对于贯彻党的教育方针，全面推进素质教育，把加强和改进未成年人思想道德建设的各项任务落在实处，具有重要意义。

二、《中小学班主任工作规定》的主要内容

《规定》共七章二十二条。

（一）《规定》强调了班主任在学校中的重要地位

《规定》强调了班主任在学校中的重要地位，使班主任有更多的信心来做班主任工作。《规定》第二条：班主任是中小学日常思想道德教育和学生管理工作的主要实施者，是中小学生健康成长的引领者，班主任要努力成为中小学生的人生导师。班主任是中小学的重要岗位，从事班主任工作是中小学教师的重要职责。教师担任班主任期间应将班主任工作作为主业。

《规定》从班主任的职业发展、职务晋升、参与学校管理、待遇保障、表彰奖励等多个方面强调了班主任在学校教育中的重要地位，充分体现了对班主任工作的尊重和认可，对广大班主任是一个极大的鼓舞和激励，对于稳定班主任队伍、促进班主任专业成长，鼓励广大班主任能长期、深入、细致地开展班主任工作有着积极的意义。《规定》第二十一条要求各地可根据本规定，结合当地实际情况，制定中小学班主任工作的具体实施办法。

随堂小练

（单项选择题）《中小学班主任工作规定》要求把班主任工作（　　）。

A. 当作“主业”　　B. 看作教学工作以外必须完成的任务

C. 看作教学　　D. 看作德育工作

【答案】 A。

【解析】 《规定》第二条中提出班主任工作是学校中的重要岗位，是教师的重要职责，应作为“主业”来看待。

（二）《规定》明确了班主任配备与选聘要求

《规定》第四条：中小学每个班级应当配备一名班主任。

《规定》第五条：班主任由学校从班级任课教师中选聘。聘期由学校确定，担任一个班级的班主任时间一般应连续1学年以上。

《规定》第六条：教师初次担任班主任应接受岗前培训，符合选聘条件后学校方可聘用。

《规定》第七条：选聘班主任应当在教师任职条件的基础上突出考查以下条件：① 作风正派，心理健康，为人师表；② 热爱学生，善于与学生、学生家长及其他任课教

师沟通；③ 爱岗敬业，具有较强的教育引导和组织管理能力。

各级教育行政部门和广大中小学校要依据《规定》，把班主任工作作为学校教育的重要工作来抓。要制订切实可行的办法加强班主任工作，认真做好班主任的选聘工作，应从思想道德素质和业务水平较高，身心健康、乐于奉献的优秀教师中选聘班主任。

（三）《规定》明确了班主任的职责与任务

中小学班主任工作是一项复杂、细致，需要付出爱心、耐心和责任心，对学生健康成长起着重要作用的工作，要求班主任教师具有良好的思想道德品质、较高的教育理论素养和专业知识水平，身心健康、富有人格魅力，善于做思想教育工作。要适应新时期教育工作中出现的变化，及时改进班主任工作，在学校育人工作中发挥更大的作用。依据《规定》班主任要履行如下职责与任务①：

(1) 班主任要坚持育人为本，德育为先的目标导向。《规定》第一条："为进一步推进未成年人思想道德建设，加强中小学班主任工作，充分发挥班主任在教育学生中的重要作用，制定本规定。"《规定》第三条："加强班主任队伍建设是坚持育人为本、德育为先的重要体现。政府有关部门和学校应为班主任开展工作创造有利条件，保障其享有的待遇与权利。"要把学校教育目标落实到班级日常管理工作过程中，切实把德育放在首位，注重学生正确的世界观、人生观、价值观和社会主义荣辱观的培养和形成，培养学生健全、独立的人格；引导学生培养学习兴趣，树立正确的学习目标，促使学生全面协调健康发展。

(2) 班主任要注重公平，面向班集体每一个学生。《规定》第八条要求班主任："全面了解班级内每一个学生，深入分析学生思想、心理、学习、生活状况。关心爱护全体学生，平等对待每一个学生，尊重学生人格。"班主任要关心每一个学生，了解他们的内心世界，根据每个学生的特点，遵循学生的身心发展规律，精心设计相应的教育方案，引导、帮助每一个学生健康成长，要特别注意关注学生中的弱势群体和边缘群体，为每一个学生的终身发展奠定基础。班主任要主动积极建立平等互信的新型师生关系。尊重学生，注重与学生交流沟通的方式，做学生人生路上的良师益友。

(3) 班主任要关心学生的全面发展。《规定》第八条要求班主任："采取多种方式与学生沟通，有针对性地进行思想道德教育，促进学生德智体美全面发展。"坚持以人为本，以学生的全面发展为班主任工作的根本出发点，不仅要关心他们的学习，更要关心他们的思想道德、身体、心理、人格等各方面的发展状况。培养学生各方面的能力，提高学生各方面的素质，发挥学生的个性特长，充分发掘学生的潜能。

(4) 班主任要建立完善班级管理制度。《规定》第九条要求班主任："认真做好班级的日常管理工作，维护班级良好秩序，培养学生的规则意识、责任意识和集体荣誉感，营造民主和谐、团结互助、健康向上的集体氛围。指导班委会和团队工作。"通过建立科学

---

① 教育部基础教育一司负责人就《中小学班主任工作规定》答记者问，http://www.law-lib.com，2009-08-24.

合理的班级日常管理规范，培养学生良好习惯的养成。从小事、细微处着手，积极开展行为规范教育。加强学生自主管理，增进学生民主意识，培养学生独立处理问题的能力。

（5）班主任要积极进行班集体文化建设。《规定》第十条要求班主任："组织、指导开展班会、团队会（日）、文体娱乐、社会实践、春（秋）游等形式多样的班级活动，注重调动学生的积极性和主动性，并做好安全防护工作。"班主任要指导班集体通过开展班会、团队会、各种主题教育活动和丰富多彩的文体活动，丰富学生的生活，弘扬爱国主义、集体主义和民族精神，形成健康向上、积极进取的班风和有特色的班级文化，营造良好的育人环境。班主任要指导和组织学生积极参加社会实践活动。充分开发社区、学校和班级的各种教育资源，组织学生积极参加有益于身心发展和道德养成的各种社会实践活动，增强道德体验，培养学生正确的劳动观念和劳动习惯。

（6）班主任要充分发挥纽带作用。《规定》第十二条要求班主任："经常与任课教师和其他教职员工沟通，主动与学生家长、学生所在社区联系，努力形成教育合力。"积极主动地与其他课程任课教师、少先队、团委、政教处沟通，步调一致，形成合力，充分发挥集体教育的作用。加强与家长的沟通交流，积极建立与家长沟通和交流的有效渠道，实现学校教育和家庭教育的有机结合。加强与社会、社区的联系，善于利用各种资源让学生了解社会，参与社会，适应社会，服务社会。也让全社会都来了解教育、关心教育，支持教育，营造良好社会育人环境。

（7）班主任要大胆创新工作方式。《规定》第十一条要求班主任："组织做好学生的综合素质评价工作，指导学生认真记载成长记录，实事求是地评定学生操行，向学校提出奖惩建议。"班主任要认真做好学生的综合素质评价工作，积极探索建立学生良好行为习惯的动态管理模式和综合考评制度，建立并填好学生成长档案和记录袋。在此基础上，积极探索深化教育改革背景下班主任工作的新特点、新要求，创新班级管理和建设的有效模式。

随堂小练

（单项选择题）下列班主任的做法中，违反了《中小学班主任工作规定》的是（　　）。

A. 全面了解班级内每一个学生，深入分析学生的思想、心理、学习、生活状况

B. 认真做好班级的日常管理工作，维护班级良好秩序，培养学生的规则意识、责任意识和集体荣誉感，营造民主和谐、团结互助、健康向上的集体氛围

C. 组织本班学生自行制定和实施班规，负责收缴学生违规罚款，决定班费开支

D. 组织、指导开展班会、团队会（日）、文体娱乐、社会实践、春（秋）游等形式多样的班级活动，注重调动学生的积极性和主动性，并做好安全防护工作

【答案】 C。

【解析】 学校没有权利进行违规罚款，故选C，其余三项均是《中小学班主任工作规定》规定的班主任的职责与任务。

出处：2011年下半年中学教师资格考试《综合素质》真题。

（四）《规定》明确了班主任的待遇与权利

（1）《规定》明确了班主任工作量，使班主任教师有更多的时间来做班主任工作。《规定》第二条强调了班主任是中小学的重要岗位，从事班主任工作是中小学教师的重要职责。教师担任班主任期间应将班主任工作作为主业。所以，班主任应当把授课和做班主任工作都作为主业，要拿出一半的时间来做班主任工作，来关心每个学生的思想道德状况、身心健康状况及其他各方面的发展状况。

《规定》第十三条：学校在教育管理工作中应充分发挥班主任的骨干作用，注重听取班主任意见。《规定》第十四条：班主任工作量按当地教师标准课时工作量的一半计入教师基本工作量。各地要合理安排班主任的课时工作量，确保班主任做好班级管理工作。

（2）《规定》提高了班主任的经济待遇，使班主任有更多的热情来做班主任工作。长期以来，广大中小学班主任辛勤工作在育人第一线，而享受的班主任津贴标准一直很低，已经远不适应现代经济社会发展的要求。《规定》第十五条要求将"班主任津贴纳入绩效工资管理。在绩效工资分配中要向班主任倾斜。对于班主任承担超课时工作量的，以超课时补贴发放班主任津贴。"

（3）《规定》保证了班主任教育学生的权利，使班主任有更多的空间来做班主任工作。在强调尊重学生、维护学生权利的今天，一些地方和学校也出现了教师特别是班主任不敢管学生、不敢批评教育学生、放任学生的现象。《规定》第十六条："班主任在日常教育教学管理中，有采取适当方式对学生进行批评教育的权利。"该条规定保证和维护了班主任教育学生的合法权利，使班主任在教育学生过程中，在坚持正面教育为主的同时，不再缩手缩脚，可以适当采取批评等方式教育和管理学生。

（五）《规定》明确了班主任的培养与培训

《规定》第十七条：教育行政部门和学校应制订班主任培养培训规划，有组织地开展班主任岗位培训。

《规定》第十八条：教师教育机构应承担班主任培训任务，教育硕士专业学位教育中应设立中小学班主任工作培养方向。

所以，各级教育行政部门和中小学校要依据《规定》，将中小学班主任培训纳入教师教育计划，有组织地开展岗前和岗位培训，定期交流班主任工作经验，组织班主任进行社会考察，提高班主任的政治素质、业务素质、心理素质和工作及研究能力。教师教育机构要承担班主任的培训任务，班主任培训所需经费在教师培训专项经费中列支。教育硕士学位教育中应设立中小学班主任工作培养方向，并优先招收在职优秀班主任。

（六）《规定》明确了班主任的考核与奖惩

《规定》第十九条：教育行政部门建立科学的班主任工作评价体系和奖惩制度。对长期从事班主任工作或在班主任岗位上做出突出贡献的教师定期予以表彰奖励。选拔学校管理干部应优先考虑长期从事班主任工作的优秀班主任。

《规定》第二十条:学校建立班主任工作档案,定期组织对班主任的考核工作。考核结果作为教师聘任、奖励和职务晋升的重要依据。对不能履行班主任职责的,应调离班主任岗位。

所以,各级教育行政部门和中小学校要依据《规定》,完善班主任的奖励制度,将优秀班主任的表彰奖励纳入教师、教育工作者的表彰奖励体系之中,定期表彰优秀班主任。要建立科学的班主任工作评价体系,规范管理,鼓励支持班主任开展工作。应积极发展优秀班主任加入党组织,优秀班主任应列入学校党政后备干部培养范围。要树立一批班主任先进典型和重视班主任工作学校的先进典型,鼓励广大中小学校普遍重视和加强班主任队伍建设,充分发挥班主任在学校教育工作中的重要作用,使班主任成为广大教师踊跃担当的光荣而重要的岗位。①

第三节　《中小学教师违反职业道德行为处理办法》

为深入贯彻习近平新时代中国特色社会主义思想和党的十九大精神,深入贯彻落实全国教育大会精神,扎实推进《中共中央　国务院关于全面深化新时代教师队伍建设改革的意见》的实施,进一步加强师德师风建设,教育部对 2014 年印发的《中小学教师违反职业道德行为处理办法》进行了修订,于 2018 年 11 月 8 日印发《中小学教师违反职业道德行为处理办法(2018 年修订)》(以下简称《办法》)的通知,本办法自发布之日起施行。

一、实施目的与适用对象

《办法》第一条:为规范教师职业行为,保障教师、学生的合法权益,根据《中华人民共和国教育法》《中华人民共和国未成年人保护法》《中华人民共和国教师法》《教师资格条例》和《新时代中小学教师职业行为十项准则》等法律法规和制度规范,制定本办法。

《办法》第二条:本办法所称中小学教师是指普通中小学、中等职业学校(含技工学校)、特殊教育机构、少年宫以及地方教研室、电化教育等机构的教师。前款所称中小学教师包括民办学校教师。

二、处理的种类和期限

《办法》第三条:本办法所称处理包括处分和其他处理。处分包括警告、记过、降低岗位等级或撤职、开除。警告期限为 6 个月,记过期限为 12 个月,降低岗位等级或撤职期限为 24 个月。是中共党员的,同时给予党纪处分。其他处理包括给予批评教育、诫

---

① 教育部基础教育一司负责人就《中小学班主任工作规定》答记者问,http://www.law-lib.com,2009-08-24.

勉谈话、责令检查、通报批评，以及取消在评奖评优、职务晋升、职称评定、岗位聘用、工资晋级、申报人才计划等方面的资格。取消相关资格的处理执行期限不得少于 24 个月。教师涉嫌违法犯罪的，及时移送司法机关依法处理。

三、处理适用的行为(职业行为负面清单)

《办法》第四条：应予处理的教师违反职业道德行为如下：

(1) 在教育教学活动中及其他场合有损害党中央权威、违背党的路线方针政策的言行。

(2) 损害国家利益、社会公共利益，或违背社会公序良俗。

(3) 通过课堂、论坛、讲座、信息网络及其他渠道发表、转发错误观点，或编造散布虚假信息、不良信息。

(4) 违反教学纪律，敷衍教学，或擅自从事影响教育教学本职工作的兼职兼薪行为。

(5) 歧视、侮辱学生，虐待、伤害学生。

(6) 在教育教学活动中遇突发事件、面临危险时，不顾学生安危，擅离职守，自行逃离。

(7) 与学生发生不正当关系，有任何形式的猥亵、性骚扰行为。

(8) 在招生、考试、推优、保送及绩效考核、岗位聘用、职称评聘、评优评奖等工作中徇私舞弊、弄虚作假。

(9) 索要、收受学生及家长财物或参加由学生及家长付费的宴请、旅游、娱乐休闲等活动，向学生推销图书报刊、教辅材料、社会保险或利用家长资源谋取私利。

(10) 组织、参与有偿补课，或为校外培训机构和他人介绍生源、提供相关信息。

(11) 其他违反职业道德的行为。

四、处理原则

《办法》第六条：给予教师处理，应当坚持公平公正、教育与惩处相结合的原则；应当与其违反职业道德行为的性质、情节、危害程度相适应；应当事实清楚、证据确凿、定性准确、处理恰当、程序合法、手续完备。

五、处理权限

《办法》第七条：给予教师处理按照以下权限决定：

(1) 警告和记过处分，公办学校教师由所在学校提出建议，学校主管教育部门决定。民办学校教师由所在学校决定，报主管教育部门备案。

(2) 降低岗位等级或撤职处分，由教师所在学校提出建议，学校主管教育部门决定并报同级人事部门备案。

(3) 开除处分，公办学校教师由所在学校提出建议，学校主管教育部门决定并报同级人事部门备案。民办学校教师或者未纳入人事编制管理的教师由所在学校决定并解除其聘任合同，报主管教育部门备案。

(4) 给予批评教育、诫勉谈话、责令检查、通报批评，以及取消在评奖评优、职务晋升、职称评定、岗位聘用、工资晋级、申报人才计划等方面资格的其他处理，按照管理权限，由教师所在学校或主管部门视其情节轻重作出决定。

六、处理程序

《办法》第五条：学校及学校主管教育部门发现教师存在违反第四条列举行为的，应当及时组织调查核实，视情节轻重给予相应处理。作出处理决定前，应当听取教师的陈述和申辩，听取学生、其他教师、家长委员会或者家长代表意见，并告知教师有要求举行听证的权利。对于拟给予降低岗位等级以上的处分，教师要求听证的，拟作出处理决定的部门应当组织听证。

《办法》第八条：处理决定应当书面通知教师本人并载明认定的事实、理由、依据、期限及申诉途径等内容。

七、救济程序

《办法》第九条：教师不服处理决定的，可以向学校主管教育部门申请复核。对复核结果不服的，可以向学校主管教育部门的上一级行政部门提出申诉。对教师的处理，在期满后根据悔改表现予以延期或解除，处理决定和处理解除决定都应完整存入人事档案及教师管理信息系统。

八、处理运用

《办法》第十条：教师受到处分的，符合《教师资格条例》第十九条规定的，由县级以上教育行政部门依法撤销其教师资格。教师受处分期间暂缓教师资格定期注册。依据《中华人民共和国教师法》第十四条规定丧失教师资格的，不能重新取得教师资格。教师受记过以上处分期间不能参加专业技术职务任职资格评审。

《办法》第十一条：教师被依法判处刑罚的，依据《事业单位工作人员处分暂行规定》给予降低岗位等级或者撤职以上处分。其中，被依法判处有期徒刑以上刑罚的，给予开除处分。教师受到剥夺政治权利或者故意犯罪受到有期徒刑以上刑事处罚的，丧失教师资格。

九、监督与问责

《办法》第十二条：学校及主管教育部门不履行或不正确履行师德师风建设管理职责，有下列情形的，上一级行政部门应当视情节轻重采取约谈、诫勉谈话、通报批评、纪律处分和组织处理等方式严肃追究主要负责人、分管负责人和直接责任人的责任：

(1) 师德师风长效机制建设、日常教育督导不到位；

(2) 师德失范问题排查发现不及时；

(3) 对已发现的师德失范行为处置不力、方式不当或拒不处分、拖延处分、推诿隐瞒的；

(4) 已作出的师德失范行为处理决定落实不到位，师德失范行为整改不彻底；

(5) 多次出现师德失范问题或因师德失范行为引起不良社会影响；

(6) 其他应当问责的失职失责情形。

《办法》第十三条：省级教育行政部门应当结合当地实际情况制定实施细则，并报国务院教育行政部门备案。

思考与练习

1. 试述教师的权利和义务。

2. 结合实际，谈谈你对班主任任职条件要求的理解。

3. 试述《中小学班主任工作规定》明确的班主任职责与任务。

4. 试述《中小学教师违反职业道德行为处理办法(2018 年修订)》规定的应予处理的教师违反职业道德行为。

5. 案例分析。

一位学生在班里丢了 10 元钱，班主任让全班 32 名学生投票选“贼”，结果有 2 名学生入选。当 2 名学生要求拿出证据来，老师举起手中的选票：“这就是证据！”

(1) 班主任的做法对不对？为什么？

(2) 遇到案例中的情形，作为教师的正确做法有哪些？

6. 材料分析。

某市第二十中学有一批复习资料投放阅览室让学生查阅，可是第一天就少了 6 本。有的人主张严肃查处，可是校长却不然，他写了几句话贴出去：“作为校长的首要责任是，要使全校师生明白，二十中人的人格是无价的，然而朋友，你信吗？投放的书少了 6 本。”第二天有人送回了一本，校长又公开写道：“你送回的不仅是一本书，你送回了人格，送回了二十中良好的校风。”第三天，其他 5 本也都送回了。

(1) 根据案情说明这位校长的做法。

(2) 说说该校长的做法对你履行教师或班主任职责与任务的启示。

请扫本章二维码，进入 MOOC 链接或者手机下载 APP：中国大学 MOOC，搜索课程：《教师职业道德与教育政策法规》参阅本章不断更新的内容，完成单元测试题。

第九章 我国关于学生的教育法规解读

学生是在依法成立或国家法律认可的学校及其他教育机构按规定条件具有或取得学籍，并在其中接受教育的公民。基于未成年学生的特殊身份，学校和社会都对未成年学生有着更重的责任。为了充分保护未成年人的合法权益，国家先后颁布了几部专门的法规。《未成年人保护法》《预防未成年人犯罪法》《学生伤害事故处理办法》和《未成年人学校保护规定》等几部法规从不同的角度实现对未成年学生权利的全方位保护。中小学教师务必学习我国关于学生的教育法规。

学习指南

1. 了解本章"学习要求",观看本章"微课视频";
2. 查阅本章课程资源,参与本章深度学习;
3. 欢迎点击"单元测试",测一测本章学习效果。

微信扫一扫

思维导图

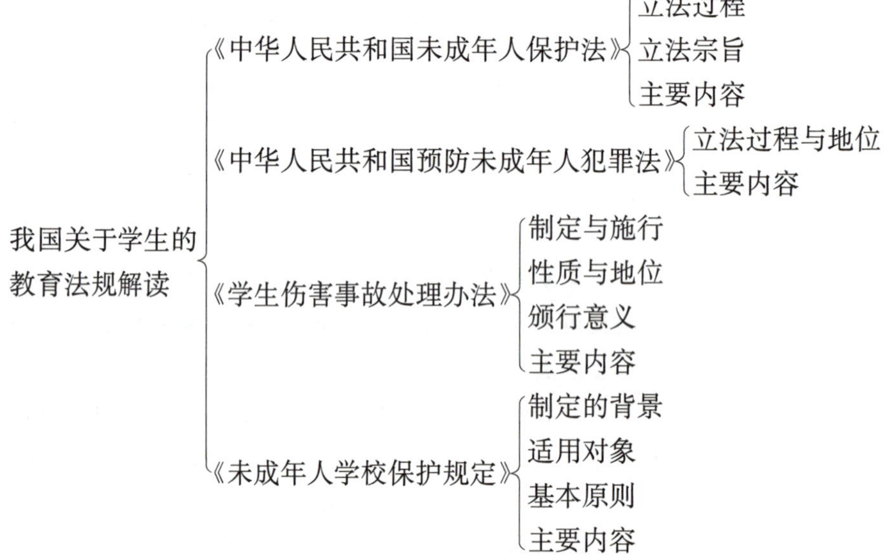

第一节 《中华人民共和国未成年人保护法》

未成年人的身心发育正处于一个由不成熟向成熟的过渡时期,他们的世界观、人生观、价值观等思想体系也正处在形成之中,这个时期非常需要家庭、学校、社会等方面给予特别的关心、爱护、引导与帮助。1992 年我国实施的《未成年人保护法》用法律形式对未成年人权利予以确定,使我国保护未成年人合法权益的事业提到了一个新的高度。

一、《未成年人保护法》的立法过程

《中华人民共和国未成年人保护法》(以下简称《未成年人保护法》)是一部单行的法

律，1991 年 9 月 4 日第七届全国人民代表大会常务委员会第二十一次会议通过，1992 年 1 月 1 日起施行。2006 年 12 月 29 日第十届全国人民代表大会常务委员会第二十五次会议第一次修订通过，自 2007 年 6 月 1 日起施行。2012 年 10 月 26 日第十一届全国人民代表大会常务委员会第二十九次会议通过《全国人民代表大会常务委员会关于修改〈中华人民共和国未成年人保护法〉的决定》修正，自 2013 年 1 月 1 日起施行。2020 年 10 月 17 日，第十三届全国人民代表大会常务委员会第二十二次会议第二次修订《中华人民共和国未成年人保护法》，自 2021 年 6 月 1 日起施行。

二、《未成年人保护法》的立法宗旨

《未成年人保护法》第一条对立法宗旨做出了明确的规定，主要包括三个方面的内容：

(1) 保护未成年人的身心健康；

(2) 保障未成年人的合法权益；

(3) 促进未成年人德智体美劳全面发展，培养有理想、有道德、有文化、有纪律的社会主义建设者和接班人，培养担当民族复兴大任的时代新人。

《未成年人保护法》第二条：本法所称未成年人是指未满十八周岁的公民。

三、《未成年人保护法》的主要内容

《未成年人保护法》分为总则、家庭保护、学校保护、社会保护、网络保护、政府保护、司法保护、法律责任和附则，共九章 132 条。

(一) 未成年人享有的权利

《未成年人保护法》第三条规定：国家保障未成年人的生存权、发展权、受保护权、参与权等权利。未成年人依法平等地享有各项权利，不因本人及其父母或者其他监护人的民族、种族、性别、户籍、职业、宗教信仰、教育程度、家庭状况、身心健康状况等受到歧视。

法学论坛

(1) 我国《宪法》《民法典》等法律规定了我国公民享有哪些权利？

(2) 我国《教育法》等教育法规规定了学生应享有哪些权利？

(3) 国家根据未成年人身心发展特点给予特殊、优先保护，保障未成年人的合法权益不受侵犯。列举学校治理及教师教育教学中的侵权行为，请谈谈作为教师如何防范法律风险？

欢迎扫描本章二维码，进入法学论坛或慕课平台互动交流。

(二) 保护未成年人基本原则

《未成年人保护法》第四条规定:保护未成年人,应当坚持最有利于未成年人的原则。处理涉及未成年人事项,应当符合下列要求:

(1) 给予未成年人特殊、优先保护;

(2) 尊重未成年人人格尊严;

(3) 保护未成年人隐私权和个人信息;

(4) 适应未成年人身心健康发展的规律和特点;

(5) 听取未成年人的意见;

(6) 保护与教育相结合。

(三) 对未成年人教育内容的基本要求

《未成年人保护法》第五条规定:国家、社会、学校和家庭应当对未成年人进行理想教育、道德教育、科学教育、文化教育、法治教育、国家安全教育、健康教育、劳动教育,加强爱国主义、集体主义和中国特色社会主义的教育,培养爱祖国、爱人民、爱劳动、爱科学、爱社会主义的公德,抵制资本主义、封建主义和其他腐朽思想的侵蚀,引导未成年人树立和践行社会主义核心价值观。

[课程思政]

(1) 推荐阅读:扫一扫本章二维码,阅读习近平总书记文章——思政课是落实立德树人根本任务的关键课程。

(2) 教育论坛:习近平总书记强调,要用好课堂教学这个主渠道,各类课程都要与思想政治理论课同向同行,形成协同效应。全面推进课程思政建设是落实立德树人根本任务的战略举措,也是提高人才培养质量的重要任务。结合《未成年人保护法》第五条的规定,欢迎进入教育论坛或慕课平台互动交流:什么是课程思政?为什么要开展课程思政?如何推进课程思政?

《未成年人保护法》第六条至第十四条规定了社会中各主体对未成年人保护的基本要求。《未成年人保护法》第二章到第七章,第十五条至第一百一十六条分别基于家庭保护、学校保护、社会保护、网络保护、政府保护和司法保护提出了具体要求。

(四) 家庭保护

《未成年人保护法》第二章第十五条至第二十四条专门对家庭保护做出了明确的规定。

1. 监护人的监护职责

《未成年人保护法》第七条:未成年人的父母或者其他监护人依法对未成年人承担

监护职责。国家采取措施指导、支持、帮助和监督未成年人的父母或者其他监护人履行监护职责。

《未成年人保护法》第十六条：未成年人的父母或者其他监护人应当履行下列监护职责：

(1) 为未成年人提供生活、健康、安全等方面的保障；

(2) 关注未成年人的生理、心理状况和情感需求；

(3) 教育和引导未成年人遵纪守法、勤俭节约，养成良好的思想品德和行为习惯；

(4) 对未成年人进行安全教育，提高未成年人的自我保护意识和能力；

(5) 尊重未成年人受教育的权利，保障适龄未成年人依法接受并完成义务教育；

(6) 保障未成年人休息、娱乐和体育锻炼的时间，引导未成年人进行有益身心健康的活动；

(7) 妥善管理和保护未成年人的财产；

(8) 依法代理未成年人实施民事法律行为；

(9) 预防和制止未成年人的不良行为和违法犯罪行为，并进行合理管教；

(10) 其他应当履行的监护职责。

[法规链接]

请扫本章二维码，学习《中华人民共和国民法典》(2021 年 1 月 1 日起施行)第一编第二章“自然人”第二节“监护”。

2. 监护人监护行为的负面清单

《未成年人保护法》第十七条：未成年人的父母或者其他监护人不得实施下列行为：

(1) 虐待、遗弃、非法送养未成年人或者对未成年人实施家庭暴力；

(2) 放任、教唆或者利用未成年人实施违法犯罪行为；

(3) 放任、唆使未成年人参与邪教、迷信活动或者接受恐怖主义、分裂主义、极端主义等侵害；

(4) 放任、唆使未成年人吸烟(含电子烟，下同)、饮酒、赌博、流浪乞讨或者欺凌他人；

(5) 放任或者迫使应当接受义务教育的未成年人失学、辍学；

(6) 放任未成年人沉迷网络，接触危害或者可能影响其身心健康的图书、报刊、电影、广播电视节目、音像制品、电子出版物和网络信息等；

(7) 放任未成年人进入营业性娱乐场所、酒吧、互联网上网服务营业场所等不适宜未成年人活动的场所；

(8) 允许或者迫使未成年人从事国家规定以外的劳动；

(9) 允许、迫使未成年人结婚或者为未成年人订立婚约；

(10) 违法处分、侵吞未成年人的财产或者利用未成年人牟取不正当利益；

(11) 其他侵犯未成年人身心健康、财产权益或者不依法履行未成年人保护义务的行为。

3. 监护人学习家庭教育的义务

《未成年人保护法》第十五条：未成年人的父母或者其他监护人应当学习家庭教育知识，接受家庭教育指导，创造良好、和睦、文明的家庭环境。共同生活的其他成年家庭成员应当协助未成年人的父母或者其他监护人抚养、教育和保护未成年人。

法学论坛

谈谈您对《家庭教育法》立法的重要性和必要性的认识及立法建议。有人建议立法中要明确：必须获得“家庭教育”合格证书，才可以生孩子。对此您有何看法？

欢迎扫描本章二维码，进入法学论坛或慕课平台互动交流。

4. 监护人对未成年人的安全保护义务

《未成年人保护法》第十八条：未成年人的父母或者其他监护人应当为未成年人提供安全的家庭生活环境，及时排除引发触电、烫伤、跌落等伤害的安全隐患；采取配备儿童安全座椅、教育未成年人遵守交通规则等措施，防止未成年人受到交通事故的伤害；提高户外安全保护意识，避免未成年人发生溺水、动物伤害等事故。

5. 监护人听取未成年人意见的义务

《未成年人保护法》第十九条：未成年人的父母或者其他监护人应当根据未成年人的年龄和智力发展状况，在作出与未成年人权益有关的决定前，听取未成年人的意见，充分考虑其真实意愿。

6. 监护人制止对未成年人不法侵害的义务

《未成年人保护法》第二十条：未成年人的父母或者其他监护人发现未成年人身心健康受到侵害、疑似受到侵害或者其他合法权益受到侵犯的，应当及时了解情况并采取保护措施；情况严重的，应当立即向公安、民政、教育等部门报告。

7. 监护人不得使未成年人处于无人看护状态的义务

《未成年人保护法》第二十一条：未成年人的父母或者其他监护人不得使未满八周岁或者由于身体、心理原因需要特别照顾的未成年人处于无人看护状态，或者将其交由无民事行为能力、限制民事行为能力、患有严重传染性疾病或者其他不适宜的人员临时照护。未成年人的父母或者其他监护人不得使未满十六周岁的未成年人脱离监护单独生活。

8. 外出务工的监护人对未成年人的义务

《未成年人保护法》第二十二条：未成年人的父母或者其他监护人因外出务工等原

因在一定期限内不能完全履行监护职责的，应当委托具有照护能力的完全民事行为能力人代为照护；无正当理由的，不得委托他人代为照护。未成年人的父母或者其他监护人在确定被委托人时，应当综合考虑其道德品质、家庭状况、身心健康状况、与未成年人生活情感上的联系等情况，并听取有表达意愿能力未成年人的意见。具有下列情形之一的，不得作为被委托人：

(1) 曾实施性侵害、虐待、遗弃、拐卖、暴力伤害等违法犯罪行为；

(2) 有吸毒、酗酒、赌博等恶习；

(3) 曾拒不履行或者长期怠于履行监护、照护职责；

(4) 其他不适宜担任被委托人的情形。

《未成年人保护法》第二十三条：未成年人的父母或者其他监护人应当及时将委托照护情况书面告知未成年人所在学校、幼儿园和实际居住地的居民委员会、村民委员会，加强和未成年人所在学校、幼儿园的沟通；与未成年人、被委托人至少每周联系和交流一次，了解未成年人的生活、学习、心理等情况，并给予未成年人亲情关爱。未成年人的父母或者其他监护人接到被委托人、居民委员会、村民委员会、学校、幼儿园等关于未成年人心理、行为异常的通知后，应当及时采取干预措施。

9. 离婚的监护人对未成年人的义务

《未成年人保护法》第二十四条：未成年人的父母离婚时，应当妥善处理未成年子女的抚养、教育、探望、财产等事宜，听取有表达意愿能力未成年人的意见。不得以抢夺、藏匿未成年子女等方式争夺抚养权。未成年人的父母离婚后，不直接抚养未成年子女的一方应当依照协议、人民法院判决或者调解确定的时间和方式，在不影响未成年人学习、生活的情况下探望未成年子女，直接抚养的一方应当配合，但被人民法院依法中止探望权的除外。

（五）学校保护

《未成年人保护法》第三章第二十五条至第四十一条专门对学校保护做出了明确的规定。

1. 学校应当全面贯彻教育方针，健全保护机制

《未成年人保护法》第二十五条：学校应当全面贯彻国家教育方针，坚持立德树人，实施素质教育，提高教育质量，注重培养未成年学生认知能力、合作能力、创新能力和实践能力，促进未成年学生全面发展。学校应当建立未成年学生保护工作制度，健全学生行为规范，培养未成年学生遵纪守法的良好行为习惯。

2. 幼儿园应当做好保育、教育工作

《未成年人保护法》第二十六条：幼儿园应当做好保育、教育工作，遵循幼儿身心发展规律，实施启蒙教育，促进幼儿在体质、智力、品德等方面和谐发展。

3. 学校、幼儿园的教职员工应当尊重未成年人人格尊严

《未成年人保护法》第二十七条：学校、幼儿园的教职员工应当尊重未成年人人格尊

严，不得对未成年人实施体罚、变相体罚或者其他侮辱人格尊严的行为。

4. 学校应当保障未成年学生受教育的权利

《未成年人保护法》第二十八条：学校应当保障未成年学生受教育的权利，不得违反国家规定开除、变相开除未成年学生。

学校应当对尚未完成义务教育的辍学未成年学生进行登记并劝返复学；劝返无效的，应当及时向教育行政部门书面报告。

5. 学校不得歧视学生

《未成年人保护法》第二十九条：学校应当关心、爱护未成年学生，不得因家庭、身体、心理、学习能力等情况歧视学生。对家庭困难、身心有障碍的学生，应当提供关爱；对行为异常、学习有困难的学生，应当耐心帮助。

学校应当配合政府有关部门建立留守未成年学生、困境未成年学生的信息档案，开展关爱帮扶工作。

随堂小练

（单项选择题）中学生熊某曾经偷拿过同学的财物，班主任总是以此为由，不让他参加班级活动，该班主任的做法（　　）。

A. 正确，可以督促学生改正错误　　B. 不正确，不得歧视犯错误学生

C. 正确，班主任有管理学生的权利　　D. 不正确，侵犯了熊某的名誉权

【答案】 B。

【解析】 依据《未成年人保护法》第二十九条，中学生熊某的班主任不应歧视学生，故本题选 B。

出处：2019 年下半年中学教师资格考试《综合素质》真题。

6. 学校应当根据未成年学生身心发展特点实施教育指导

《未成年人保护法》第三十条：学校应当根据未成年学生身心发展特点，进行社会生活指导、心理健康辅导、青春期教育和生命教育。

7. 学校应当重视未成年学生的劳动教育

《未成年人保护法》第三十一条：学校应当组织未成年学生参加与其年龄相适应的日常生活劳动、生产劳动和服务性劳动，帮助未成年学生掌握必要的劳动知识和技能，养成良好的劳动习惯。

8. 学校、幼儿园应当开展勤俭节约等教育活动

《未成年人保护法》第三十二条：学校、幼儿园应当开展勤俭节约、反对浪费、珍惜粮食、文明饮食等宣传教育活动，帮助未成年人树立浪费可耻、节约为荣的意识，养成文明健康、绿色环保的生活习惯。

9. 学校应当合理安排未成年学生的学习时间

《未成年人保护法》第三十三条:学校应当与未成年学生的父母或者其他监护人互相配合,合理安排未成年学生的学习时间,保障其休息、娱乐和体育锻炼的时间。

学校不得占用国家法定节假日、休息日及寒暑假期,组织义务教育阶段的未成年学生集体补课,加重其学习负担。

10. 幼儿园、校外培训机构不得对学龄前未成年人进行小学课程教育

《未成年人保护法》第三十三条第三款:幼儿园、校外培训机构不得对学龄前未成年人进行小学课程教育。

11. 学校、幼儿园应当做好卫生保健工作

《未成年人保护法》第三十四条:学校、幼儿园应当提供必要的卫生保健条件,协助卫生健康部门做好在校、在园未成年人的卫生保健工作。

12. 学校、幼儿园应当建立安全管理制度进行安全教育

《未成年人保护法》第三十五条:学校、幼儿园应当建立安全管理制度,对未成年人进行安全教育,完善安保设施、配备安保人员,保障未成年人在校、在园期间的人身和财产安全。

学校、幼儿园不得在危及未成年人人身安全、身心健康的校舍和其他设施、场所中进行教育教学活动。

学校、幼儿园安排未成年人参加文化娱乐、社会实践等集体活动,应当保护未成年人的身心健康,防止发生人身伤害事故。

13. 学校、幼儿园应当建立健全校车安全管理制度

《未成年人保护法》第三十六条:使用校车的学校、幼儿园应当建立健全校车安全管理制度,配备安全管理人员,定期对校车进行安全检查,对校车驾驶人进行安全教育,并向未成年人讲解校车安全乘坐知识,培养未成年人校车安全事故应急处理技能。

14. 学校、幼儿园应当制定应急预案并定期演练

《未成年人保护法》第三十七条:学校、幼儿园应当根据需要,制定应对自然灾害、事故灾难、公共卫生事件等突发事件和意外伤害的预案,配备相应设施并定期进行必要的演练。

未成年人在校内、园内或者本校、本园组织的校外、园外活动中发生人身伤害事故的,学校、幼儿园应当立即救护,妥善处理,及时通知未成年人的父母或者其他监护人,并向有关部门报告。

15. 学校、幼儿园不得安排未成年人参加商业性活动

《未成年人保护法》第三十八条:学校、幼儿园不得安排未成年人参加商业性活动,不得向未成年人及其父母或者其他监护人推销或者要求其购买指定的商品和服务。

学校、幼儿园不得与校外培训机构合作为未成年人提供有偿课程辅导。

16. 学校应当建立学生欺凌防控工作机制

《未成年人保护法》第三十九条：学校应当建立学生欺凌防控工作制度，对教职员工、学生等开展防治学生欺凌的教育和培训。

学校对学生欺凌行为应当立即制止，通知实施欺凌和被欺凌未成年学生的父母或者其他监护人参与欺凌行为的认定和处理；对相关未成年学生及时给予心理辅导、教育和引导；对相关未成年学生的父母或者其他监护人给予必要的家庭教育指导。

对实施欺凌的未成年学生，学校应当根据欺凌行为的性质和程度，依法加强管教。对严重的欺凌行为，学校不得隐瞒，应当及时向公安机关、教育行政部门报告，并配合相关部门依法处理。

17. 学校、幼儿园应当建立预防性侵害、性骚扰未成年人工作制度

《未成年人保护法》第四十条：学校、幼儿园应当建立预防性侵害、性骚扰未成年人工作制度。对性侵害、性骚扰未成年人等违法犯罪行为，学校、幼儿园不得隐瞒，应当及时向公安机关、教育行政部门报告，并配合相关部门依法处理。

学校、幼儿园应当对未成年人开展适合其年龄的性教育，提高未成年人防范性侵害、性骚扰的自我保护意识和能力。对遭受性侵害、性骚扰的未成年人，学校、幼儿园应当及时采取相关的保护措施。

18. 其他教育机构的未成年人保护工作

《未成年人保护法》第四十一条：婴幼儿照护服务机构、早期教育服务机构、校外培训机构、校外托管机构等应当参照本章有关规定，根据不同年龄阶段未成年人的成长特点和规律，做好未成年人保护工作。

[研究项目]

请扫描本章二维码，结合法规文件《民法典》《未成年人保护法》和《未成年人学校保护规定》，欢迎选择“学生权利的学校保护”的子项目研究

(六) 社会保护

未成年人保护工作是一种系统工程，它不仅涉及家庭、学校，更涉及社会这一大环境。《未成年人保护法》第四章第四十二条至第六十三条专门对社会保护做出了明确的规定。

1. 全社会应当树立关心、爱护未成年人的良好风尚

《未成年人保护法》第六条规定：保护未成年人，是国家机关、武装力量、政党、人民团体、企业事业单位、社会组织、城乡基层群众性自治组织、未成年人的监护人以及其他成年人的共同责任。

《未成年人保护法》第四十二条：全社会应当树立关心、爱护未成年人的良好风尚。

国家鼓励、支持和引导人民团体、企业事业单位、社会组织以及其他组织和个人，开展有利于未成年人健康成长的社会活动和服务。

2. 居民委员会、村民委员会的未成年人保护职责

《未成年人保护法》第四十三条：居民委员会、村民委员会应当设置专人专岗负责未成年人保护工作，协助政府有关部门宣传未成年人保护方面的法律法规，指导、帮助和监督未成年人的父母或者其他监护人依法履行监护职责，建立留守未成年人、困境未成年人的信息档案并给予关爱帮扶。

居民委员会、村民委员会应当协助政府有关部门监督未成年人委托照护情况，发现被委托人缺乏照护能力、怠于履行照护职责等情况，应当及时向政府有关部门报告，并告知未成年人的父母或者其他监护人，帮助、督促被委托人履行照护职责。

3. 对未成年人免费或者优惠场所

《未成年人保护法》第四十四条：爱国主义教育基地、图书馆、青少年宫、儿童活动中心、儿童之家应当对未成年人免费开放；博物馆、纪念馆、科技馆、展览馆、美术馆、文化馆、社区公益性互联网上网服务场所以及影剧院、体育场馆、动物园、植物园、公园等场所，应当按照有关规定对未成年人免费或者优惠开放。

国家鼓励爱国主义教育基地、博物馆、科技馆、美术馆等公共场馆开设未成年人专场，为未成年人提供有针对性的服务。

国家鼓励国家机关、企业事业单位、部队等开发自身教育资源，设立未成年人开放日，为未成年人主题教育、社会实践、职业体验等提供支持。

国家鼓励科研机构和科技类社会组织对未成年人开展科学普及活动。

《未成年人保护法》第四十五条：城市公共交通以及公路、铁路、水路、航空客运等应当按照有关规定对未成年人实施免费或者优惠票价。

《未成年人保护法》第四十六条：国家鼓励大型公共场所、公共交通工具、旅游景区景点等设置母婴室、婴儿护理台以及方便幼儿使用的坐便器、洗手台等卫生设施，为未成年人提供便利。

《未成年人保护法》第四十七条：任何组织或者个人不得违反有关规定，限制未成年人应当享有的照顾或者优惠。

4. 社会媒体的未成年人保护职责

《未成年人保护法》第四十八条：国家鼓励创作、出版、制作和传播有利于未成年人健康成长的图书、报刊、电影、广播电视节目、舞台艺术作品、音像制品、电子出版物和网络信息等。

《未成年人保护法》第四十九条：新闻媒体应当加强未成年人保护方面的宣传，对侵犯未成年人合法权益的行为进行舆论监督。新闻媒体采访报道涉及未成年人事件应当客观、审慎和适度，不得侵犯未成年人的名誉、隐私和其他合法权益。

《未成年人保护法》第五十条：禁止制作、复制、出版、发布、传播含有宣扬淫秽、色情、暴力、邪教、迷信、赌博、引诱自杀、恐怖主义、分裂主义、极端主义等危害未成年人身

心健康内容的图书、报刊、电影、广播电视节目、舞台艺术作品、音像制品、电子出版物和网络信息等。

《未成年人保护法》第五十一条：任何组织或者个人出版、发布、传播的图书、报刊、电影、广播电视节目、舞台艺术作品、音像制品、电子出版物或者网络信息，包含可能影响未成年人身心健康内容的，应当以显著方式作出提示。

《未成年人保护法》第五十二条：禁止制作、复制、发布、传播或者持有有关未成年人的淫秽色情物品和网络信息。

《未成年人保护法》第五十三条：任何组织或者个人不得刊登、播放、张贴或者散发含有危害未成年人身心健康内容的广告；不得在学校、幼儿园播放、张贴或者散发商业广告；不得利用校服、教材等发布或者变相发布商业广告。

5. 禁止侵害未成年人

《未成年人保护法》第五十四条：禁止拐卖、绑架、虐待、非法收养未成年人，禁止对未成年人实施性侵害、性骚扰。

禁止胁迫、引诱、教唆未成年人参加黑社会性质组织或者从事违法犯罪活动。

禁止胁迫、诱骗、利用未成年人乞讨。

6. 社会对未成年人的安全保护

《未成年人保护法》第五十五条：生产、销售用于未成年人的食品、药品、玩具、用具和游戏游艺设备、游乐设施等，应当符合国家或者行业标准，不得危害未成年人的人身安全和身心健康。上述产品的生产者应当在显著位置标明注意事项，未标明注意事项的不得销售。

《未成年人保护法》第五十六条：未成年人集中活动的公共场所应当符合国家或者行业安全标准，并采取相应安全保护措施。对可能存在安全风险的设施，应当定期进行维护，在显著位置设置安全警示标志并标明适龄范围和注意事项；必要时应当安排专门人员看管。

大型的商场、超市、医院、图书馆、博物馆、科技馆、游乐场、车站、码头、机场、旅游景区景点等场所运营单位应当设置搜寻走失未成年人的安全警报系统。场所运营单位接到求助后，应当立即启动安全警报系统，组织人员进行搜寻并向公安机关报告。

公共场所发生突发事件时，应当优先救护未成年人。

《未成年人保护法》第五十七条：旅馆、宾馆、酒店等住宿经营者接待未成年人入住，或者接待未成年人和成年人共同入住时，应当询问父母或者其他监护人的联系方式、入住人员的身份关系等有关情况；发现有违法犯罪嫌疑的，应当立即向公安机关报告，并及时联系未成年人的父母或者其他监护人。

7. 学校、幼儿园周边安全保护

《未成年人保护法》第五十八条：学校、幼儿园周边不得设置营业性娱乐场所、酒吧、互联网上网服务营业场所等不适宜未成年人活动的场所。营业性歌舞娱乐场所、酒吧、互联网上网服务营业场所等不适宜未成年人活动场所的经营者，不得允许未成年人进

人;游艺娱乐场所设置的电子游戏设备,除国家法定节假日外,不得向未成年人提供。经营者应当在显著位置设置未成年人禁入、限入标志;对难以判明是否是未成年人的,应当要求其出示身份证件。

《未成年人保护法》第五十九条:学校、幼儿园周边不得设置烟、酒、彩票销售网点。禁止向未成年人销售烟、酒、彩票或者兑付彩票奖金。烟、酒和彩票经营者应当在显著位置设置不向未成年人销售烟、酒或者彩票的标志;对难以判明是否是未成年人的,应当要求其出示身份证件。

任何人不得在学校、幼儿园和其他未成年人集中活动的公共场所吸烟、饮酒。

《未成年人保护法》第六十条:禁止向未成年人提供、销售管制刀具或者其他可能致人严重伤害的器具等物品。经营者难以判明购买者是否是未成年人的,应当要求其出示身份证件。

随堂小练

(单项选择题)14岁的初中生崔某借爸爸的名义买烟,扫码支付后,烟酒店老板王某给了崔某一包烟。王某的行为(　　)。

A. 合法,因为王某有经营自主权

B. 合法,因为崔某说是替父亲买的

C. 不合法,任何经营场所不得向未成年人出售烟酒

D. 不合法,如果是高中生购买就可以向其出售烟酒

【答案】 C。

【解析】 详见《未成年人保护法》第五十九条规定。

出处:2021年上半年中学教师资格考试《综合素质》真题。

8. 禁止违法招用未成年人

《未成年人保护法》第六十一条:任何组织或者个人不得招用未满十六周岁未成年人,国家另有规定的除外。

营业性娱乐场所、酒吧、互联网上网服务营业场所等不适宜未成年人活动的场所不得招用已满十六周岁的未成年人。

招用已满十六周岁未成年人的单位和个人应当执行国家在工种、劳动时间、劳动强度和保护措施等方面的规定,不得安排其从事过重、有毒、有害等危害未成年人身心健康的劳动或者危险作业。

任何组织或者个人不得组织未成年人进行危害其身心健康的表演等活动。经未成年人的父母或者其他监护人同意,未成年人参与演出、节目制作等活动,活动组织方应当根据国家有关规定,保障未成年人合法权益。

9. 密切接触未成年人的单位应当慎用工作人员

《未成年人保护法》第六十二条:密切接触未成年人的单位招聘工作人员时,应当向

公安机关、人民检察院查询应聘者是否具有性侵害、虐待、拐卖、暴力伤害等违法犯罪记录;发现其具有前述行为记录的,不得录用。

密切接触未成年人的单位应当每年定期对工作人员是否具有上述违法犯罪记录进行查询。通过查询或者其他方式发现其工作人员具有上述行为的,应当及时解聘。

10. 未成年人的通讯保护

《未成年人保护法》第六十三条:任何组织或者个人不得隐匿、毁弃、非法删除未成年人的信件、日记、电子邮件或者其他网络通讯内容。

除下列情形外,任何组织或者个人不得开拆、查阅未成年人的信件、日记、电子邮件或者其他网络通讯内容:

(1) 无民事行为能力未成年人的父母或者其他监护人代未成年人开拆、查阅;

(2) 因国家安全或者追查刑事犯罪依法进行检查;

(3) 紧急情况下为了保护未成年人本人的人身安全。

(七) 网络保护

《未成年人保护法》第五章第六十四条至第八十条专门对网络保护做出了明确的规定。

1. 应当加强未成年人网络素养宣传教育

《未成年人保护法》第六十四条:国家、社会、学校和家庭应当加强未成年人网络素养宣传教育,培养和提高未成年人的网络素养,增强未成年人科学、文明、安全、合理使用网络的意识和能力,保障未成年人在网络空间的合法权益。

2. 鼓励和支持有利于未成年人健康成长的网络作品

《未成年人保护法》第六十五条:国家鼓励和支持有利于未成年人健康成长的网络内容的创作与传播,鼓励和支持专门以未成年人为服务对象、适合未成年人身心健康特点的网络技术、产品、服务的研发、生产和使用。

3. 有关部门应当加强对未成年人网络保护工作的监督检查

《未成年人保护法》第六十六条:网信部门及其他有关部门应当加强对未成年人网络保护工作的监督检查,依法惩处利用网络从事危害未成年人身心健康的活动,为未成年人提供安全、健康的网络环境。

《未成年人保护法》第六十七条:网信部门会同公安、文化和旅游、新闻出版、电影、广播电视等部门根据保护不同年龄阶段未成年人的需要,确定可能影响未成年人身心健康网络信息的种类、范围和判断标准。

《未成年人保护法》第六十八条:新闻出版、教育、卫生健康、文化和旅游、网信等部门应当定期开展预防未成年人沉迷网络的宣传教育,监督网络产品和服务提供者履行预防未成年人沉迷网络的义务,指导家庭、学校、社会组织互相配合,采取科学、合理的方式对未成年人沉迷网络进行预防和干预。

任何组织或者个人不得以侵害未成年人身心健康的方式对未成年人沉迷网络进行干预。

4. 未成年人网络保护的学校职责

《未成年人保护法》第六十九条：学校、社区、图书馆、文化馆、青少年宫等场所为未成年人提供的互联网上网服务设施，应当安装未成年人网络保护软件或者采取其他安全保护技术措施。

智能终端产品的制造者、销售者应当在产品上安装未成年人网络保护软件，或者以显著方式告知用户未成年人网络保护软件的安装渠道和方法。

《未成年人保护法》第七十条：学校应当合理使用网络开展教学活动。未经学校允许，未成年学生不得将手机等智能终端产品带入课堂，带入学校的应当统一管理。

学校发现未成年学生沉迷网络的，应当及时告知其父母或者其他监护人，共同对未成年学生进行教育和引导，帮助其恢复正常的学习生活。

5. 未成年人网络保护的监护人职责

《未成年人保护法》第七十一条：未成年人的父母或者其他监护人应当提高网络素养，规范自身使用网络的行为，加强对未成年人使用网络行为的引导和监督。

未成年人的父母或者其他监护人应当通过在智能终端产品上安装未成年人网络保护软件、选择适合未成年人的服务模式和管理功能等方式，避免未成年人接触危害或者可能影响其身心健康的网络信息，合理安排未成年人使用网络的时间，有效预防未成年人沉迷网络。

6. 未成年人网络保护的信息处理者职责

《未成年人保护法》第七十二条：信息处理者通过网络处理未成年人个人信息的，应当遵循合法、正当和必要的原则。处理不满十四周岁未成年人个人信息的，应当征得未成年人的父母或者其他监护人同意，但法律、行政法规另有规定的除外。

未成年人、父母或者其他监护人要求信息处理者更正、删除未成年人个人信息的，信息处理者应当及时采取措施予以更正、删除，但法律、行政法规另有规定的除外。

7. 未成年人网络保护的网络游戏服务提供者职责

《未成年人保护法》第七十五条：网络游戏经依法审批后方可运营。

国家建立统一的未成年人网络游戏电子身份认证系统。网络游戏服务提供者应当要求未成年人以真实身份信息注册并登录网络游戏。

网络游戏服务提供者应当按照国家有关规定和标准，对游戏产品进行分类，作出适龄提示，并采取技术措施，不得让未成年人接触不适宜的游戏或者游戏功能。

网络游戏服务提供者不得在每日二十二时至次日八时向未成年人提供网络游戏服务。

8. 为未成年人提供网络直播的要求

《未成年人保护法》第七十六条：网络直播服务提供者不得为未满十六周岁的未成年人提供网络直播发布者账号注册服务；为年满十六周岁的未成年人提供网络直播发布者账号注册服务时，应当对其身份信息进行认证，并征得其父母或者其他监护人同意。

9. 遭受网络欺凌的未成年人保护

《未成年人保护法》第七十七条:任何组织或者个人不得通过网络以文字、图片、音视频等形式,对未成年人实施侮辱、诽谤、威胁或者恶意损害形象等网络欺凌行为。

遭受网络欺凌的未成年人及其父母或者其他监护人有权通知网络服务提供者采取删除、屏蔽、断开链接等措施。网络服务提供者接到通知后,应当及时采取必要的措施制止网络欺凌行为,防止信息扩散。

10. 网络产品和服务提供者的未成年人保护职责

《未成年人保护法》第七十三条:网络服务提供者发现未成年人通过网络发布私密信息的,应当及时提示,并采取必要的保护措施。

《未成年人保护法》第七十四条:网络产品和服务提供者不得向未成年人提供诱导其沉迷的产品和服务。

网络游戏、网络直播、网络音视频、网络社交等网络服务提供者应当针对未成年人使用其服务设置相应的时间管理、权限管理、消费管理等功能。

以未成年人为服务对象的在线教育网络产品和服务,不得插入网络游戏链接,不得推送广告等与教学无关的信息。

《未成年人保护法》第七十八条:网络产品和服务提供者应当建立便捷、合理、有效的投诉和举报渠道,公开投诉、举报方式等信息,及时受理并处理涉及未成年人的投诉、举报。

《未成年人保护法》第七十九条:任何组织或者个人发现网络产品、服务含有危害未成年人身心健康的信息,有权向网络产品和服务提供者或者网信、公安等部门投诉、举报。

《未成年人保护法》第八十条:网络服务提供者发现用户发布、传播可能影响未成年人身心健康的信息且未作显著提示的,应当作出提示或者通知用户予以提示;未作出提示的,不得传输相关信息。

网络服务提供者发现用户发布、传播含有危害未成年人身心健康内容的信息的,应当立即停止传输相关信息,采取删除、屏蔽、断开链接等处置措施,保存有关记录,并向网信、公安等部门报告。

网络服务提供者发现用户利用其网络服务对未成年人实施违法犯罪行为的,应当立即停止向该用户提供网络服务,保存有关记录,并向公安机关报告。

(八) 政府保护

《未成年人保护法》第六章第八十一条至第九十九条专门对政府保护做出了明确的规定。

1. 各级政府应当设立未成年人保护的专门机构或专门人员

《未成年人保护法》第八十一条:县级以上人民政府承担未成年人保护协调机制具体工作的职能部门应当明确相关内设机构或者专门人员,负责承担未成年人保护工作。

乡镇人民政府和街道办事处应当设立未成年人保护工作站或者指定专门人员，及时办理未成年人相关事务；支持、指导居民委员会、村民委员会设立专人专岗，做好未成年人保护工作。

2. 各级人民政府应当将家庭教育指导服务纳入城乡公共服务体系

《未成年人保护法》第八十二条：各级人民政府应当将家庭教育指导服务纳入城乡公共服务体系，开展家庭教育知识宣传，鼓励和支持有关人民团体、企业事业单位、社会组织开展家庭教育指导服务。

3. 各级人民政府应当保障未成年人受教育的权利

《未成年人保护法》第八十三条：各级人民政府应当保障未成年人受教育的权利，并采取措施保障留守未成年人、困境未成年人、残疾未成年人接受义务教育。

对尚未完成义务教育的辍学未成年学生，教育行政部门应当责令父母或者其他监护人将其送入学校接受义务教育。

《未成年人保护法》第八十四条：各级人民政府应当发展托育、学前教育事业，办好婴幼儿照护服务机构、幼儿园，支持社会力量依法兴办母婴室、婴幼儿照护服务机构、幼儿园。

县级以上地方人民政府及其有关部门应当培养和培训婴幼儿照护服务机构、幼儿园的保教人员，提高其职业道德素质和业务能力。

《未成年人保护法》第八十五条：各级人民政府应当发展职业教育，保障未成年人接受职业教育或者职业技能培训，鼓励和支持人民团体、企业事业单位、社会组织为未成年人提供职业技能培训服务。

《未成年人保护法》第八十六条：各级人民政府应当保障具有接受普通教育能力、能适应校园生活的残疾未成年人就近在普通学校、幼儿园接受教育；保障不具有接受普通教育能力的残疾未成年人在特殊教育学校、幼儿园接受学前教育、义务教育和职业教育。

各级人民政府应当保障特殊教育学校、幼儿园的办学、办园条件，鼓励和支持社会力量举办特殊教育学校、幼儿园。

4. 地方人民政府及其有关部门应当保障校园安全

《未成年人保护法》第八十七条：地方人民政府及其有关部门应当保障校园安全，监督、指导学校、幼儿园等单位落实校园安全责任，建立突发事件的报告、处置和协调机制。

《未成年人保护法》第八十八条：公安机关和其他有关部门应当依法维护校园周边的治安和交通秩序，设置监控设备和交通安全设施，预防和制止侵害未成年人的违法犯罪行为。

《未成年人保护法》第八十九条：地方人民政府应当建立和改善适合未成年人的活动场所和设施，支持公益性未成年人活动场所和设施的建设和运行，鼓励社会力量兴办适合未成年人的活动场所和设施，并加强管理。

地方人民政府应当采取措施，鼓励和支持学校在国家法定节假日、休息日及寒暑假期将文化体育设施对未成年人免费或者优惠开放。

地方人民政府应当采取措施，防止任何组织或者个人侵占、破坏学校、幼儿园、婴幼儿照护服务机构等未成年人活动场所的场地、房屋和设施。

5. 各级人民政府及其有关部门对未成年人的卫生保健职责

《未成年人保护法》第九十条：各级人民政府及其有关部门应当对未成年人进行卫生保健和营养指导，提供卫生保健服务。

卫生健康部门应当依法对未成年人的疫苗预防接种进行规范，防治未成年人常见病、多发病，加强传染病防治和监督管理，做好伤害预防和干预，指导和监督学校、幼儿园、婴幼儿照护服务机构开展卫生保健工作。

教育行政部门应当加强未成年人的心理健康教育，建立未成年人心理问题的早期发现和及时干预机制。卫生健康部门应当做好未成年人心理治疗、心理危机干预以及精神障碍早期识别和诊断治疗等工作。

《未成年人保护法》第九十一条：各级人民政府及其有关部门对困境未成年人实施分类保障，采取措施满足其生活、教育、安全、医疗康复、住房等方面的基本需要。

6. 民政部门对未成年人进行临时监护情形

《未成年人保护法》第九十二条：具有下列情形之一的，民政部门应当依法对未成年人进行临时监护：

(1) 未成年人流浪乞讨或者身份不明，暂时查找不到父母或者其他监护人；

(2) 监护人下落不明且无其他人可以担任监护人；

(3) 监护人因自身客观原因或者因发生自然灾害、事故灾难、公共卫生事件等突发事件不能履行监护职责，导致未成年人监护缺失；

(4) 监护人拒绝或者怠于履行监护职责，导致未成年人处于无人照料的状态；

(5) 监护人教唆、利用未成年人实施违法犯罪行为，未成年人需要被带离安置；

(6) 未成年人遭受监护人严重伤害或者面临人身安全威胁，需要被紧急安置；

(7) 法律规定的其他情形。

《未成年人保护法》第九十三条：对临时监护的未成年人，民政部门可以采取委托亲属抚养、家庭寄养等方式进行安置，也可以交由未成年人救助保护机构或者儿童福利机构进行收留、抚养。

临时监护期间，经民政部门评估，监护人重新具备履行监护职责条件的，民政部门可以将未成年人送回监护人抚养。

7. 民政部门对未成年人进行长期监护情形

《未成年人保护法》第九十四条：具有下列情形之一的，民政部门应当依法对未成年人进行长期监护：

(1) 查找不到未成年人的父母或者其他监护人；

(2) 监护人死亡或者被宣告死亡且无其他人可以担任监护人；

(3) 监护人丧失监护能力且无其他人可以担任监护人；

(4) 人民法院判决撤销监护人资格并指定由民政部门担任监护人；

(5) 法律规定的其他情形。

《未成年人保护法》第九十五条：民政部门进行收养评估后，可以依法将其长期监护的未成年人交由符合条件的申请人收养。收养关系成立后，民政部门与未成年人的监护关系终止。

《未成年人保护法》第九十六条：民政部门承担临时监护或者长期监护职责的，财政、教育、卫生健康、公安等部门应当根据各自职责予以配合。

县级以上人民政府及其民政部门应当根据需要设立未成年人救助保护机构、儿童福利机构，负责收留、抚养由民政部门监护的未成年人。

8. 县级以上人民政府应当开通全国统一的未成年人保护热线

《未成年人保护法》第九十七条：县级以上人民政府应当开通全国统一的未成年人保护热线，及时受理、转介侵犯未成年人合法权益的投诉、举报；鼓励和支持人民团体、企业事业单位、社会组织参与建设未成年人保护服务平台、服务热线、服务站点，提供未成年人保护方面的咨询、帮助。

9. 国家建立相关违法犯罪人员信息查询系统

《未成年人保护法》第九十八条：国家建立性侵害、虐待、拐卖、暴力伤害等违法犯罪人员信息查询系统，向密切接触未成年人的单位提供免费查询服务。

10. 地方人民政府应当规范未成年人保护的有关社会专业服务

《未成年人保护法》第九十九条：地方人民政府应当培育、引导和规范有关社会组织、社会工作者参与未成年人保护工作，开展家庭教育指导服务，为未成年人的心理辅导、康复救助、监护及收养评估等提供专业服务。

(九) 司法保护

司法保护是指公安机关、人民检察院、人民法院以及司法行政部门，应当依法履行职责，在中华人民共和国未成年人保护法司法活动中实施的一种专门保护未成年人的合法权益的措施。《未成年人保护法》第七章第一百条至第一百一十六条专门对司法保护做出了明确的规定。

(十) 法律责任

《未成年人保护法》第八章第一百一十七条至第一百二十九条专门对法律责任做出了明确的规定。

1. 未履行报告义务造成严重后果的法律责任

《未成年人保护法》第一百一十七条：违反本法第十一条第二款规定，未履行报告义务造成严重后果的，由上级主管部门或者所在单位对直接负责的主管人员和其他直接责任人员依法给予处分。

2. 未成年人监护人违法的法律责任

《未成年人保护法》第一百一十八条：未成年人的父母或者其他监护人不依法履行监护职责或者侵犯未成年人合法权益的，由其居住地的居民委员会、村民委员会予以劝诫、制止；情节严重的，居民委员会、村民委员会应当及时向公安机关报告。

公安机关接到报告或者公安机关、人民检察院、人民法院在办理案件过程中发现未成年人的父母或者其他监护人存在上述情形的，应当予以训诫，并可以责令其接受家庭教育指导。

3. 学校等机构及其教职员工违法的法律责任

《未成年人保护法》第一百一十九条：学校、幼儿园、婴幼儿照护服务等机构及其教职员工违反本法第二十七条、第二十八条、第三十九条规定的，由公安、教育、卫生健康、市场监督管理等部门按照职责分工责令改正；拒不改正或者情节严重的，对直接负责的主管人员和其他直接责任人员依法给予处分。

4. 未给予未成年人免费或者优惠待遇的法律责任

《未成年人保护法》第一百二十条：违反本法第四十四条、第四十五条、第四十七条规定，未给予未成年人免费或者优惠待遇的，由市场监督管理、文化和旅游、交通运输等部门按照职责分工责令限期改正，给予警告；拒不改正的，处一万元以上十万元以下罚款。

5. 网络传媒部门违法的法律责任

《未成年人保护法》第一百二十一条：违反本法第五十条、第五十一条规定的，由新闻出版、广播电视、电影、网信等部门按照职责分工责令限期改正，给予警告，没收违法所得，可以并处十万元以下罚款；拒不改正或者情节严重的，责令暂停相关业务、停产停业或者吊销营业执照、吊销相关许可证，违法所得一百万元以上的，并处违法所得一倍以上十倍以下的罚款，没有违法所得或者违法所得不足一百万元的，并处十万元以上一百万元以下罚款。

6. 场所运营单位违法的法律责任

《未成年人保护法》第一百二十二条：场所运营单位违反本法第五十六条第二款规定、住宿经营者违反本法第五十七条规定的，由市场监督管理、应急管理、公安等部门按照职责分工责令限期改正，给予警告；拒不改正或者造成严重后果的，责令停业整顿或者吊销营业执照、吊销相关许可证，并处一万元以上十万元以下罚款。

7. 相关经营者违法的法律责任

《未成年人保护法》第一百二十三条：相关经营者违反本法第五十八条、第五十九条第一款、第六十条规定的，由文化和旅游、市场监督管理、烟草专卖、公安等部门按照职责分工责令限期改正，给予警告，没收违法所得，可以并处五万元以下罚款；拒不改正或者情节严重的，责令停业整顿或者吊销营业执照、吊销相关许可证，可以并处五万元以上五十万元以下罚款。

8. 违法吸烟饮酒的法律责任

《未成年人保护法》第一百二十四条：违反本法第五十九条第二款规定，在学校、幼儿园和其他未成年人集中活动的公共场所吸烟、饮酒的，由卫生健康、教育、市场监督管理等部门按照职责分工责令改正，给予警告，可以并处五百元以下罚款；场所管理者未及时制止的，由卫生健康、教育、市场监督管理等部门按照职责分工给予警告，并处一万元以下罚款。

9. 违法招用未成年人的法律责任

《未成年人保护法》第一百二十五条：违反本法第六十一条规定的，由文化和旅游、人力资源和社会保障、市场监督管理等部门按照职责分工责令限期改正，给予警告，没收违法所得，可以并处十万元以下罚款；拒不改正或者情节严重的，责令停产停业或者吊销营业执照、吊销相关许可证，并处十万元以上一百万元以下罚款。

10. 密切接触未成年人单位违法的法律责任

《未成年人保护法》第一百二十六条：密切接触未成年人的单位违反本法第六十二条规定，未履行查询义务，或者招用、继续聘用具有相关违法犯罪记录人员的，由教育、人力资源和社会保障、市场监督管理等部门按照职责分工责令限期改正，给予警告，并处五万元以下罚款；拒不改正或者造成严重后果的，责令停业整顿或者吊销营业执照、吊销相关许可证，并处五万元以上五十万元以下罚款，对直接负责的主管人员和其他直接责任人员依法给予处分。

11. 信息处理者违法的法律责任

《未成年人保护法》第一百二十七条：信息处理者违反本法第七十二条规定，或者网络产品和服务提供者违反本法第七十三条、第七十四条、第七十五条、第七十六条、第七十七条、第八十条规定的，由公安、网信、电信、新闻出版、广播电视、文化和旅游等有关部门按照职责分工责令改正，给予警告，没收违法所得，违法所得一百万元以上的，并处违法所得一倍以上十倍以下罚款，没有违法所得或者违法所得不足一百万元的，并处十万元以上一百万元以下罚款，对直接负责的主管人员和其他责任人员处一万元以上十万元以下罚款；拒不改正或者情节严重的，并可以责令暂停相关业务、停业整顿、关闭网站、吊销营业执照或者吊销相关许可证。

12. 国家机关工作人员违法的法律责任

《未成年人保护法》第一百二十八条：国家机关工作人员玩忽职守、滥用职权、徇私舞弊，损害未成年人合法权益的，依法给予处分。

13. 民事责任与刑事责任

《未成年人保护法》第一百二十九条：违反本法规定，侵犯未成年人合法权益，造成人身、财产或者其他损害的，依法承担民事责任。

违反本法规定，构成违反治安管理行为的，依法给予治安管理处罚；构成犯罪的，依法追究刑事责任。

（十一）附则

《未成年人保护法》第一百三十条：本法中下列用语的含义：

（1）密切接触未成年人的单位，是指学校、幼儿园等教育机构；校外培训机构；未成年人救助保护机构、儿童福利机构等未成年人安置、救助机构；婴幼儿照护服务机构、早期教育服务机构；校外托管、临时看护机构；家政服务机构；为未成年人提供医疗服务的医疗机构；其他对未成年人负有教育、培训、监护、救助、看护、医疗等职责的企业事业单位、社会组织等。

（2）学校，是指普通中小学、特殊教育学校、中等职业学校、专门学校。

（3）学生欺凌，是指发生在学生之间，一方蓄意或者恶意通过肢体、语言及网络等手段实施欺压、侮辱，造成另一方人身伤害、财产损失或者精神损害的行为。

《未成年人保护法》第一百三十一条：对中国境内未满十八周岁的外国人、无国籍人，依照本法有关规定予以保护。

《未成年人保护法》第一百三十二条：本法自 2021 年 6 月 1 日起施行。

第二节 《中华人民共和国预防未成年人犯罪法》

为了保障未成年人身心健康，培养未成年人良好品行，有效落实《未成年人保护法》，预防未成年人违法犯罪，为未成年人身心健康发展创造良好的社会环境，特制定《中华人民共和国预防未成年人犯罪法》（以下简称《预防未成年人犯罪法》）。

一、《预防未成年人犯罪法》立法过程

1999 年 6 月 28 日第九届全国人民代表大会常务委员会第十次会议通过《预防未成年人犯罪法》，自 1999 年 11 月 1 日起施行。根据 2012 年 10 月 26 日第十一届全国人民代表大会常务委员会第二十九次会议《全国人民代表大会常务委员会关于修改〈中华人民共和国预防未成年人犯罪法〉的决定》修正，自 2013 年 1 月 1 日起施行。2020 年 12 月 26 日，《预防未成年人犯罪法》由中华人民共和国第十三届全国人民代表大会常务委员会第二十四次会议于修订通过，自 2021 年 6 月 1 日起施行。

二、《预防未成年人犯罪法》的地位

《预防未成年人犯罪法》是我国第一部预防犯罪的专门立法，打破了刑事立法中只强调事后对犯罪的处罚而忽视事先对犯罪的预防的状况，是我国刑事立法思想的重大突破。同时，本法又是基于保护未成年人健康成长，防范未成年人违法犯罪而作出的重大立法举措，它的内容非常全面，各条的规定讲究可行性。

三、《预防未成年人犯罪法》的主要内容

《预防未成年人犯罪法》分为总则、预防犯罪的教育、对不良行为的干预、对严重不良行为的矫治、对重新犯罪的预防、法律责任和附则，共七章六十八条。

(一) 预防未成年人犯罪的基本原则

1. 教育与保护相结合原则

《预防未成年人犯罪法》第二条规定：预防未成年人犯罪，立足于教育和保护未成年人相结合，坚持预防为主、提前干预，对未成年人的不良行为和严重不良行为及时进行分级预防、干预和矫治。

2. 合法性原则

《预防未成年人犯罪法》第三条：开展预防未成年人犯罪工作，应当尊重未成年人人格尊严，保护未成年人的名誉权、隐私权和个人信息等合法权益。

3. 综合治理原则

《预防未成年人犯罪法》第四条：预防未成年人犯罪，在各级人民政府组织下，实行综合治理。

国家机关、人民团体、社会组织、企业事业单位、居民委员会、村民委员会、学校、家庭等各负其责、相互配合，共同做好预防未成年人犯罪工作，及时消除滋生未成年人违法犯罪行为的各种消极因素，为未成年人身心健康发展创造良好的社会环境。

4. 科学性原则

《预防未成年人犯罪法》第十二条：预防未成年人犯罪，应当结合未成年人不同年龄的生理、心理特点，加强青春期教育、心理关爱、心理矫治和预防犯罪对策的研究。

(二) 各级人民政府在预防未成年人犯罪方面的职责

《预防未成年人犯罪法》第五条规定了各级人民政府在预防未成年人犯罪方面的职责：

(1) 制定预防未成年人犯罪工作规划；

(2) 组织公安、教育、民政、文化和旅游、市场监督管理、网信、卫生健康、新闻出版、电影、广播电视、司法行政等有关部门开展预防未成年人犯罪工作；

(3) 为预防未成年人犯罪工作提供政策支持和经费保障；

(4) 对本法的实施情况和工作规划的执行情况进行检查；

(5) 组织开展预防未成年人犯罪宣传教育；

(6) 其他预防未成年人犯罪工作职责。

(三) 国家加强专门学校建设

《预防未成年人犯罪法》第六条：国家加强专门学校建设，对有严重不良行为的未成

年人进行专门教育。专门教育是国民教育体系的组成部分，是对有严重不良行为的未成年人进行教育和矫治的重要保护处分措施。

省级人民政府应当将专门教育发展和专门学校建设纳入经济社会发展规划。县级以上地方人民政府成立专门教育指导委员会，根据需要合理设置专门学校。

专门教育指导委员会由教育、民政、财政、人力资源社会保障、公安、司法行政、人民检察院、人民法院、共产主义青年团、妇女联合会、关心下一代工作委员会、专门学校等单位，以及律师、社会工作者等人员组成，研究确定专门学校教学、管理等相关工作。

专门学校建设和专门教育具体办法，由国务院规定。

(四) 各部门组织及个人预防未成年人犯罪的工作要求

《预防未成年人犯罪法》第七条：公安机关、人民检察院、人民法院、司法行政部门应当由专门机构或者经过专业培训、熟悉未成年人身心特点的专门人员负责预防未成年人犯罪工作。

《预防未成年人犯罪法》第八条：共产主义青年团、妇女联合会、工会、残疾人联合会、关心下一代工作委员会、青年联合会、学生联合会、少年先锋队以及有关社会组织，应当协助各级人民政府及其有关部门、人民检察院和人民法院做好预防未成年人犯罪工作，为预防未成年人犯罪培育社会力量，提供支持服务。

《预防未成年人犯罪法》第九条：国家鼓励、支持和指导社会工作服务机构等社会组织参与预防未成年人犯罪相关工作，并加强监督。

《预防未成年人犯罪法》第十条：任何组织或者个人不得教唆、胁迫、引诱未成年人实施不良行为或者严重不良行为，以及为未成年人实施上述行为提供条件。

《预防未成年人犯罪法》第十一条：未成年人应当遵守法律法规及社会公共道德规范，树立自尊、自律、自强意识，增强辨别是非和自我保护的能力，自觉抵制各种不良行为以及违法犯罪行为的引诱和侵害。

《预防未成年人犯罪法》第十三条：国家鼓励和支持预防未成年人犯罪相关学科建设、专业设置、人才培养及科学研究，开展国际交流与合作。

《预防未成年人犯罪法》第十四条：国家对预防未成年人犯罪工作有显著成绩的组织和个人，给予表彰和奖励。

(五) 预防未成年人犯罪的教育

《预防未成年人犯罪法》第二章第十五条至第二十七条专门对预防犯罪的教育做出了明确的规定。

1. 对未成年人应当加强预防犯罪教育

《预防未成年人犯罪法》第十五条：国家、社会、学校和家庭应当对未成年人加强社会主义核心价值观教育，开展预防犯罪教育，增强未成年人的法治观念，使未成年人树立遵纪守法和防范违法犯罪的意识，提高自我管控能力。

2. 监护人对未成年人的预防犯罪教育负有直接责任

《预防未成年人犯罪法》第十六条：未成年人的父母或者其他监护人对未成年人的预防犯罪教育负有直接责任，应当依法履行监护职责，树立优良家风，培养未成年人良好品行；发现未成年人心理或者行为异常的，应当及时了解情况并进行教育、引导和劝诫，不得拒绝或者怠于履行监护职责。

随堂小练

（单项选择题）小学生秦某欺凌同学，学校希望家长配合对秦某的法制教育，他的父母认为法制教育是学校的，因此不予理会。该家长的做法（　　）。

A. 正确，学校是专门的教育机构

B. 正确，学核对未成年人的法制教育负有直接责任

C. 不正确，学校有对学生进行法制教育的义务

D. 不正确，父母对未成年人法制教育负有直接责任

【答案】 D。

【解析】 详见《预防未成年人犯罪法》第十六条规定。

出处：2017 年下半年小学教师资格考试《综合素质》真题。

3. 教育行政部门、学校对未成年人的预防犯罪教育责任

（1）教育行政部门、学校应当将预防犯罪教育纳入学校教学计划

《预防未成年人犯罪法》第十七条：教育行政部门、学校应当将预防犯罪教育纳入学校教学计划，指导教职员工结合未成年人的特点，采取多种方式对未成年学生进行有针对性的预防犯罪教育。

（2）学校应当聘任从事法治教育的专职或者兼职教师

《预防未成年人犯罪法》第十八条：学校应当聘任从事法治教育的专职或者兼职教师，并可以从司法和执法机关、法学教育和法律服务机构等单位聘请法治副校长、校外法治辅导员。

（3）学校应当配备专职或者兼职的心理健康教育教师

《预防未成年人犯罪法》第十九条：学校应当配备专职或者兼职的心理健康教育教师，开展心理健康教育。学校可以根据实际情况与专业心理健康机构合作，建立心理健康筛查和早期干预机制，预防和解决学生心理、行为异常问题。

学校应当与未成年学生的父母或者其他监护人加强沟通，共同做好未成年学生心理健康教育；发现未成年学生可能患有精神障碍的，应当立即告知其父母或者其他监护人送相关专业机构诊治。

（4）教育行政部门应当建立学生欺凌防控制度

《预防未成年人犯罪法》第二十条：教育行政部门应当会同有关部门建立学生欺凌防控制度。学校应当加强日常安全管理，完善学生欺凌发现和处置的工作流程，严格排

查并及时消除可能导致学生欺凌行为的各种隐患。

（5）教育行政部门鼓励和支持学校聘请社会工作者长期或者定期进驻学校

《预防未成年人犯罪法》第二十一条：教育行政部门鼓励和支持学校聘请社会工作者长期或者定期进驻学校，协助开展道德教育、法治教育、生命教育和心理健康教育，参与预防和处理学生欺凌等行为。

（6）教育行政部门、学校应当加强预防未成年人犯罪指导教育

《预防未成年人犯罪法》第二十二条：教育行政部门、学校应当通过举办讲座、座谈、培训等活动，介绍科学合理的教育方法，指导教职员工、未成年学生的父母或者其他监护人有效预防未成年人犯罪。

学校应当将预防犯罪教育计划告知未成年学生的父母或者其他监护人。未成年学生的父母或者其他监护人应当配合学校对未成年学生进行有针对性的预防犯罪教育。

（7）教育行政部门应当将预防犯罪教育纳入学校年度考核内容

《预防未成年人犯罪法》第二十三条：教育行政部门应当将预防犯罪教育的工作效果纳入学校年度考核内容。

随堂小练

（单项选择题）为了提高学生的法治意识，预防可能发生的未成年人犯罪事件，学校拟采应对措施。下列选项中应对措施不正确的是（　　）。

A. 聘任优秀的律师担任法治教育的兼职教师

B. 聘任当地派出所干警担任校外法律辅导员

C. 要求未成年学生的父母配合开展法治教育

D. 要求班主任承担对未成年学生的监护责任

【答案】 D。

【解析】 《中华人民共和国预防未成年人犯罪法》规定，学校应当聘任从事法治教育的专职或者兼职教师，A 选项正确；学校根据条件可以聘请校外法律辅导员，B 选项正确；未成年人的父母或者其他监护人对未成年人的法治教育负有直接责任，C 选项正确；学校不是监护人，班主任不承担对未成年学生的监护责任，故本题选 D。

出处：2017 年下半年中学教师资格考试《综合素质》真题。

4. 其他部门组织对未成年人预防犯罪教育的责任

《预防未成年人犯罪法》第二十四条：各级人民政府及其有关部门、人民检察院、人民法院、共产主义青年团、少年先锋队、妇女联合会、残疾人联合会、关心下一代工作委员会等应当结合实际，组织、举办多种形式的预防未成年人犯罪宣传教育活动。有条件的地方可以建立青少年法治教育基地，对未成年人开展法治教育。

《预防未成年人犯罪法》第二十五条：居民委员会、村民委员会应当积极开展有针对

性的预防未成年人犯罪宣传活动，协助公安机关维护学校周围治安，及时掌握本辖区内未成年人的监护、就学和就业情况，组织、引导社区社会组织参与预防未成年人犯罪工作。

《预防未成年人犯罪法》第二十六条：青少年宫、儿童活动中心等校外活动场所应当把预防犯罪教育作为一项重要的工作内容，开展多种形式的宣传教育活动。

《预防未成年人犯罪法》第二十七条：职业培训机构、用人单位在对已满十六周岁准备就业的未成年人进行职业培训时，应当将预防犯罪教育纳入培训内容。

（六）对未成年人不良行为的干预

《预防未成年人犯罪法》第三章第二十八条至第三十七条专门对未成年人不良行为的干预做出了明确的规定。

1. 未成年人的不良行为情形

《预防未成年人犯罪法》第二十八条：本法所称不良行为，是指未成年人实施的不利于其健康成长的下列行为：

（1）吸烟、饮酒；

（2）多次旷课、逃学；

（3）无故夜不归宿、离家出走；

（4）沉迷网络；

（5）与社会上具有不良习性的人交往，组织或者参加实施不良行为的团伙；

（6）进入法律法规规定未成年人不宜进入的场所；

（7）参与赌博、变相赌博，或者参加封建迷信、邪教等活动；

（8）阅览、观看或者收听宣扬淫秽、色情、暴力、恐怖、极端等内容的读物、音像制品或者网络信息等；

（9）其他不利于未成年人身心健康成长的不良行为。

2. 对未成年人不良行为的监护人干预

《预防未成年人犯罪法》第二十九条：未成年人的父母或者其他监护人发现未成年人有不良行为的，应当及时制止并加强管教。

《预防未成年人犯罪法》第三十条：公安机关、居民委员会、村民委员会发现本辖区内未成年人有不良行为的，应当及时制止，并督促其父母或者其他监护人依法履行监护职责。

3. 学校对有不良行为未成年学生的干预措施

《预防未成年人犯罪法》第三十一条：学校对有不良行为的未成年学生，应当加强管理教育，不得歧视；对拒不改正或者情节严重的，学校可以根据情况予以处分或者采取以下管理教育措施：

（1）予以训导；

（2）要求遵守特定的行为规范；

(3) 要求参加特定的专题教育；

(4) 要求参加校内服务活动；

(5) 要求接受社会工作者或者其他专业人员的心理辅导和行为干预；

(6) 其他适当的管理教育措施。

学校应当建立家校合作机制。《预防未成年人犯罪法》第三十二条：学校和家庭应当加强沟通，建立家校合作机制。学校决定对未成年学生采取管理教育措施的，应当及时告知其父母或者其他监护人；未成年学生的父母或者其他监护人应当支持、配合学校进行管理教育。

未成年学生有情节轻微偷窃欺凌行为的学校措施。《预防未成年人犯罪法》第三十三条：未成年学生有偷窃少量财物，或者有殴打、辱骂、恐吓、强行索要财物等学生欺凌行为，情节轻微的，可以由学校依照本法第三十一条规定采取相应的管理教育措施。

未成年学生旷课逃学行为的学校措施。《预防未成年人犯罪法》第三十四条：未成年学生旷课、逃学的，学校应当及时联系其父母或者其他监护人，了解有关情况；无正当理由的，学校和未成年学生的父母或者其他监护人应当督促其返校学习。

4. 未成年人无故夜不归宿、离家出走的干预措施

《预防未成年人犯罪法》第三十五条：未成年人无故夜不归宿、离家出走的，父母或者其他监护人、所在的寄宿制学校应当及时查找，必要时向公安机关报告。

收留夜不归宿、离家出走未成年人的，应当及时联系其父母或者其他监护人、所在学校；无法取得联系的，应当及时向公安机关报告。

《预防未成年人犯罪法》第三十六条：对夜不归宿、离家出走或者流落街头的未成年人，公安机关、公共场所管理机构等发现或者接到报告后，应当及时采取有效保护措施，并通知其父母或者其他监护人、所在的寄宿制学校，必要时应当护送其返回住所、学校；无法与其父母或者其他监护人、学校取得联系的，应当护送未成年人到救助保护机构接受救助。

5. 及时制止未成年人组织或者参加实施不良行为团伙

《预防未成年人犯罪法》第三十七条：未成年人的父母或者其他监护人、学校发现未成年人组织或者参加实施不良行为的团伙，应当及时制止；发现该团伙有违法犯罪嫌疑的，应当立即向公安机关报告。

随堂小练

(单项选择题)依据《中华人民共和国预防未成年人犯罪法》，下列选项中，学校应当及时与其父母或法定监护人取得联系的学生行为是(　　)。

A. 上课聊天　　B. 多日旷课　　C. 不交作业　　D. 谈情说爱

【答案】 B。

【解析】 《中华人民共和国预防未成年人犯罪法》规定，中小学生旷课的，学校应当及时与其父母或者其他监护人取得联系。未成年人擅自外出夜不归宿的，其

父母或者其他监护人、所在的寄宿制学校应当及时查找，必要时向公安机关报告。收留夜不归宿的未成年人的，应当征得其父母或者其他监护人的同意，或者及时通知其父母或者其他监护人、所在学校；无法取得联系的，应当及时向公安机关报告。

(七) 对未成年人严重不良行为的矫治

《预防未成年人犯罪法》第四章第三十八条至第四十九条专门对未成年人严重不良行为的矫治做出了明确的规定。

1. 未成年人严重不良行为的情形

《预防未成年人犯罪法》第三十八条：本法所称严重不良行为，是指未成年人实施的有刑法规定、因不满法定刑事责任年龄不予刑事处罚的行为，以及严重危害社会的下列行为：

(1) 结伙斗殴，追逐、拦截他人，强拿硬要或者任意损毁、占用公私财物等寻衅滋事行为；

(2) 非法携带枪支、弹药或者弩、匕首等国家规定的管制器具；

(3) 殴打、辱骂、恐吓，或者故意伤害他人身体；

(4) 盗窃、哄抢、抢夺或者故意损毁公私财物；

(5) 传播淫秽的读物、音像制品或者信息等；

(6) 卖淫、嫖娼，或者进行淫秽表演；

(7) 吸食、注射毒品，或者向他人提供毒品；

(8) 参与赌博赌资较大；

(9) 其他严重危害社会的行为。

随堂小练

(单项选择题)依据《中华人民共和国预防未成年人犯罪法》的规定，下列不属于“严重不良行为”的是(　　)。

A. 偷窃，故意毁坏财物　　B. 携带管制刀具，屡教不改

C. 纠集他人结伙滋事，扰乱治安　　D. 多次强行索要他人财物

【答案】 A。

【解析】 选项A“偷盗，故意毁坏财物”为“不良行为”，不属于“严重不良行为”。“多次偷盗”属于“严重不良行为”。《预防未成年人犯罪法》第三十八条规定了严重不良行为。

出处：2019年上半年小学教师资格考试《综合素质》真题。

2. 对有严重不良行为未成年人公安机关的矫治措施

《预防未成年人犯罪法》第三十九条：未成年人的父母或者其他监护人、学校、居民

委员会、村民委员会发现有人教唆、胁迫、引诱未成年人实施严重不良行为的，应当立即向公安机关报告。公安机关接到报告或者发现有上述情形的，应当及时依法查处；对人身安全受到威胁的未成年人，应当立即采取有效保护措施。

《预防未成年人犯罪法》第四十条：公安机关接到举报或者发现未成年人有严重不良行为的，应当及时制止，依法调查处理，并可以责令其父母或者其他监护人消除或者减轻违法后果，采取措施严加管教。

《预防未成年人犯罪法》第四十一条：对有严重不良行为的未成年人，公安机关可以根据具体情况，采取以下矫治教育措施：

(1) 予以训诫；

(2) 责令赔礼道歉、赔偿损失；

(3) 责令具结悔过；

(4) 责令定期报告活动情况；

(5) 责令遵守特定的行为规范，不得实施特定行为、接触特定人员或者进入特定场所；

(6) 责令接受心理辅导、行为矫治；

(7) 责令参加社会服务活动；

(8) 责令接受社会观护，由社会组织、有关机构在适当场所对未成年人进行教育、监督和管束；

(9) 其他适当的矫治教育措施。

《预防未成年人犯罪法》第四十二条：公安机关在对未成年人进行矫治教育时，可以根据需要邀请学校、居民委员会、村民委员会以及社会工作服务机构等社会组织参与。

未成年人的父母或者其他监护人应当积极配合矫治教育措施的实施，不得妨碍阻挠或者放任不管。

3. 送入专门学校接受专门教育的情形

《预防未成年人犯罪法》第四十三条：对有严重不良行为的未成年人，未成年人的父母或者其他监护人、所在学校无力管教或者管教无效的，可以向教育行政部门提出申请，经专门教育指导委员会评估同意后，由教育行政部门决定送入专门学校接受专门教育。

《预防未成年人犯罪法》第四十四条：未成年人有下列情形之一的，经专门教育指导委员会评估同意，教育行政部门会同公安机关可以决定将其送入专门学校接受专门教育：

(1) 实施严重危害社会的行为，情节恶劣或者造成严重后果；

(2) 多次实施严重危害社会的行为；

(3) 拒不接受或者配合本法第四十一条规定的矫治教育措施；

(4) 法律、行政法规规定的其他情形。

《预防未成年人犯罪法》第四十五条：未成年人实施刑法规定的行为、因不满法定刑事责任年龄不予刑事处罚的，经专门教育指导委员会评估同意，教育行政部门会同公安机关可以决定对其进行专门矫治教育。

省级人民政府应当结合本地的实际情况，至少确定一所专门学校按照分校区、分班级等方式设置专门场所，对前款规定的未成年人进行专门矫治教育。

前款规定的专门场所实行闭环管理，公安机关、司法行政部门负责未成年人的矫治工作，教育行政部门承担未成年人的教育工作。

《预防未成年人犯罪法》第四十六条：专门学校应当在每个学期适时提请专门教育指导委员会对接受专门教育的未成年学生的情况进行评估。对经评估适合转回普通学校就读的，专门教育指导委员会应当向原决定机关提出书面建议，由原决定机关决定是否将未成年学生转回普通学校就读。

原决定机关决定将未成年学生转回普通学校的，其原所在学校不得拒绝接收；因特殊情况，不适宜转回原所在学校的，由教育行政部门安排转学。

《预防未成年人犯罪法》第四十七条：专门学校应当对接受专门教育的未成年人分级分类进行教育和矫治，有针对性地开展道德教育、法治教育、心理健康教育，并根据实际情况进行职业教育；对没有完成义务教育的未成年人，应当保证其继续接受义务教育。

专门学校的未成年学生的学籍保留在原学校，符合毕业条件的，原学校应当颁发毕业证书。

《预防未成年人犯罪法》第四十八条：专门学校应当与接受专门教育的未成年人的父母或者其他监护人加强联系，定期向其反馈未成年人的矫治和教育情况，为父母或者其他监护人、亲属等看望未成年人提供便利。

《预防未成年人犯罪法》第四十九条：未成年人及其父母或者其他监护人对本章规定的行政决定不服的，可以依法提起行政复议或者行政诉讼。

随堂小练

（单项选择题）小学生宋某因多次偷窃，被所在学校申请送工读学校进行矫治。对于这一申请具有审批权的机构是（　　）。

A. 公安部门　　B. 检察机关　　C. 教育行政部门　　D. 民政部门

【答案】 C。

【解析】 《预防未成年人犯罪法》规定，对有严重不良行为的未成年人，未成年人的父母或者其他监护人、所在学校无力管教或者管教无效的，可以向教育行政部门提出申请，经专门教育指导委员会评估同意后，由教育行政部门决定送入专门学校接受专门教育。

出处：2014 年上半年小学教师资格考试《综合素质》真题。

（八）对未成年人重新犯罪的预防

《预防未成年人犯罪法》第五章第五十条至第六十条专门对未成年人重新犯罪的预

防做出了明确的规定。

(九) 法律责任

《预防未成年人犯罪法》第六章第六十一条至第六十七条就违反预防未成年人犯罪法的法律责任做出了规定。

[法规文件]

欢迎扫本章二维码,学习《中华人民共和国预防未成年人犯罪法》(2021 年 6 月 1 日起施行)。

第三节 《学生伤害事故处理办法》

学生伤害事故的处理是摆在学校、家长及第三方责任人之间的重要难题,如何合法解决此类事故?如何避免悲剧的再次发生?学生和家长如何维护自己的权益?学校和教师的法律风险何在?……《学生伤害事故处理办法》为我们解决上述问题提供了依据。

一、《学生伤害事故处理办法》的制定与施行

中华人民共和国教育部令:《学生伤害事故处理办法》于 2002 年 3 月 26 日经部务会议讨论通过,自 2002 年 9 月 1 日起施行。

二、《学生伤害事故处理办法》的性质与地位

《学生伤害事故处理办法》是教育部制定颁发的,属于"教育行政规章"。《学生伤害事故处理办法》是推动教育领域的法治建设,构建有关学校安全的法律、制度框架的重要组成部分。

三、《学生伤害事故处理办法》的颁行意义

《学生伤害事故处理办法》为实施未成年人安全保护,提供了实际操作规则。

四、《学生伤害事故处理办法》的主要内容

(一)《学生伤害事故处理办法》的制定宗旨

《学生伤害事故处理办法》第一条规定:为积极预防、妥善处理在校学生伤害事故,

保护学生、学校的合法权益，根据《中华人民共和国教育法》《中华人民共和国未成年人保护法》和其他相关法律、行政法规及有关规定，制定本办法。

（二）学生伤害事故的界定

《学生伤害事故处理办法》第二条规定：在学校实施的教育教学活动或者学校组织的校外活动中，以及在学校负有管理责任的校舍、场地、其他教育教学设施、生活设施内发生的，造成在校学生人身损害后果的事故的处理，适用本办法。第三十七条规定：本办法所称学校，是指国家或者社会力量举办的全日制的中小学（含特殊教育学校）、各类中等职业学校、高等学校。本办法所称学生是指在上述学校中全日制就读的受教育者。

（三）学生伤害事故应当遵循的处理原则

《学生伤害事故处理办法》第三条规定：学生伤害事故应当遵循依法、客观公正、合理适当的原则，及时、妥善地处理。

（四）学校应当依法承担相应责任的情形

《学生伤害事故处理办法》第九条规定，因下列情形之一造成的学生伤害事故，学校应当依法承担相应的责任：

（1）学校的校舍、场地、其他公共设施，以及学校提供给学生使用的学具、教育教学和生活设施、设备不符合国家规定的标准，或者有明显不安全因素的；

（2）学校的安全保卫、消防、设施设备管理等安全管理制度有明显疏漏，或者管理混乱，存在重大安全隐患，而未及时采取措施的；

（3）学校向学生提供的药品、食品、饮用水等不符合国家或者行业的有关标准、要求的；

（4）学校组织学生参加教育教学活动或者校外活动，未对学生进行相应的安全教育，并未在可预见的范围内采取必要的安全措施的；

（5）学校知道教师或者其他工作人员患有不适宜担任教育教学工作的疾病，但未采取必要措施的；

（6）学校违反有关规定，组织或者安排未成年学生从事不宜未成年人参加的劳动、体育运动或者其他活动的；

（7）学生有特异体质或者特定疾病，不宜参加某种教育教学活动，学校知道或者应当知道，但未予以必要的注意的；

（8）学生在校期间突发疾病或者受到伤害，学校发现，但未根据实际情况及时采取相应措施，导致不良后果加重的；

（9）学校教师或者其他工作人员体罚或者变相体罚学生，或者在履行职责过程中违反工作要求、操作规程、职业道德或者其他有关规定的；

（10）学校教师或者其他工作人员在负有组织、管理未成年学生的职责期间，发现学生行为具有危险性，但未进行必要的管理、告诫或者制止的；

(11) 对未成年学生擅自离校等与学生人身安全直接相关的信息,学校发现或者知道,但未及时告知未成年学生的监护人,导致未成年学生因脱离监护人的保护而发生伤害的;

(12) 学校有未依法履行职责的其他情形的。

【案情简介】 某高中组织学生进行年级拔河友谊赛,学校组织者在红布条下端系上一个直径 24 毫米的铁螺母以便比赛裁决。比赛时,拔河绳突然从中崩断,红布条上所系的螺母因惯性甩起,砸中了刘某的头部,老师们随即将刘某送往医院。刘某被诊断为重度开放性颅脑损伤,受伤程度被定为伤残八级,法院判决学校赔偿刘某经济损失 14 万元。

【问题探讨】 学校是否应该承担此次事故的主要责任?

【案例分析】 刘某受伤是因为在比赛中使用的拔河绳崩断了,而这一用具是由学校提供的,根据《学生伤害事故处理办法》第九条规定,学校的校舍、场地、其他公共设施,以及学校提供给学生使用的学具、教育教学和生活设施、设备不符合国家规定的标准,或者有明显不安全因素的,学校应当依法承担相应责任。

随堂小练

(单项选择题)某小学指派李老师带领学生到电影院看电影,由于入口处灯光暗淡,学生陈某在台阶上不慎摔倒,致使头部受到严重伤害,对于陈某所受伤害,应承担法律责任的是(　　)。

A. 学校和电影院　　B. 李老师

C. 学校　　D. 李老师和电影院

【答案】 A。

【解析】 首先,电影院入口处昏暗导致学生摔倒,这是电影院基础设施没做好,所以电影院要负责任;另外老师带领小学生,没有照看好安全,属于职务行为,由学校负责。

出处:2012 年下半年小学教师资格考试《综合素质》真题。

(五) 学生或者未成年学生监护人应当依法承担相应责任的情形

《学生伤害事故处理办法》第十条规定,学生或者未成年学生监护人由于过错,有下列情形之一,造成学生伤害事故,应当依法承担相应的责任:

(1) 学生违反法律法规的规定,违反社会公共行为准则、学校的规章制度或者纪律,实施按其年龄和认知能力应当知道具有危险或者可能危及他人的行为的;

(2) 学生行为具有危险性,学校、教师已经告诫、纠正,但学生不听劝阻、拒不改正的;

(3) 学生或者其监护人知道学生有特异体质，或者患有特定疾病，但未告知学校的；

(4) 未成年学生的身体状况、行为、情绪等有异常情况，监护人知道或者已被学校告知，但未履行相应监护职责的；

(5) 学生或者未成年学生监护人有其他过错的。

案例链接

【案情简介】 潘某和霍某系某中学高二年级同学，6 月 18 日潘某放学后从家中偷带一把自制刀返回学校，向霍某腹部捅了两刀，造成霍某左肾切除、七级伤残的严重后果。学校立即将霍某送医抢救，使霍某脱离了危险。事后霍某向法院提起刑事附带民事诉讼，将学校列为共同被告人，要求学校赔偿人民币 50 万元。法院最后判决学校不承担责任。

【问题探讨】 在此次事件中，学校应当承担责任吗？

【案例分析】 霍某左肾切除、七级伤残的严重后果，是由于学生潘某私自带刀回学校，学校并不知情，根据《学生伤害事故处理办法》第十条规定，学生违反法律法规的规定，违反社会公共行为准则、学校的规章制度或者纪律，实施按其年龄和认知能力应当知道具有危险或者可能危及他人的行为的，应当由学生或者未成年学生监护人依法承担相应的责任。

案例链接

学生未告知疾病跑步途中死亡，学校不承担责任

【案情简介】 某甲是某校初一级学生，从外表看，某甲身体状况良好。一节体育课上，体育老师要求全班同学环操场跑四圈（每圈四百米）。某甲突然跌倒在地，口吐白沫，老师及同学急忙将某甲送往医院抢救，最终抢救无效。某甲患有先天性心脏病，跑步时，造成心脏大出血。因家长及本人未告知有特殊身体疾病，学校及体育老师均无过错，故学校不承担责任。

【问题探讨】 在此次事件中，学校应当承担责任吗？

【案例分析】 某甲患有先天性心脏病，不能进行激烈运动，但某甲家长及本人未告知学校其有特殊身体疾病，根据《学生伤害事故处理办法》第十条规定，学生或者其监护人知道学生有特异体质，或者患有特定疾病，但未告知学校的，应当由学生或者未成年学生监护人依法承担相应的责任。

(六) 学校已履行了相应职责无法律责任的情形

《学生伤害事故处理办法》第十二条规定，因下列情形之一造成的学生伤害事故，学校已履行了相应职责，行为并无不当的，无法律责任：

(1) 地震、雷击、台风、洪水等不可抗的自然因素造成的；

(2) 来自学校外部的突发性、偶发性侵害造成的；

(3) 学生有特异体质、特定疾病或者异常心理状态，学校不知道或者难于知道的；

(4) 学生自杀、自伤的；

(5) 在对抗性或者具有风险性的体育竞赛活动中发生意外伤害的；

(6) 其他意外因素造成的。

随堂小练

(单项选择题)五年级学生小强因被父母责骂，心情低落。老师发现后对其进行了安慰，但小强在课间还是自伤了。下列说法正确的是(　　)。

A. 学生是在学校受伤的，学校应当承担责任

B. 学校对学生负有监护义务，应当承担责任

C. 学生行为属于自伤行为，学校不应承担责任

D. 学生受伤发生在课间，学校不承担责任

【答案】 C。

【解析】《学生伤害事故处理办法》第十二条规定，因学生自杀、自伤造成的学生伤害事故，学校已履行了相应职责，行为并无不当的，无法律责任。学生在校园里致害受伤，学校是否承担责任，关键看学校是否对此存在过错，而判断是否存在过错的依据是学校是否履行了教育、管理和保护的义务。该题干中老师对其进行安慰后，但该学生还是自伤了，因此学校不应承担责任。

出处：2016年上半年小学教师资格考试《综合素质》真题。

(七) 事故责任应当按有关法律法规或者其他有关规定认定的情形

《学生伤害事故处理办法》第十三条规定，下列情形下发生的造成学生人身损害后果的事故，学校行为并无不当的，不承担事故责任；事故责任应当按有关法律法规或者其他有关规定认定：

(1) 在学生自行上学、放学、返校、离校途中发生的；

(2) 在学生自行外出或者擅自离校期间发生的；

(3) 在放学后、节假日或者假期等学校工作时间以外，学生自行滞留学校或者自行到校发生的；

(4) 其他在学校管理职责范围外发生的。

案例链接

【案情简介】 下午放学后，某中学初三一男学生在校外受到其他三名同学围攻，他为了取得学校保护，跑回到学校，在男厕所里又被打。值日教师发现后，立即给予制止，并通知其家长来校解决。当时，该生没发生不良反应，过了半个月后，出现不良症状，经医院检查确定为脑积水，医药费用了3万多元，经派出所协调，由另外三位学生的监护

人承担。受害家长提出向学校索赔，并向法院起诉，经法庭调解，学校免于责任。

【问题探讨】 学校为什么免于责任？

【案例分析】 首先，事件发生在放学后，《学生伤害事故处理办法》规定，学校承担的是过错责任，即有过错便承担责任，无过错变不承担责任。并且规定在放学后、节假日或者假期等学校工作时间以外，学生自行滞留学校或者自行到校发生伤害事故，这种情形不在学校管理工作范围，学校无管理的义务。并且，值班教师发现后也进行了及时的阻止，因而学校免于责任。

随堂小练

（单项选择题）学生小张在暑假期间擅自翻越学校围墙，导致右腿摔伤。对于小张所受伤害，下列选项中正确的是（　　）。

A. 学校存在过错，应当承担赔偿责任

B. 学校没有过错，但要承担赔偿责任

C. 学校没有过错，无须承担赔偿责任

D. 学校存在过错，但可免除赔偿责任

【答案】 C。

【解析】 《学生伤害事故处理办法》规定，在放学后、节假日或者假期等学校工作时间以外，学生自行滞留学校或者自行到校发生伤害事故，这种情形不在学校管理工作范围，学校无管理的义务。因此学校无过错、无责任。

出处：2014 年上半年小学教师资格考试《综合素质》真题。

（八）第三方依法承担相应的责任

《学生伤害事故处理办法》第十一条规定：学校安排学生参加活动，因提供场地、设备、交通工具、食品及其他消费与服务的经营者，或者学校以外的活动组织者的过错造成的学生伤害事故，有过错的当事人应当依法承担相应的责任。第十四条规定：因学校教师或者其他工作人员与其职务无关的个人行为，或者因学生、教师及其他个人故意实施的违法犯罪行为，造成学生人身损害的，由致害人依法承担相应的责任。

（九）发生学生伤害事故处理程序

1. 学校的及时有效救助义务

《学生伤害事故处理办法》第十五条规定：发生学生伤害事故，学校应当及时救助受伤害学生，并应当及时告知未成年学生的监护人；有条件的，应当采取紧急救援等方式救助。

案例链接

【案情简介】 某学校学生去屋顶捡球不慎摔下，头着地，学校与其家长联系，将该学生放在传达室，一个半小时后将孩子送去医院。医生说再早半个小时将孩子送来就不会全身瘫痪。家长起诉追究学校的主要责任，最终胜诉。

【问题探讨】 学校为什么要承担主要责任？

【案例分析】 根据《学生伤害事故处理办法》第九条第八项规定，学生在校期间突发疾病或者受到伤害，学校发现，但未根据实际情况及时采取相应措施，导致不良后果加重的，学校应当依法承担相应的责任。第十五条规定，学校有及时救助受伤害学生的义务。案例中，学校将学生放在传达室，没有及时将学生送至医院进行救助。因此，学校应负主要责任。

2. 学校的报告义务

《学生伤害事故处理办法》第十六条规定：发生学生伤害事故，情形严重的，学校应当及时向主管教育行政部门及有关部门报告；属于重大伤亡事故的，教育行政部门应当按照有关规定及时向同级人民政府和上一级教育行政部门报告。

随堂小练

（单项选择题）发生学生伤害事故，情形严重的，学校应当及时向主管教育行政部门及有关部门报告。属于重大伤亡事故的，教育行政部门应当按照有关规定及时向（　　）报告。

A. 同级人民政府　　B. 教育部

C. 同级人民政府和上一级教育行政部门　　D. 上一级人民政府

【答案】 C。

【解析】 详见《学生伤害事故处理办法》第十六条规定。

3. 教育行政部门的义务

《学生伤害事故处理办法》第十七条规定：学校的主管教育行政部门应学校要求或者认为必要，可以指导、协助学校进行事故的处理工作，尽快恢复学校正常的教育教学秩序。

4. 受害人的救济途径

《学生伤害事故处理办法》第十八条规定：发生学生伤害事故，学校与受伤害学生或者学生家长可以通过协商方式解决；双方自愿，可以书面请求主管教育行政部门进行调解。成年学生或者未成年学生的监护人也可以依法直接提起诉讼。

5. 调解时限

《学生伤害事故处理办法》第十九条规定：教育行政部门收到调解申请，认为必要的，可以指定专门人员进行调解，并应当在受理申请之日起 60 日内完成调解。

6. 调解处理方式

《学生伤害事故处理办法》第二十条规定：经教育行政部门调解，双方就事故处理达成一致意见的，应当在调解人员的见证下签订调解协议，结束调解；在调解期限内，双方不能达成一致意见，或者调解过程中一方提起诉讼，人民法院已经受理的，应当终止调解。调解结束或者终止，教育行政部门应当书面通知当事人。

7. 诉讼

《学生伤害事故处理办法》第二十一条规定：对经调解达成的协议，一方当事人不履行或者反悔的，双方可以依法提起诉讼。

8. 事故处理报告

《学生伤害事故处理办法》第二十二条规定：事故处理结束，学校应当将事故处理结果书面报告主管的教育行政部门；重大伤亡事故的处理结果，学校主管的教育行政部门应当向同级人民政府和上一级教育行政部门报告。

（十）学生伤害事故损害的赔偿

1. 学校的赔偿责任

《学生伤害事故处理办法》第二十六条规定：学校对学生伤害事故负有责任的，根据责任大小，适当予以经济赔偿，但不承担解决户口、住房、就业等与救助受伤害学生、赔偿相应经济损失无直接关系的其他事项。学校无责任的，如果有条件，可以根据实际情况，本着自愿和可能的原则，对受伤害学生给予适当的帮助。

2. 追偿权

《学生伤害事故处理办法》第二十七条规定：因学校教师或者其他工作人员在履行职务中的故意或者重大过失造成的学生伤害事故，学校予以赔偿后，可以向有关责任人员追偿。

案例链接

【案情简介】 学校发生83人饭堂食品中毒事件

12月7日下午四点三十分许，某学校发生83人中毒事件。经市卫生监督所对呕吐物进行化验，证明是有机磷农药中毒。经对该校饭堂检查，卫生状况差，没有必备的洗、冲、消三级用池及洗菜、洗肉的专用池，不具备学校饭堂及集体饭堂的条件。

【问题探讨】 学校应承担怎样的责任？

【案例分析】 案例中，学校向学生提供的食品不符合安全、卫生标准。学校食堂必须具备开办的条件，达到区里规定的考核量化标准。根据《学生伤害事故处理办法》第二十七条规定：“因学校教师或者其他工作人员在履行职务中的故意或者重大过失造成的学生伤害事故，学校予以赔偿后，可以向有关责任人员追偿。”

3. 监护人赔偿

《学生伤害事故处理办法》第二十八条规定：未成年学生对学生伤害事故负有责任的，由其监护人依法承担相应的赔偿责任。学生的行为侵害学校教师及其他工作人员以及其他组织、个人的合法权益，造成损失的，成年学生或者未成年学生的监护人应当依法予以赔偿。

4. 学校赔偿金的筹措

《学生伤害事故处理办法》第二十九条规定：根据双方达成的协议、经调解形成的协议或者人民法院的生效判决，应当由学校负担的赔偿金，学校应当负责筹措；学校无力完全筹措的，由学校的主管部门或者举办者协助筹措。第三十条规定：县级以上人民政府教育行政部门或者学校举办者有条件的，可以通过设立学生伤害赔偿准备金等多种形式，依法筹措伤害赔偿金。

5. 保险机制

《学生伤害事故处理办法》第三十一条规定：学校有条件的，应当依据保险法的有关规定，参加学校责任保险。教育行政部门可以根据实际情况，鼓励中小学参加学校责任保险。提倡学生自愿参加意外伤害保险。在尊重学生意愿的前提下，学校可以为学生参加意外伤害保险创造便利条件，但不得从中收取任何费用。

（十一）事故责任者的处理

1. 学校

《学生伤害事故处理办法》第三十二条规定：发生学生伤害事故，学校负有责任且情节严重的，教育行政部门应当根据有关规定，对学校的直接负责的主管人员和其他直接责任人员，分别给予相应的行政处分；有关责任人的行为触犯刑律的，应当移送司法机关依法追究刑事责任。

《学生伤害事故处理办法》第三十三条规定：学校管理混乱，存在重大安全隐患的，主管的教育行政部门或者其他有关部门应当责令其限期整顿；对情节严重或者拒不改正的，应当依据法律法规的有关规定，给予相应的行政处罚。

2. 教育行政部门

《学生伤害事故处理办法》第三十四条规定：教育行政部门未履行相应职责，对学生伤害事故的发生负有责任的，由有关部门对直接负责的主管人员和其他直接责任人员分别给予相应的行政处分；有关责任人的行为触犯刑律的，应当移送司法机关依法追究刑事责任。

3. 学生

《学生伤害事故处理办法》第三十五条规定：违反学校纪律，对造成学生伤害事故负有责任的学生，学校可以给予相应的处分；触犯刑律的，由司法机关依法追究刑事责任。

4. 学生的监护人、亲属或者其他有关人员

《学生伤害事故处理办法》第三十六条规定：受伤害学生的监护人、亲属或者其他有关人员，在事故处理过程中无理取闹，扰乱学校正常教育教学秩序，或者侵犯学校、学校教师或者其他工作人员的合法权益的，学校应当报告公安机关依法处理；造成损失的，可以依法要求赔偿。

随堂小练

（单项选择题）某中学化学老师宋某正组织学生上实验课，学生李某因借用坐在实验桌对面的同学的钢笔，碰倒了酒精灯，酒精溅在本组同学韩某的手上并燃烧，致使韩某手部皮肤被灼伤。在这起事故中，应当承担赔偿责任的是（　　）。

A. 学校和宋某　　B. 宋某和李某的监护人

C. 学校和李某的监护人　　D. 李某的监护人和韩某的监护人

【答案】 C。

【解析】 根据《学生伤害事故处理办法》第九条的规定，因“学校组织学生参加教育教学活动或者校外活动，未对学生进行相应的安全教育，并未在可预见的范围内采取必要的安全措施”造成的学生伤害事故，学校应当依法承担相应的责任。根据《学生伤害事故处理办法》第十条的规定，学生或者未成年学生监护人由于过错，造成学生伤害事故，应当依法承担相应的责任。根据《学生伤害事故处理办法》第二十八条第一款的规定，“未成年学生对学生伤害事故负有责任的，由其监护人依法承担相应的赔偿责任”。根据题干描述，事故发生在实验课上，教师未进行必要的管理，学生李某也存在过错，且李某为未成年人，因此应当承担赔偿责任的是学校和李某的监护人。

出处：2017 年下半年中学教师资格考试《综合素质》真题。

第四节 《未成年人学校保护规定》

为了落实学校保护职责，保障未成年人合法权益，促进未成年人德智体美劳全面发展、健康成长，根据《中华人民共和国教育法》《中华人民共和国未成年人保护法》等法律法规，《未成年人学校保护规定》（中华人民共和国教育部令第 50 号，以下简称《规定》）已经 2021 年 5 月 25 日教育部第 1 次部务会议审议通过，自 2021 年 9 月 1 日起施行。

一、《未成年人学校保护规定》制定的背景

未成年人是祖国的未来。党中央、国务院高度重视未成年人保护工作，就此作出一

系列重大决策部署。2020 年 10 月，习近平总书记签署主席令，颁布新修订的未成年人保护法，新法于 2021 年 6 月 1 日起施行，其中专章对学校保护作出规定。保护未成年人是全社会的职责，也是学校的法定义务。近年来，教育部和地方教育行政部门不断加强和改进中小学管理，出台了一系列文件，近期又出台了加强“五项管理”等有关文件，取得了明显成效。但是，学校未成年人保护中仍然存在着对保护职责认识不全面、相关制度可操作性不强、保护体制机制不健全等问题，迫切需要系统整合现有制度、构建未成年人学校保护的制度体系，把中央要求和上位法规定落细落实，提升学校未成年人保护工作效能。

2018 年，教育部即着手研究建立学校未成年人保护制度，在新修订的未成年人保护法发布后，加快推进起草工作，委托相关高校、研究机构开展课题研究论证，先后赴上海、江苏、四川等地开展深入调研，广泛听取基层教育部门、学校、教师和学生家长的意见，并征求了全国人大常委会法工委、最高人民检察院、公安部、民政部等部门意见。在此基础上形成了《规定》，于 2021 年 6 月 1 日正式发布。①

二、《未成年人学校保护规定》适用对象

《未成年人学校保护规定》第二条：普通中小学、中等职业学校（以下简称学校）对本校未成年人（以下统称学生）在校学习、生活期间合法权益的保护，适用本规定。

《未成年人学校保护规定》第六十二条：幼儿园、特殊教育学校应当根据未成年人身心特点，依据本规定有针对性地加强在园、在校未成年人合法权益的保护，并参照本规定、结合实际建立保护制度。幼儿园、特殊教育学校及其教职工违反保护职责，侵害在园、在校未成年人合法权益的，应当适用本规定从重处理。

考虑到《规定》主要针对学校这一特定组织构建全面保护体系，而培训机构、托育机构等不具备学校的组织架构，因此并未规定其适用《规定》，但有关机构仍应当落实未成年人保护法的要求，可以参考《规定》建立健全内部的管理制度。②

三、未成年人学校保护的基本原则

《未成年人学校保护规定》第三条：学校应当全面贯彻国家教育方针，落实立德树人根本任务，弘扬社会主义核心价值观，依法办学、依法治校，履行学生权益保护法定职责，健全保护制度，完善保护机制。

《未成年人学校保护规定》第四条：学校学生保护工作应当坚持最有利于未成年人的原则，注重保护和教育相结合，适应学生身心健康发展的规律和特点；关心爱护每个学生，尊重学生权利，听取学生意见。

---

① 落实未成年人保护法 健全未成年人学校保护体系——教育部政策法规司负责人就《未成年人学校保护规定》答记者问，2021 - 06 - 01.

② 落实未成年人保护法 健全未成年人学校保护体系——教育部政策法规司负责人就《未成年人学校保护规定》答记者问，2021 - 06 - 01.

《未成年人学校保护规定》第五条：教育行政部门应当落实工作职责，会同有关部门健全学校学生保护的支持措施、服务体系，加强对学校学生保护工作的支持、指导、监督和评价。

四、《未成年人学校保护规定》的主要内容

《未成年人学校保护规定》共八章六十三条，基于学校对未成年人的一般保护、专项保护、管理要求、保护机制、支持与监督、责任与处理进行了规定。

（一）一般保护

《未成年人学校保护规定》第二章第六条至第十七条对学校的一般保护进行了明确规定。

1. 学校应当保护每个学生的平等权

《未成年人学校保护规定》第六条：学校应当平等对待每个学生，不得因学生及其父母或者其他监护人（以下统称家长）的民族、种族、性别、户籍、职业、宗教信仰、教育程度、家庭状况、身心健康情况等歧视学生或者对学生进行区别对待。

2. 学校应当保护学生的人身安全（生命健康权）

《未成年人学校保护规定》第七条：学校应当落实安全管理职责，保护学生在校期间人身安全。学校不得组织、安排学生从事抢险救灾、参与危险性工作，不得安排学生参加商业性活动及其他不宜学生参加的活动。

学生在校内或者本校组织的校外活动中发生人身伤害事故的，学校应当依据有关规定妥善处理，及时通知学生家长；情形严重的，应当按规定向有关部门报告。

3. 学校应当保护学生的人身自由

《未成年人学校保护规定》第八条：学校不得设置侵犯学生人身自由的管理措施，不得对学生在课间及其他非教学时间的正当交流、游戏、出教室活动等言行自由设置不必要的约束。

4. 学校应当保护学生的人格权

《未成年人学校保护规定》第九条：学校应当尊重和保护学生的人格尊严，尊重学生名誉，保护和培育学生的荣誉感、责任感，表彰、奖励学生做到公开、公平、公正；在教育、管理中不得使用任何贬损、侮辱学生及其家长或者所属特定群体的言行、方式。

5. 学校应当保护学生的个人信息和隐私权

《未成年人学校保护规定》第十条：学校采集学生个人信息，应当告知学生及其家长，并对所获得的学生及其家庭信息负有管理、保密义务，不得毁弃以及非法删除、泄露、公开、买卖。

学校在奖励、资助、申请贫困救助等工作中，不得泄露学生个人及其家庭隐私；学生的考试成绩、名次等学业信息，学校应当便利学生本人和家长知晓，但不得公开，不得宣

传升学情况；除因法定事由，不得查阅学生的信件、日记、电子邮件或者其他网络通讯内容。

6. 学校应当保护学生的受教育权

《未成年人学校保护规定》第十一条：学校应当尊重和保护学生的受教育权利，保障学生平等使用教育教学设施设备、参加教育教学计划安排的各种活动，并在学业成绩和品行上获得公正评价。

对身心有障碍的学生，应当提供合理便利，实施融合教育，给予特别支持；对学习困难、行为异常的学生，应当以适当方式教育、帮助，必要时，可以通过安排教师或者专业人员课后辅导等方式给予帮助或者支持。

学校应当建立留守学生、困境学生档案，配合政府有关部门做好关爱帮扶工作，避免学生因家庭因素失学、辍学。

《未成年人学校保护规定》第十二条：义务教育学校不得开除或者变相开除学生，不得以长期停课、劝退等方式，剥夺学生在校接受并完成义务教育的权利；对转入专门学校的学生，应当保留学籍，原决定机关决定转回的学生，不得拒绝接收。

义务教育学校应当落实学籍管理制度，健全辍学或者休学、长期请假学生的报告备案制度，对辍学学生应当及时进行劝返，劝返无效的，应当报告有关主管部门。

7. 学校应当保护学生的休息权

《未成年人学校保护规定》第十三条：学校应当按规定科学合理安排学生在校作息时间，保证学生有休息、参加文娱活动和体育锻炼的机会和时间，不得统一要求学生在规定的上课时间前到校参加课程教学活动。

义务教育学校不得占用国家法定节假日、休息日及寒暑假，组织学生集体补课；不得以集体补课等形式侵占学生休息时间。

［法规链接］

欢迎扫描本章二维码阅读：《教育部办公厅关于进一步加强中小学生睡眠管理工作的通知》(教基厅函〔2021〕11 号)。

8. 学校应当保护学生的财产权

《未成年人学校保护规定》第十四条：学校不得采用毁坏财物的方式对学生进行教育管理，对学生携带进入校园的违法违规物品，按规定予以暂扣的，应当统一管理，并依照有关规定予以处理。

学校不得违反规定向学生收费，不得强制要求或者设置条件要求学生及家长捐款捐物、购买商品或者服务，或者要求家长提供物质帮助、需支付费用的服务等。

9. 学校应当保护学生的知识产权和肖像权

《未成年人学校保护规定》第十五条：学校以发布、汇编、出版等方式使用学生作品，对外宣传或者公开使用学生个体肖像的，应当取得学生及其家长许可，并依法保护学生的权利。

10. 学校应当尊重学生的参与权和表达权

《未成年人学校保护规定》第十六条：学校应当尊重学生的参与权和表达权，指导、支持学生参与学校章程、校规校纪、班级公约的制定，处理与学生权益相关的事务时，应当以适当方式听取学生意见。

11. 学校应当保护学生的申诉权

《未成年人学校保护规定》第十七条：学校对学生实施教育惩戒或者处分学生的，应当依据有关规定，听取学生的陈述、申辩，遵循审慎、公平、公正的原则作出决定。

除开除学籍处分以外，处分学生应当设置期限，对受到处分的学生应当跟踪观察、有针对性地实施教育，确有改正的，到期应当予以解除。解除处分后，学生获得表彰、奖励及其他权益，不再受原处分影响。

（二）专项保护

校园欺凌是近年来中央关心、社会关注、群众关切的教育领域热点难点问题。教育部等部门就防治校园欺凌印发了专门文件，新修订的《未成年人保护法》也对此做了专门规定。《未成年人学校保护规定》第三章第十八条至第二十四条将有关要求进一步具体化，进行了科学的制度设计，构建了防治学生欺凌、性侵害、性骚扰的规则体系。

1. 学校应当建立学生欺凌预防机制

《未成年人学校保护规定》第十八条：学校应当落实法律规定建立学生欺凌防控和预防性侵害、性骚扰等专项制度，建立对学生欺凌、性侵害、性骚扰行为的零容忍处理机制和受伤害学生的关爱、帮扶机制。

2. 学校应当成立学生欺凌治理组织

《未成年人学校保护规定》第十九条第一款：学校应当成立由校内相关人员、法治副校长、法律顾问、有关专家、家长代表、学生代表等参与的学生欺凌治理组织，负责学生欺凌行为的预防和宣传教育、组织认定、实施矫治、提供援助等。

3. 学校应当建立学生欺凌调查评估制度

《未成年人学校保护规定》第十九条第二款：学校应当定期针对全体学生开展防治欺凌专项调查，对学校是否存在欺凌等情形进行评估。

4. 学校应当建立学生欺凌教育制度

《未成年人学校保护规定》第二十条：学校应当教育、引导学生建立平等、友善、互助的同学关系，组织教职工学习预防、处理学生欺凌的相关政策、措施和方法，对学生开展相应的专题教育，并且应当根据情况给予相关学生家长必要的家庭教育指导。

5. 教职工应当及时制止的学生欺凌情形

《未成年人学校保护规定》明确学生欺凌的行为表现，归纳了侵犯身体、侮辱人格、侵犯财产、恶意排斥、网络诽谤或传播隐私等五类欺凌行为，为欺凌认定和处理提供具体指引。《未成年人学校保护规定》第二十一条：教职工发现学生实施下列行为的，应当及时制止：

(1) 殴打、脚踢、掌掴、抓咬、推撞、拉扯等侵犯他人身体或者恐吓威胁他人；

(2) 以辱骂、讥讽、嘲弄、挖苦、起侮辱性绰号等方式侵犯他人人格尊严；

(3) 抢夺、强拿硬要或者故意毁坏他人财物；

(4) 恶意排斥、孤立他人，影响他人参加学校活动或者社会交往；

(5) 通过网络或者其他信息传播方式捏造事实诽谤他人、散布谣言或者错误信息诋毁他人、恶意传播他人隐私。

《未成年人学校保护规定》明确了学生欺凌的概念。《未成年人学校保护规定》第二十一条第二款：学生之间，在年龄、身体或者人数等方面占优势的一方蓄意或者恶意对另一方实施前款行为，或者以其他方式欺压、侮辱另一方，造成人身伤害、财产损失或者精神损害的，可以认定为构成欺凌。这一概念强调了主体上的特定性、主观上的故意性、后果上的伤害性，有助于把学生欺凌和校园暴力、学生间正常的嬉闹等区别开来。

6. 学校应当建立学生欺凌关注、干预和制止机制

《未成年人学校保护规定》第二十二条：教职工应当关注因身体条件、家庭背景或者学习成绩等可能处于弱势或者特殊地位的学生，发现学生存在被孤立、排挤等情形的，应当及时干预。

教职工发现学生有明显的情绪反常、身体损伤等情形，应当及时沟通了解情况，可能存在被欺凌情形的，应当及时向学校报告。

学校应当教育、支持学生主动、及时报告所发现的欺凌情形，保护自身和他人的合法权益。

7. 学校应当建立学生欺凌认定和处置机制

《未成年人学校保护规定》第二十三条：学校接到关于学生欺凌报告的，应当立即开展调查，认为可能构成欺凌的，应当及时提交学生欺凌治理组织认定和处置，并通知相关学生的家长参与欺凌行为的认定和处理。认定构成欺凌的，应当对实施或者参与欺凌行为的学生作出教育惩戒或者纪律处分，并对其家长提出加强管教的要求，必要时，可以由法治副校长、辅导员对学生及其家长进行训导、教育。

对违反治安管理或者涉嫌犯罪等严重欺凌行为，学校不得隐瞒，应当及时向公安机关、教育行政部门报告，并配合相关部门依法处理。

不同学校学生之间发生的学生欺凌事件，应当在主管教育行政部门的指导下建立联合调查机制，进行认定和处理。

8. 学校应当建立防治性侵害、性骚扰工作机制

教职工当中存在极个别害群之马对学生实施性骚扰、性侵害等行为，严重侵害学生权益，性质恶劣、影响极坏，严重违背法律和师德红线，严重冲击社会道德底线。针对这一问题，《未成年人学校保护规定》将防治性侵害、性骚扰纳入专项保护，《未成年人学校

保护规定》第二十四条第一款：学校应当建立健全教职工与学生交往行为准则、学生宿舍安全管理规定、视频监控管理规定等制度，建立预防、报告、处置性侵害、性骚扰工作机制。

9. 学校应当预防并制止的性侵害、性骚扰行为

《未成年人学校保护规定》第二十四条第二款规定，学校应当采取必要措施预防并制止教职工以及其他进入校园的人员实施以下行为：

（1）与学生发生恋爱关系、性关系；

（2）抚摸、故意触碰学生身体特定部位等猥亵行为；

（3）对学生作出调戏、挑逗或者具有性暗示的言行；

（4）向学生展示传播包含色情、淫秽内容的信息、书刊、影片、音像、图片或者其他淫秽物品；

（5）持有包含淫秽、色情内容的视听、图文资料；

（6）其他构成性骚扰、性侵害的违法犯罪行为。

（三）管理要求

近年来，教育部和地方教育行政部门不断加强和改进中小学管理，出台了一系列文件，教育部 2021 年下发的关于作业管理、睡眠时间管理、手机管理、课外读物管理、体质健康管理等五项管理办法，取得了明显成效。《未成年人学校保护规定》第四章第二十五条至第四十条对未成年人学校保护的管理要求进行了明确规定。

1. 学校应当制定规范教职工、学生行为的校规校纪

《未成年人学校保护规定》第二十五条：学校应当制定规范教职工、学生行为的校规校纪。校规校纪应当内容合法、合理，制定程序完备，向学生及其家长公开，并按照要求报学校主管部门备案。

2. 学校应当加强课程管理

《未成年人学校保护规定》第二十六条：学校应当严格执行国家课程方案，按照要求开齐开足课程、选用教材和教学辅助资料。学校开发的校本课程或者引进的课程应当经过科学论证，并报主管教育行政部门备案。

学校不得与校外培训机构合作向学生提供有偿的课程或者课程辅导。

［法规链接］

欢迎扫描本章二维码阅读：中共中央　国务院印发《深化新时代教育评价改革总体方案》，中共中央办公厅国务院办公厅印发《关于进一步减轻义务教育阶段学生作业负担和校外培训负担的意见》，中共中央办公厅国务院办公厅印发《关于全面加强和改进新时代学校体育工作的意见》和《关于全面加强和改进新时代学校美育工作的意见》。教育部《严禁中小学校和在职中小学教师有偿补课的规定》《严禁教师违规收受学生及家长礼品礼金等行为的规定》《关于开展中小学有偿补课和教师违规收受礼品礼金问题专项整治工作的通知》。

3. 学校应当加强作业管理

《未成年人学校保护规定》第二十七条：学校应当加强作业管理，指导和监督教师按照规定科学适度布置家庭作业，不得超出规定增加作业量，加重学生学习负担。

[法规链接]

欢迎扫描本章二维码阅读：《教育部办公厅关于加强义务教育学校作业管理的通知》(教基厅函〔2021〕13 号)。

4. 学校应当加强读物和校园文化环境管理

《未成年人学校保护规定》第二十八条：学校应当按照规定设置图书馆、班级图书角，配备适合学生认知特点、内容积极向上的课外读物，营造良好阅读环境，培养学生阅读习惯，提升阅读质量。

学校应当加强读物和校园文化环境管理，禁止含有淫秽、色情、暴力、邪教、迷信、赌博、恐怖主义、分裂主义、极端主义等危害未成年人身心健康内容的读物、图片、视听作品等，以及商业广告、有悖于社会主义核心价值观的文化现象进入校园。

[法规链接]

欢迎扫描本章二维码阅读：《教育部关于印发〈中小学生课外读物进校园管理办法〉的通知》(教材〔2021〕2 号)。

5. 学校应当加强学生的安全管理

《未成年人学校保护规定》第二十九条：学校应当建立健全安全风险防控体系，按照有关规定完善安全、卫生、食品等管理制度，提供符合标准的教育教学设施、设备等，制定自然灾害、突发事件、极端天气和意外伤害应急预案，配备相应设施并定期组织必要的演练。

学生在校期间学校应当对校园实行封闭管理，禁止无关人员进入校园。

[法规链接]

欢迎扫描本章二维码阅读：《中小学幼儿园安全管理办法》《中小学公共安全教育指导纲要》《学生伤害事故处理办法》《中小学校岗位安全工作指南》《中小学幼儿园应急疏散演练指南》《大中小学国家安全教育指导纲要》《国务院办公厅关于加强中小学幼儿园安全风险防控体系建设的意见》《教育部等五部门关于完善安全事故处理机制维护学校

教育教学秩序的意见》《学校食品安全与营养健康管理规定》以及新冠疫情应对相关政策文件。

6. 学校应当加强学生成瘾性药物的管理

《未成年人学校保护规定》第三十条：学校应当以适当方式教育、提醒学生及家长，避免学生使用兴奋剂或者镇静催眠药、镇痛剂等成瘾性药物；发现学生使用的，应当予以制止、向主管部门或者公安机关报告，并应当及时通知家长，但学生因治疗需要并经执业医师诊断同意使用的除外。

7. 学校应当加强学生的体质管理

《未成年人学校保护规定》第三十一条：学校应当建立学生体质监测制度，发现学生出现营养不良、近视、肥胖、龋齿等倾向或者有导致体质下降的不良行为习惯，应当进行必要的管理、干预，并通知家长，督促、指导家长实施矫治。

学校应当完善管理制度，保障学生在课间、课后使用学校的体育运动场地、设施开展体育锻炼；在周末和节假日期间，按规定向学生和周边未成年人免费或者优惠开放。

［法规链接］

欢迎扫描本章二维码阅读：《教育部办公厅关于进一步加强中小学生体质健康管理工作的通知》（教体艺厅函〔2021〕16 号）。

8. 学校应当加强学生的心理健康管理

《未成年人学校保护规定》第三十二条：学校应当建立学生心理健康教育管理制度，建立学生心理健康问题的早期发现和及时干预机制，按照规定配备专职或者兼职心理健康教育教师、建设心理辅导室，或者通过购买专业社工服务等多种方式为学生提供专业化、个性化的指导和服务。

有条件的学校，可以定期组织教职工进行心理健康状况测评，指导、帮助教职工以积极、乐观的心态对待学生。

9. 学校应当加强学生的手机管理和网络管理

《未成年人学校保护规定》第三十三条：学校可以禁止学生携带手机等智能终端产品进入学校或者在校园内使用；对经允许带入的，应当统一管理，除教学需要外，禁止带入课堂。

《未成年人学校保护规定》第三十四条：学校应当将科学、文明、安全、合理使用网络纳入课程内容，对学生进行网络安全、网络文明和防止沉迷网络的教育，预防和干预学生过度使用网络。

学校为学生提供的上网设施，应当安装未成年人上网保护软件或者采取其他安全保护技术措施，避免学生接触不适宜未成年人接触的信息；发现网络产品、服务、信息有危害学生身心健康内容的，或者学生利用网络实施违法活动的，应当立即采取措施并向有关主管部门报告。

［法规链接］

欢迎扫描本章二维码阅读：《教育部办公厅关于加强中小学生手机管理工作的通知》(教基厅函〔2021〕3 号)。

10. 任何人不得在校园内吸烟、饮酒

《未成年人学校保护规定》第三十五条：任何人不得在校园内吸烟、饮酒。学校应当设置明显的禁止吸烟、饮酒的标识，并不得以烟草制品、酒精饮料的品牌冠名学校、教学楼、设施设备及各类教学、竞赛活动。

11. 学校不得聘用教职工或引入校外人员的情形

《未成年人学校保护规定》第三十六条规定，学校应当严格执行入职报告和准入查询制度，不得聘用有下列情形的人员：

(1) 受到剥夺政治权利或者因故意犯罪受到有期徒刑以上刑事处罚的；

(2) 因卖淫、嫖娼、吸毒、赌博等违法行为受到治安管理处罚的；

(3) 因虐待、性骚扰、体罚或者侮辱学生等情形被开除或者解聘的；

(4) 实施其他被纳入教育领域从业禁止范围的行为的。

学校在聘用教职工或引入志愿者、社工等校外人员时，应当要求相关人员提交承诺书；对在聘人员应当按照规定定期开展核查，发现存在前款规定情形的人员应当及时解聘。

12. 学校教职工从业禁止依据

《未成年人学校保护规定》第三十七条：学校发现拟聘人员或者在职教职工存在下列情形的，应当对有关人员是否符合相应岗位要求进行评估，必要时可以安排有专业资质的第三方机构进行评估，并将相关结论作为是否聘用或者调整工作岗位、解聘的依据：

(1) 有精神病史的；

(2) 有严重酗酒、滥用精神类药物史的；

(3) 有其他可能危害未成年人身心健康或者可能造成不良影响的身心疾病的。

13. 学校及教职工行为的禁止性要求

教师承担着教书育人的重要使命和塑造灵魂、塑造生命、塑造新人的神圣职责。教职工的一言一行会对学生产生直接的、重要的影响。教职工利用职务便利谋取利益，不仅侵害学生权益，而且严重损害教师形象，甚至构成违法犯罪。为规范教师行为，保护学生权益，《未成年人学校保护规定》第三十八条规定：学校应当加强对教职工的管理，预防和制止教职工实施法律、法规、规章以及师德规范禁止的行为。学校及教职工不得实施下列行为：

（1）利用管理学生的职务便利或者招生考试、评奖评优、推荐评价等机会，以任何形式向学生及其家长索取、收受财物或者接受宴请、其他利益；

（2）以牟取利益为目的，向学生推销或者要求、指定学生购买特定辅导书、练习册等教辅材料或者其他商品、服务；

（3）组织、要求学生参加校外有偿补课，或者与校外机构、个人合作向学生提供其他有偿服务；

（4）诱导、组织或者要求学生及其家长登录特定经营性网站，参与视频直播、网络购物、网络投票、刷票等活动；

（5）非法提供、泄露学生信息或者利用所掌握的学生信息牟取利益；

（6）其他利用管理学生的职权牟取不正当利益的行为。

14. 学校应当加强校车安全管理

《未成年人学校保护规定》第三十九条：学校根据《校车安全管理条例》配备、使用校车的，应当依法建立健全校车安全管理制度，向学生讲解校车安全乘坐知识，培养学生校车安全事故应急处理技能。

15. 学校应当加强校园及周边环境管理

《未成年人学校保护规定》第四十条：学校应当定期巡查校园及周边环境，发现存在法律禁止在学校周边设立的营业场所、销售网点的，应当及时采取应对措施，并报告主管教育部门或者其他有关主管部门。

学校及其教职工不得安排或者诱导、组织学生进入营业性娱乐场所、互联网上网服务营业场所、电子游戏场所、酒吧等不适宜未成年人活动的场所；发现学生进入上述场所的，应当及时予以制止、教育，并向上述场所的主管部门反映。

（四）保护机制

健全完善的工作机制是未成年人学校保护各项制度能够有效实施的关键。《未成年人学校保护规定》第五章第四十一条至第四十九条构建了未成年人学校保护的八大工作机制。

1. 领导机制和组织机制

《未成年人学校保护规定》第四十一条：校长是学生学校保护的第一责任人。学校应当指定一名校领导直接负责学生保护工作，并明确具体的工作机构，有条件的，可以设立学生保护专员开展学生保护工作。学校应当为从事学生保护工作的人员接受相关法律、理论和技能的培训提供条件和支持，对教职工开展未成年人保护专项培训。

有条件的学校可以整合欺凌防治、纪律处分等组织、工作机制，组建学生保护委员会，统筹负责学生权益保护及相关制度建设。

2. 教育机制

（1）学校要积极开展以生命关怀为核心的专题教育

《未成年人学校保护规定》第四十二条：学校要树立以生命关怀为核心的教育理念，

利用安全教育、心理健康教育、环境保护教育、健康教育、禁毒和预防艾滋病教育等专题教育，引导学生热爱生命、尊重生命；要有针对性地开展青春期教育、性教育，使学生了解生理健康知识，提高防范性侵害、性骚扰的自我保护意识和能力。

(2) 学校应当积极开展法治教育

《未成年人学校保护规定》第四十三条：学校应当结合相关课程要求，根据学生的身心特点和成长需求开展以宪法教育为核心、以权利与义务教育为重点的法治教育，培养学生树立正确的权利观念，并开展有针对性的预防犯罪教育。

3. 专业合作机制

《未成年人学校保护规定》第四十四条：学校可以根据实际组成由学校相关负责人、教师、法治副校长（辅导员）、司法和心理等方面专业人员参加的专业辅导工作机制，对有不良行为的学生进行矫治和帮扶；对有严重不良行为的学生，学校应当配合有关部门进行管教，无力管教或者管教无效的，可以依法向教育行政部门提出申请送专门学校接受专门教育。

4. 民主参与机制

《未成年人学校保护规定》第四十五条：学校在作出与学生权益有关的决定前，应当告知学生及其家长，听取意见并酌情采纳。

学校应当发挥学生会、少代会、共青团等学生组织的作用，指导、支持学生参与权益保护，对于情节轻微的学生纠纷或者其他侵害学生权益的情形，可以安排学生代表参与调解。

5. 家校沟通机制

《未成年人学校保护规定》第四十六条：学校应当建立与家长有效联系机制，利用家访、家长课堂、家长会等多种方式与学生家长建立日常沟通。

学校应当建立学生重大生理、心理疾病报告制度，向家长及时告知学生身体及心理健康状况；学校发现学生身体状况或者情绪反应明显异常、突发疾病或者受到伤害的，应当及时通知学生家长。

6. 强制报告机制

《未成年人学校保护规定》第四十七条：学校和教职工发现学生遭受或疑似遭受家庭暴力、虐待、遗弃、长期无人照料、失踪等不法侵害以及面临不法侵害危险的，应当依照规定及时向公安、民政、教育等有关部门报告。学校应当积极参与、配合有关部门做好侵害学生权利案件的调查处理工作。

7. 首问负责机制

《未成年人学校保护规定》第四十八条：教职员工发现学生权益受到侵害，属于本职工作范围的，应当及时处理；不属于本职工作范围或者不能处理的，应当及时报告班主任或学校负责人；必要时可以直接向主管教育行政部门或者公安机关报告。

8. 帮扶救助机制

《未成年人学校保护规定》第四十九条：学生因遭受遗弃、虐待向学校请求保护的，学校不得拒绝、推诿，需要采取救助措施的，应当先行救助。

学校应当关心爱护学生，为身体或者心理受到伤害的学生提供相应的心理健康辅导、帮扶教育。对因欺凌造成身体或者心理伤害，无法在原班级就读的学生，学生家长提出调整班级请求，学校经评估认为有必要的，应当予以支持。

(五) 支持与监督

未成年学校保护不仅是学校的职责，还需要政府给予支持保障，需要政府加强监督指导。《未成年人学校保护规定》第六章第五十条至第五十六条对未成年人学校保护教育行政部门的支持与监督机制进行了明确规定。

1. 教育行政部门应当建立协同机制

《未成年人学校保护规定》第五十条：教育行政部门应当积极探索与人民检察院、人民法院、公安、司法、民政、应急管理等部门以及从事未成年人保护工作的相关群团组织的协同机制，加强对学校学生保护工作的指导与监督。

2. 教育行政部门应当落实从业禁止机制

《未成年人学校保护规定》第五十一条：教育行政部门应当会同有关部门健全教职工从业禁止人员名单和查询机制，指导、监督学校健全准入和定期查询制度。

3. 教育行政部门提供专业服务

《未成年人学校保护规定》第五十二条：教育行政部门可以通过政府购买服务的方式，组织具有相应资质的社会组织、专业机构及其他社会力量，为学校提供法律咨询、心理辅导、行为矫正等专业服务，为预防和处理学生权益受侵害的案件提供支持。

教育行政部门、学校在与有关部门、机构、社会组织及个人合作进行学生保护专业服务与支持过程中，应当与相关人员签订保密协议，保护学生个人及家庭隐私。

4. 教育行政部门应当建立专门的机构队伍

《未成年人学校保护规定》第五十三条：教育行政部门应当指定专门机构或者人员承担学生保护的监督职责，有条件的，可以设立学生保护专兼职监察员负责学生保护工作，处理或者指导处理学生欺凌、性侵害、性骚扰以及其他侵害学生权益的事件，会同有关部门落实学校安全区域制度，健全依法处理涉校纠纷的工作机制。

负责学生保护职责的人员应当接受专门业务培训，具备学生保护的必要知识与能力。

5. 教育行政部门应当建立投诉渠道

《未成年人学校保护规定》第五十四条：教育行政部门应当通过建立投诉举报电话、邮箱或其他途径，受理对学校或者教职工违反本规定或者其他法律法规、侵害学生权利的投诉、举报；处理过程中发现有关人员行为涉嫌违法犯罪的，应当及时向公安机关报案或者移送司法机关。

6. 教育行政部门应当发展社会组织

《未成年人学校保护规定》第五十五条：县级教育行政部门应当会同民政部门，推动设立未成年人保护社会组织，协助受理涉及学生权益的投诉举报、开展侵害学生权益案件的调查和处理，指导、支持学校、教职工、家长开展学生保护工作。

7. 地方教育行政部门应当加强考核评估

《未成年人学校保护规定》第五十六条第一款：地方教育行政部门应当建立学生保护工作评估制度，定期组织或者委托第三方对管辖区域内学校履行保护学生法定职责情况进行评估，评估结果作为学校管理水平评价、校长考评考核的依据。

8. 各级教育督导机构应当强化督导问责

《未成年人学校保护规定》第五十六条第二款：各级教育督导机构应当将学校学生保护工作情况纳入政府履行教育职责评价和学校督导评估的内容。

（六）责任与处理

《未成年人学校保护规定》第七章第五十七条至第六十一条对未成年人学校保护的责任与处理进行了明确规定。

1. 明确学校侵权责任

《未成年人学校保护规定》第五十七条：学校未履行未成年人保护法规定的职责，违反本规定侵犯学生合法权利的，主管教育行政部门应当责令改正，并视情节和后果，依照有关规定和权限分别对学校的主要负责人、直接责任人或者其他责任人员进行诫勉谈话、通报批评、给予处分或者责令学校给予处分；同时，可以给予学校1至3年不得参与相应评奖评优，不得获评各类示范、标兵单位等荣誉的处理。

2. 明确学校监督责任

《未成年人学校保护规定》第五十八条：学校未履行对教职工的管理、监督责任，致使发生教职工严重侵害学生身心健康的违法犯罪行为，或者有包庇、隐瞒不报，威胁、阻拦报案，妨碍调查、对学生打击报复等行为的，主管教育部门应当对主要负责人和直接责任人给予处分或者责令学校给予处分；情节严重的，应当移送有关部门查处，构成违法犯罪的，依法追究相应法律责任。因监管不力、造成严重后果而承担领导责任的校长，5年内不得再担任校长职务。

3. 明确学校管理责任

《未成年人学校保护规定》第五十九条：学校未按本规定建立学生权利保护机制，或者制定的校规违反法律法规和本规定，由主管教育部门责令限期改正、给予通报批评；情节严重、影响较大或者逾期不改正的，可以对学校主要负责人和直接负责人给予处分或者责令学校给予处分。

4. 明确教职工侵权责任

《未成年人学校保护规定》第六十条：教职工违反本规定的，由学校或者主管教育部门依照事业单位人员管理、中小学教师管理的规定予以处理。

教职工实施第二十四条第二款禁止行为的，应当依法予以开除或者解聘；有教师资格的，由主管教育行政部门撤销教师资格，纳入从业禁止人员名单；涉嫌犯罪的，移送有关部门依法追究责任。

教职工违反第三十八条规定牟取不当利益的，应当责令退还所收费用或者所获利益，给学生造成经济损失的，应当依法予以赔偿，并视情节给予处分，涉嫌违法犯罪的移送有关部门依法追究责任。

学校应当根据实际，建立健全校内其他工作人员聘用和管理制度，对其他人员违反本规定的，根据情节轻重予以校内纪律处分直至予以解聘，涉嫌违反治安管理或者犯罪的，移送有关部门依法追究责任。

[法规链接]

欢迎扫描本章二维码阅读：《事业单位工作人员处分规定》《中小学教师违反职业道德行为处理办法》。

5. 明确教育行政部门失职责任

《未成年人学校保护规定》第六十一条：教育行政部门未履行对学校的指导、监督职责，管辖区域内学校出现严重侵害学生权益情形的，由上级教育行政部门、教育督导机构责令改正、予以通报批评，情节严重的依法追究主要负责人或者直接责任人的责任。

[法规链接]

欢迎扫描本章二维码阅读：《未成年人学校保护规定》(2021年9月1日起施行)。

《未成年人学校保护规定》对学校管理提出了很多要求，涉及学校治校办学理念的更新、制度的重构和能力的提升。各级教育行政部门和学校做好学习宣传，准确理解《未成年人学校保护规定》精神、准确把握工作要求。教育系统干部、师生要普遍知晓和理解《未成年人学校保护规定》的精神和要求；要健全工作机制，加强与人民检察院、人民法院、公安、司法、民政、应急管理等部门以及从事未成年人保护工作的群团组织的沟通协作，建立协同机制，形成工作合力。要完善教育内部工作机制，明确专门机构和人员负责未成年人保护工作；要加强支持保障，加大经费、人员等方面的投入力度，为学校提供必要条件、解决实际困难；要推动组织开展培训，促进地方、学校不断提升未成年人学校保护工作的能力和水平。①

① 落实未成年人保护法 健全未成年人学校保护体系——教育部政策法规司负责人就《未成年人学校保护规定》答记者问，2021-06-01.

思考与练习

1. 试述保护未成年人的基本原则。

2. 列举《未成年人保护法》对学校保护做出的规定。

3. 试述《预防未成年人犯罪法》规定的未成年人不良行为情形。

4. 试述学校可以对有不良行为未成年学生的干预措施。

5. 试述《预防未成年人犯罪法》规定的未成年人严重不良行为的情形。

6. 试述《学生伤害事故处理办法》规定的造成学生伤害事故，学校应当依法承担相应责任的情形。

7. 列举《未成年人学校保护规定》对学校的一般保护规定。

8. 试述教职工应当及时制止的学生欺凌情形。

9. 试述学校应当预防并制止的性侵害性骚扰行为。

10. 试述学校不得聘用教职工或引入校外人员的情形。

11. 试述《未成年人学校保护规定》规定的学校及教职工不得实施的行为。

12. 材料分析。

观看影片《少年的你》。故事从一个高三女生不堪校园凌霸而跳楼开始，这个女生是主角陈念的朋友，陈念性格内向，因和警方聊过而成为被施暴者的新目标。而陈念母亲是卖三无面膜的，欠了很多债，为躲债常年在外地。因此独自居住的陈念被施暴者欺负孤立无援时认识了另一个主角刘北山。小北是个小混混，父亲抛妻弃子，母亲再婚，他独自靠倒卖组装机和其他合法兼职生活。小北一直保护陈念正常上学。一次意外中陈念被欺凌并拍裸照，之后失手杀人，小北为其顶罪，但警察郑易认为陈念有重大嫌疑，经过劝说陈念完成高考后自首。

(1) 影片中校园暴力事件的发生早有预兆，却未加防范，对此家长及学校尤其是班主任又该承担怎样的责任?

(2) 校园欺凌产生的原因何在? 结合《未成年人学校保护规定》的相关要求谈谈教育行政部门、学校及教职工应该如何有效保护未成年学生?

单元测试

请扫本章二维码，进入 MOOC 链接或者手机下载 APP：中国大学 MOOC，搜索课程：《教师职业道德与教育政策法规》参阅本章不断更新的内容，完成单元测试题。

附件一

教师职场中的师德典范

<table>
<tr><th colspan="3">师德典范</th></tr>
<tr><td>教书育人楷模</td><td>全国教书育人楷模，集中体现了新时期人民教师忠诚党的教育事业，热爱祖国、服务人民，教书育人、为人师表的高尚师德，是广大教师和教育工作者的杰出代表。教育部号召教育系统全体教职工以全国教书育人楷模为榜样，爱岗敬业、立德树人，严谨笃学、无私奉献，不断提高教育教学质量，为建设人力资源强国、实现中华民族伟大复兴做出新的更大的贡献。</td><td rowspan="3">• 教书育人楷模名单及事迹
• 最美教师名单及事迹
• 时代楷模名单及事迹</td></tr>
<tr><td>最美教师</td><td>“最美教师”扎根讲台默默奉献，把满腔热情和全部精力献给教育事业，彰显了新时代人民教师的理想情操、高尚师德和人格魅力，必将激励全体教师学习最美、争当最美，更好担起学生健康成长指导者和引路人的责任，努力培养出更多德智体美劳全面发展的社会主义建设者和接班人，为加快推进教育现代化、建设教育强国、办好人民满意的教育做出新的更大的贡献。</td></tr>
<tr><td>时代楷模</td><td>时代楷模事迹厚重感人，道德情操高尚，影响广泛深远。他们被誉为“最美教师”“最美司机”“最美卫士”“最美叔叔”，都是“最美的中国人”。他们的“美”，美在爱心、美在善良、美在奉献、美在无私，体现了当代社会的道德高度，不愧为当今中国的“时代楷模”。他们的先进事迹和高尚品德，植根于中华民族深厚的道德积淀，植根于中国特色社会主义伟大事业的实践沃土，是雷锋精神的接力传承，是社会主义核心价值体系的生动诠释，是中国社会思想道德主流的真实写照。</td></tr>
</table>

附件二

教育政策与法规文件目录

一、有关教育的法律

1. 中华人民共和国宪法
2. 中华人民共和国教育法
3. 中华人民共和国义务教育法
4. 中华人民共和国教师法
5. 中华人民共和国民办教育促进法
6. 中华人民共和国学位法
7. 中华人民共和国职业教育法
8. 中华人民共和国高等教育法
9. 中华人民共和国学前教育法
10. 中华人民共和国家庭教育促进法
11. 中华人民共和国爱国主义教育法
12. 中华人民共和国国防教育法

二、其他法律

1. 中华人民共和国民法典
2. 中华人民共和国刑法
3. 中华人民共和国体育法
4. 中华人民共和国行政处罚法
5. 中华人民共和国残疾人保障法
6. 中华人民共和国妇女权益保障法
7. 中华人民共和国治安管理处罚法
8. 中华人民共和国行政诉讼法
9. 中华人民共和国民事诉讼法
10. 中华人民共和国反家庭暴力法
11. 中华人民共和国个人信息保护法
12. 中华人民共和国网络安全法
13. 中华人民共和国国旗法
14. 中华人民共和国国家安全法
15. 中华人民共和国保守国家秘密法

三、有关教师的政策与法规

1. 中共中央　国务院关于全面深化新时代教师队伍建设改革的意见
2. 中共中央　国务院关于弘扬教育家精神加强新时代高素质专业化教师队伍建设的意见
3. 中小学班主任工作规定
4. 教师资格条例
5. 教师资格条例实施办法
6. 教学成果奖励条例
7. 小学教师专业标准(试行)
8. 中学教师专业标准(试行)
9. 中等职业学校教师专业标准

师德师风

10. 中小学教师职业道德规范(2008年修订)
11. 新时代中小学教师职业行为十项准则
12. 中小学教师违反职业道德行为处理办法(2018年修订)
13. 严禁中小学校和在职中小学教师有偿补课的规定
14. 严禁教师违规收受学生及家长礼品礼金等行为的规定
15. 教育部办公厅关于开展中小学有偿补课和教师违规收受礼品礼金问题专项整治工作的通知
16. 关于加强和改进新时代师德师风建设的意见
17. 基础教育强师计划
18. 教育部等六部门关于加强新时代乡村教师队伍建设的意见
19. 教育部办公厅关于开展人工智能助推教师队伍建设行动试点工作的通知
20. 教师数字素养行业标准
21. 教育部颁布教师数字素养通知
22. 教育部教师工作司关于印发《全国中小学教师信息技术应用能力提升工程2.0校本应用考核指南》的通知
23. 教育部关于全面推进教师管理信息化的意见
24. 关于减轻中小学教师负担进一步营造教育教学良好环境的若干意见
25. 教育部办公厅关于开展基础教育“规范管理年”行动的通知

四、有关学生的政策与法规

1. 中华人民共和国未成年人保护法
2. 中华人民共和国预防未成年人犯罪法
3. 未成年人学校保护规定
4. 联合国儿童权利公约
5. 中小学学生学籍管理办法
6. 学生伤害事故处理办法
7. 中小学生守则
8. 小学生日常行为规范(修订)

9. 中学生日常行为规范(修订)
10. 禁止使用童工规定
11. 中小学教育惩戒规则(试行)
12. 未成年人网络保护条例

防控校园欺凌

13. 教育部等九部门关于防治中小学生欺凌和暴力的指导意见
14. 教育部等十一部门关于印发《加强中小学生欺凌综合治理方案》的通知
15. 教育部办公厅关于印发《防范中小学生欺凌专项治理行动工作方案》的通知

五、有关学校的政策与法规

党的领导

1. 中国共产党章程
2. 关于建立中小学校党组织领导的校长负责制的意见(试行)
3. 中国共产党廉洁自律准则
4. 中国共产党纪律处分条例
5. 关于加强中小学校党的建设工作的意见
6. 中国共产党问责条例
7. 中国共产党党内监督条例

依法治校

1. 中共中央关于全面推进依法治国若干重大问题的决定
2. 全面推进依法治校实施纲要
3. 教育部关于深入推进教育管办评分离促进政府职能转变的若干意见
4. 学校教职工代表大会规定
5. 中华人民共和国义务教育法实施细则
6. 中华人民共和国民办教育促进法实施条例
7. 全国依法治校示范校创建指南(中小学)
8. 教育部关于推进中小学信息公开工作的意见
9. 全国中小学校长任职条件和岗位要求(试行)
10. 中小学法治副校长聘任与管理办法
11. 中华人民共和国中外合作办学条例实施办法
12. 高等学校章程制定暂行办法
13. 学校招收和培养国际学生管理办法
14. 教育统计管理规定
15. 教育系统内部审计工作规定
16. 特殊教育学校暂行规程
17. 义务教育学校校长专业标准
18. 关于营利性民办学校监督管理实施细则的通知
19. 中小学财务制度

人事管理

1. 事业单位工作人员处分规定

2. 事业单位领导人员管理规定
3. 事业单位工作人员考核规定
4. 事业单位人事管理条例

规范办学

1. 关于进一步减轻义务教育阶段学生作业负担和校外培训负担的意见
2. 深化新时代教育评价改革总体方案
3. 国家教育考试违规处理办法
4. 义务教育学校管理标准
5. 小学管理规程
6. 教育部办公厅关于加强义务教育学校考试管理的通知
7. 教育部等八部门关于进一步激发中小学办学活力的若干意见
8. 中共中央　国务院关于深化教育教学改革全面提高义务教育质量的意见
9. “十四五”县域普通高中发展提升行动计划
10. 教育部、中央编办、司法部关于加强教育行政执法 深入推进校外培训机构综合治理的意见
11. 校外培训行政处罚暂行办法
12. 关于面向中小学生的全国性竞赛活动管理办法
13. 教育部关于加强教育行政执法工作的意见
14. 中共中央、国务院印发中国教育现代化 2035
15. 中共中央　国务院关于深化教育改革全面推进素质教育的决定
16. 教育部关于加强初中学业水平考试命题工作的意见
17. 中共中央关于全面加强新时代少先队工作的意见

德育工作

1. 中小学德育工作指南
2. 公民道德建设实施纲要
3. 中共中央　国务院印发新时代爱国主义教育实施纲要
4. 教育部办公厅关于严禁商业广告、商业活动进入中小学校和幼儿园的紧急通知
5. 教育部　中共中央宣传部关于加强中小学影视教育的指导意见
6. 教育部办公厅关于严禁有害 APP 进入中小学校园的通知

课程建设与网络在线学习

1. 教育部等十一部门关于促进在线教育健康发展的指导意见
2. 教育部关于加强网络学习空间建设与应用的指导意见
3. 教育部关于印发义务教育课程方案和课程标准(2022 年版)的通知
4. 教育部开展 2022 年基础教育精品课遴选工作的通知

思政课程与课程思政

1. 中共中央办公厅　国务院办公厅印发关于深化新时代学校思想政治理论课改革创新的若干意见的通知
2. 关于加强新时代中小学思想政治理论课教师队伍建设的意见
3. 教育部关于进一步加强新时代中小学思政课建设的意见

4. 中共中央宣传部　教育部关于印发新时代学校思想政治理论课改革创新实施方案的通知

5. 教育部办公厅关于印发教育部大中小学思政课一体化建设指导委员会章程的通知

双减与课后服务

1. 中共中央办公厅、国务院办公厅印发关于进一步减轻义务教育阶段学生作业负担和校外培训负担的意见

2. 教育部等九部门关于印发中小学生减负措施的通知

3. 教育部推广部分地方义务教育课后服务典型

教研科研

1. 教育部关于加强新时代教育科学研究工作的意见

2. 教育部关于加强和改进新时代基础教育教研工作的意见

教材

教育部关于印发《中小学教材管理办法》《职业院校教材管理办法》和《普通高等学校教材管理办法》的通知

实验教学

教育部关于加强和改进中小学实验教学的意见

学校卫生与健康教育

教育部等五部门关于全面加强和改进新时代学校卫生与健康教育工作的意见

音体美劳艺术

1. 中共中央办公厅　国务院办公厅关于全面加强和改进新时代学校体育、美育工作的意见

2. 关于全面加强新时代大中小学劳动教育的意见

3. 关于全面加强和改进新时代学校体育工作的意见

4. 关于全面加强和改进新时代学校美育工作的意见

5. 学校体育工作条例

6. 教育部关于印发《大中小学劳动教育指导纲要(试行)》的通知

7. 教育部关于印发《学校体育美育兼职教师管理办法》的通知

8. 学校艺术教育工作规程

高中教育

1. 国务院办公厅关于新时代推进普通高中育人方式改革的指导意见

2. 高中办学评价指标

3. 高中办学质量评价指标

4. 高中发展提升计划

家校共育

1. 教育部等十三部门关于健全学校家庭社会协同育人机制的意见

2. 教育部关于加强家庭教育工作的指导意见

3. 教育部关于建立中小学幼儿园家长委员会的指导意见

4. 教育部办公厅关于印发禁止妨碍义务教育实施的若干规定的通知

5. 关于预防学生溺水致全国中小学生家长的信

6. 关于预防学生网络沉迷致全国中小学生家长的信

安全管理

1. 中小学幼儿园安全管理办法
2. 中小学幼儿园安全防范工作规范(试行)
3. 中小学校岗位安全工作指南
4. 中小学幼儿园应急疏散演练指南
5. 大中小学国家安全教育指导纲要
6. 国务院办公厅关于加强中小学幼儿园安全风险防控体系建设的意见
7. 教育部等五部门关于完善安全事故处理机制维护学校教育教学秩序的意见
8. 中小学公共安全教育指导纲要
9. 校车安全管理条例

五项管理规定

1. 教育部办公厅关于加强中小学生手机管理工作的通知
2. 教育部办公厅关于进一步加强中小学生睡眠管理工作的通知
3. 教育部关于印发《中小学生课外读物进校园管理办法》的通知
4. 教育部办公厅关于加强义务教育学校作业管理的通知
5. 教育部办公厅关于进一步加强中小学生体质健康管理工作的通知

饮食卫生

1. 中华人民共和国食品安全法
2. 学校卫生工作条例
3. 学校食品安全与营养健康管理规定
4. 突发公共卫生事件应急条例
5. 营养与健康学校建设指南
6. 国民营养计划(2017—2030 年)
7. 健康中国行动(2019—2030 年)中“合理膳食行动”和“中小学校健康促进行动”
8. 关于落实主体责任强化校园食品安全管理的指导意见
9. 餐饮服务食品安全操作规范
10. 学校食堂与学生集体用餐卫生管理规定

继续教育

1. 中小学教师继续教育规定
2. 中小学校长培训规定
3. 教育部办公厅关于印发《中小学教师培训课程指导标准(师德修养)》等 3 个文件的通知
4. 中小学教师培训课程指导标准(师德修养)
5. 中小学教师培训课程指导标准(专业发展)

六、幼儿园政策与法律

学前教育法律

1. 中华人民共和国学前教育法
2. 联合国儿童权利公约

3. 中华人民共和国人口与计划生育法

幼儿园规范办学

1. 中共中央 国务院关于学前教育深化改革规范发展的若干意见
2. 关于幼儿教育改革与发展的指导意见
3. “十四五”学前教育发展提升行动计划
4. 国务院关于当前发展学前教育的若干意见
5. 幼儿园管理条例
6. 幼儿园工作规程
7. 幼儿园收费管理暂行办法
8. 教育部住房和城乡建设部关于印发《幼儿园标准设计样图》的通知

关于幼儿教师的政策法规

1. 幼儿园教师专业标准(试行)
2. 幼儿园教职工配备标准(暂行)
3. 新时代幼儿园教师职业行为十项准则
4. 幼儿园教师违反职业道德行为处理办法

关于幼儿教育教学的政策法规

1. 幼儿园教育指导纲要(试行)
2. 3—6岁儿童学习与发展指南
3. 教育部关于规范幼儿园保育教育工作防止和纠正“小学化”现象的通知
4. 教育部办公厅关于开展幼儿园“小学化”专项治理工作的通知

幼小衔接

1. 教育部关于大力推进幼儿园与小学科学衔接的指导意见
2. 小学入学适应教育指导要点
3. 幼儿园入学准备教育指导要点

幼儿园卫生保健

托儿所幼儿园卫生保健管理办法

保育工作

1. 幼儿园保育教育质量评估指南
2. 幼儿园保育质量评估指标

3岁以下婴幼儿托育服务

1. 托育机构登记和备案办法(试行)
2. 托育机构设置标准(试行)
3. 托育机构管理规范(试行)
4. 3岁以下婴幼儿健康养育照护指南(试行)
5. 中共中央 国务院关于优化生育政策促进人口长期均衡发展的决定
6. 国务院办公厅关于促进3岁以下婴幼儿照护服务发展的指导意见
7. 托育从业人员职业行为准则(试行)
8. 上海市学前教育与托育服务条例

附件三

《综合素质》国家教师资格考试大纲

《综合素质》(中学、小学　节选)

一、考试目标

主要考查申请教师资格人员的下列知识、能力和素养：

1. 具有先进的教育理念。

2. 具有良好的法律意识和职业道德。

3. 具有一定的文化素养。

4. 具有阅读理解、语言表达、逻辑推理、信息处理等基本能力。

二、考试内容模块与要求

(一) 职业理念

1. 教育观

理解国家实施素质教育的基本要求。

掌握在学校教育中开展素质教育的途径和方法。

依据国家实施素质教育的基本要求，分析和评判教育现象。

2. 学生观

理解“人的全面发展”的思想。

理解“以人为本”的涵义，在教育教学活动中做到以学生的全面发展为本。

运用“以人为本”的学生观，在教育教学活动中公正地对待每一个学生，不因性别、民族、地域、经济状况、家庭背景和身心缺陷等歧视学生。

设计或选择丰富多样、适当的教育教学活动方式，因材施教，以促进学生的个性发展。

3. 教师观

了解教师专业发展的要求。

具备终身学习的意识。

在教育教学过程中运用多种方式和手段促进自身的专业发展。

理解教师职业的责任与价值，具有从事教育工作的热情与决心。

(二) 教育法律法规

1. 有关教育的法律法规

了解国家主要的教育法律法规，如《中华人民共和国教育法》《中华人民共和国义务教育法》《中华人民共和国教师法》《中华人民共和国未成年人保护法》《中华人民共和国预防未成年人犯罪法》《学生伤害事故处理办法》等。

了解《国家中长期教育改革和发展规划纲要(2010—2020年)》的相关内容。

2. 教师权利和义务

理解教师的权利和义务,熟悉国家有关教育法律法规所规范的教师教育行为,依法从教。

依据国家教育法律法规,分析评价教师在教育教学实践中的实际问题。

3. 学生权利保护

了解有关学生权利保护的教育法规,保护学生的合法权利。

依据国家教育法律法规,分析评价教育教学活动中的学生权利保护等实际问题。

(三) 教师职业道德规范

1. 教师职业道德

了解《中小学教师职业道德规范》(2008年修订),掌握教师职业道德规范的主要内容,尊重法律及社会接受的行为准则。

理解《中小学班主任工作条例》文件精神。

分析评价教育教学实践中教师的道德规范问题。

2. 教师职业行为

了解教师职业行为规范的要求。

理解教师职业行为规范的主要内容,在教育活动中运用行为规范恰当地处理与学生、学生家长、同事以及教育管理者的关系。

在教育教学活动中,依据教师职业行为规范,爱国守法、爱岗敬业、关爱学生、教书育人、为人师表。

《综合素质》(幼儿园　节选)

一、考试目标

主要考查申请教师资格人员的下列知识、能力和素养:

1. 具有先进的教育理念。
2. 具有良好的法律意识和职业道德。
3. 具有一定的文化素养。
4. 具有阅读理解、语言表达、逻辑推理、信息处理等基本能力。

(一) 职业理念

1. 教育观

理解国家实施素质教育的基本要求。

掌握在幼儿教育中实施素质教育的途径和方法。

理解幼儿教育作为人生发展的奠基教育的重要性及其特点,能够以正确的教育价值观分析和评判教育现象。

2. 儿童观

理解“人的全面发展”的思想。

理解“育人为本”的涵义，爱幼儿，尊重幼儿，相信每一个幼儿都具有发展潜力，维护每一个幼儿的人格与权利。

运用“育人为本”的幼儿观，在保教实践中公正地对待每一个幼儿，不因性别、民族、地域、经济状况、家庭背景和身心缺陷等歧视幼儿。

设计或选择丰富多样、适当的保教活动方式，因材施教，以促进幼儿的个性发展。

3. 教师观

了解教师专业发展的要求；

具备终身学习的意识。

理解教师职业的责任与价值，具有从事幼儿教育工作的热情与决心。

(二) 教育法律法规

1. 有关教育的法律法规

了解国家主要的教育法律法规，如《中华人民共和国教育法》《中华人民共和国义务教育法》《中华人民共和国教师法》《中华人民共和国未成年人保护法》《幼儿园工作规程》等。

了解《国家中长期教育改革和发展规划纲要(2010—2020年)》的相关内容；

了解联合国《儿童权利公约》的相关内容。

2. 教师权利和义务

熟悉教师的权利和义务，熟悉国家有关教育法律法规所规范的教师教育行为，依法从教。

依据国家教育法律法规，分析评价幼儿教学实践中的实际问题。

3. 幼儿保护

熟悉幼儿权利保护的相关教育法规，保护幼儿的合法权利。

依据国家教育法律法规，分析评价幼儿教育工作中幼儿权利保护等实际问题。

(三) 教师职业道德规范

1. 教师职业道德

了解《中小学教师职业道德规范》(2008年修订)，掌握教师职业道德规范的主要内容。

理解《中小学班主任工作条例》的精神。

分析评价保教实践中教师的道德规范问题。

2. 教师职业行为

熟悉教师职业行为规范的要求，熟悉幼儿园教师的职业特点。

理解教师职业行为规范的主要内容，在教育活动中运用行为规范恰当地处理与幼儿、幼儿家长、同事以及教育管理者的关系。

在保教活动中，依据教师职业行为规范，爱国守法、爱岗敬业、关爱学生、教书育人、为人师表。

主要参考文献

1. 许映建.教育政策与法律教程(慕课版)[M].南京:南京大学出版社,2018.

2. 陈玉祥,胡兰.教师职业道德[M].2版.南京:南京大学出版社,2020.

3. 陈玉祥.教师职业道德[M].南京:南京大学出版社,2016.

4. 陈玉祥,丁锦宏.高校教师职业道德规范[M].南京:南京大学出版社,2017.

5. 钱焕琦.教师职业道德[M].4版.上海:华东师范大学出版社,2020.

6. 陈大伟.教师职业道德[M].2版.北京:高等教育出版社,2022.

7. 檀传宝.教师职业道德[M].2版.北京:北京师范大学出版社,2023.

8. 杨芷英.教师职业道德[M].3版.北京:高等教育出版社,2022.

9. 王晓明.教育思维与教师行为研究[M].长春:吉林出版集团股份有限公司,2022.

10. 成尚荣.核心素养的中国表达[M].上海:华东师范大学出版社,2018.

11. 唐凯麟,刘铁芳.教师成长与师德修养[M].北京:教育科学出版社,2007.

12. 叶小媚.中国师德手册[M].北京:中央文献出版社,2009.

13. 顾昭明,张剑.坚持把立德树人作为根本任务[M].北京:中国人民大学出版社,2021.

14. 王淑芹.教师职业道德新编[M].2版.北京:高等教育出版社,2023.

15. 丁锦宏.教育学基础[M].北京:高等教育出版社,2009.

16. 丁锦宏.学校教育发展[M].北京:高等教育出版社,2015.

17. 孙霄兵,马雷军.教育法理学[M].北京:教育科学出版社,2017.

18. 劳凯声,蒋建华.教育政策与法律概论[M].北京:北京师范大学出版社,2015.

19. 李晓燕.教育法学[M].3版.北京:高等教育出版社,2023.

20. 王太高,陈建.高等教育政策与法规[M].南京:南京大学出版社,2017.

21. 教育部课题组.深入学习习近平关于教育的重要论述[M].北京:人民出版社,2019.

22. 本书编写组.习近平总书记教育重要论述讲义[M].北京:高等教育出版社,2020.

23. 中共中央党史和文献研究院,中央学习贯彻习近平新时代中国特色社会主义思想主题教育领导小组办公室.习近平新时代中国特色社会主义思想专题摘编[M].北京:中央文献出版社,2023.

24.《习近平法治思想概论》编写组.习近平法治思想概论[M].北京:高等教育出版社,2021.

25.《伦理学》编写组.伦理学[M].2版.北京:高等教育出版社,2021.

26.《思想道德与法治(2021年版)》编写组.思想道德与法治(2021年版)[M].北京:高等教育出版社,2021.

27. 林崇德.师魂:新时代师德八讲[M].杭州:浙江教育出版社,2022.

28. 刘铁芳.什么是好的教育:学校教育的哲学阐释[M].北京:高等教育出版社,2014.

29.《法理学》编写组.法理学[M].2版.北京:人民出版社,2020.

30.《教育哲学》编写组.教育哲学[M].北京:高等教育出版社,2019.

31.《教育学原理》编写组.教育学原理[M].北京:高等教育出版社,2019.

32.《中国伦理思想史》编写组.中国伦理思想史[M].2版.北京:高等教育出版社,2018.

33. 叶澜,白益民,王枬,等.教师角色与教师发展新探[M].北京:教育科学出版社,2001.

34. 成尚荣.做中国立德树人好教师[M].上海:华东师范大学出版社,2023.

35. 陶行知.陶行知教育名篇[M].方明,编.北京:教育科学出版社,2013.

36. 教育部教师工作司,中国教育科学研究院.新时代中国教师队伍建设改革发展报告:2012—2022[M].北京:知识产权出版社,2023.

37. 教育部政策法规司.学校安全事故预防与处理指导手册[M].北京:教育科学版社,2022.

38. 丁锦宏.品格教育论[M].北京:人民教育出版社,2005.

39. 吴延溢.中国特色合宪性审查的逻辑、规范与经验[M].北京:九州出版社,2019.

40. 肖川.教育的理想与信念[M].长沙:岳麓书社,2002.

41. 王淑芹.教师职业道德新编[M].北京:高等教育出版社,2015.

42. 杨启华.为师之梦:中学教师师德案例读本[M].上海:华东师范大学出版社,2016.

43. 李春秋,王引兰.中小学教师职业道德修养[M].北京:北京师范大学出版社,2014.

44. 卫建国.教育法规与教师道德[M].北京:北京师范大学出版社,2018.

45. 周琴.教师职业道德与教育法律法规[M].合肥:安徽大学出版社,2016.

46. 杜德栎,任永泽,庄可.教师道德与教育法规[M].北京:北京大学出版社,2017.

47. 黄明友.教育法学与教师职业道德[M].成都:西南交通大学出版社,2018.

48. 付世秋.教育政策法规与教师职业道德[M].北京:清华大学出版社,2017.

49. 朱曦.教师职业道德与法律修养[M].苏州:苏州大学出版社,2002.

50. 劳凯声.教育法学[M].沈阳:辽宁大学出版社,2008.

51. 褚宏启.教育政策学[M].北京:北京师范大学出版社,2017.

52. 孙锦涛.教育政策学[M].北京:中国人民大学出版社,2010.

53. 苏霍姆林斯基.我所理解的师德[M].魏禾,译.武汉:长江文艺出版社,2021.

54. 杨颖秀.教育法学[M].北京:中国人民大学出版社,2018.

55. 余雅风.学生权利与义务[M].南京:江苏教育出版社,2012.

56. 申素平.教育法学:原理、规范与应用[M].北京:教育科学出版社,2016.

57. 褚宏启,等.论教育法的精神——为了人的自由而全面的发展[M].北京:教育科学出版社,2013.

58. 张维平,陈大兴.学校安全事故处理与预防66个经典案例[M].长春:东北师范大学出版社,2011.

59. 余雅风.新编教育法[M].上海:华东师范大学出版社,2008.

60. 张维平,石连海.教育法学[M].北京:人民教育出版社,2008.

61. 黄崴.教育法学[M].北京:高等教育出版社,2007.

62. 陈恩伦.教育法学[M].重庆:重庆出版社,2006.

63. 吴回生.教育法学——学校法律问题导引[M].北京:中国人民大学出版社,2014.

64. 卓宇轩.教育行业法律风险防控大全[M].北京:法律出版社,2013.

65. 余雅风.学生权利概论[M].北京:北京师范大学出版社,2009.

66. 湛中乐.教师权利及其法律保障[M].北京:中国法制出版社,2015.

67. 刘复兴.国外教育政策研究基本文献讲读[M].北京:北京大学出版社,2013.

68. 杨挺.教育法学[M].重庆:西南师范大学出版社,2015.

69. 薄建国,梁明伟,杜爱玲.教育法学[M].北京:科学出版社,2016.

70. 徐建平,茅锐,江雪梅.教育政策与法规[M].重庆:重庆大学出版社,2017.

71. 尹力.教育法学[M].北京:人民教育出版社,2015.

72. 兰丽燕.教育法学阶梯式突破试卷[M].武汉:武汉大学出版社,2016.

73. 叶芸.教育法学[M].北京:北京师范大学出版社,2017.

74. 冯广林.美国少数人受教育权法律保护研究[M].北京:中国政法大学出版社,2015.

75. 雷思明.给教师的60条法律建议[M].上海:华东师范大学出版社,2010.

76. 黄正平,阎玉珍.教育法律法规教程[M].南京:南京大学出版社,2011.

77. 米基·英伯(Michael Imber),泰尔·范·吉尔(Tyll van Geel).美国教育法[M].3版.李晓燕,申素平,译.北京:教育科学出版社,2011.

78. 内尔达·H.坎布朗-麦凯布(Nelda H. Cambron-McCabe).教育法学:教师与学生的权利[M].5版.北京:中国人民大学出版社,2010.

79. 秦梦群,美国教育法与判例[M].北京:北京大学出版社,2006.

80. 劳凯声.变革中的教育权与受教育权:教育法学基本问题[M].北京:教育科学出版社,2003.

81. 张乐天.教育政策法规的理论与实践[M].上海:华东师范大学出版社,2002.

82. 袁振国.教育政策学[M].南京:江苏教育出版社,2000.

83. 沈宗灵.法理学[M].北京:北京大学出版社,2000.

84. 秦惠民.走入教育法制的深处——论教育权的演变[M].北京:中国人民公安大学出版社,1998.

85. 劳凯声,等.规矩与方圆:教育管理与法律[M].北京:中国铁道出版社,1997.

86. 张维平.平衡与制约——20世纪的教育法[M].济南:山东教育出版社,1995.

87. 卢珺.教育法律纠纷案例与实务[M].北京:清华大学出版社,2018.

88. 杨挺,李伟.教育法律纠纷的特点与应对机制研究——基于对司法案例的分析[M].重庆:西南师范大学出版社,2017.

89. 石正义.小学教育政策与法规[M].北京:北京师范大学出版社,2017.

90. 肖宝华.教育法学与小学校园安全概论[M].北京:人民教育出版社,2015.

91. 全国师德教育研究课题组编,顾明远主审.师德突出问题典型案例评析:幼儿园教师读本[M].北京:北京师范大学出版社,2014.

92. 公丕祥.法理学[M].上海:复旦大学出版社,2016.

93. 王利明.法治:良法与善治[M].北京:北京大学出版社,2015.

94. 夏锦文.法学概论[M].北京:科学出版社,2017.

95. 季秀平.民事诉讼法简明教程[M].南京:南京大学出版社,2016.

96. 王人博,程燎原.法治论[M].南宁:广西师范大学出版社,2014.

97. 冯玉军.迎接法治新时代[M].北京:中国人民大学出版社,2015.

98. 张兴亮.社会主义核心价值观与法治教育[M].北京:中国书籍出版社,2017.